# 機械設備工事機材承諾図様式集

## 令和4年版

一般社団法人　公共建築協会

## 本書の使用にあたって

### 1．本書の目的

　　本書は、国土交通省大臣官房官庁営繕部監修の公共建築工事標準仕様書（機械設備工事編）（令和4年版）、公共建築改修工事標準仕様書（機械設備工事編）（令和4年版）、公共建築設備工事標準図（機械設備工事編）（令和4年版）（以下「標準仕様書」、「改修標準仕様書」、「標準図」という。）を契約図書としている機械設備工事の機器承諾において活用されることを目的としており、製造者の機器仕様と図面、「標準仕様書」、「改修標準仕様書」及び「標準図」との照合作業を容易なものとするため、一般的に使用される機器の承諾図作成の基本事項、機器銘板の記載項目、仕様表及び照合表等の様式を標準化したものである。

### 2．本書の構成

　　本書の構成は、前段に共通事項として機器承諾全般にわたる内容を記載し、本様式集を活用して承諾図を作成する際の記入要領及び添付すべき図面や資料の内容を共通的に説明している。

　　各論では、機器毎の作成要領注意事項、銘板記載事項、仕様表及び照合表の組合わせとしている。また、現場搬入後に機器の試験成績書を完成図と共に提出する際の様式をまとめている。

　　なお、本文中における標準仕様書のページは上記監修本のページを示す。

### 3．本書の様式

　　様式は、当協会のホームページよりダウンロードできる。

　①　（一社）公共建築協会ホームページの［出版情報］をクリックする。

　②　表示される「出版情報」ページの［出版物一覧］をクリックする。

　③　「出版物一覧」ページが表示されるので「取扱書籍一覧」見出し下にある［施工関連］ボタンをクリックする。

　④　表示されるページで『機械設備工事機材承諾図様式集　令和4年版』の表紙画像をクリックする。

　⑤　書籍詳細ページが表示されるので、下部にある「書籍関連データダウンロード」にパスワードを入力するとダウンロードできる。

　※パスワードは、P.425の次ページ、奥付に記載している。

<h2 style="text-align:center">目　次</h2>

注　☆は、「建築材料・設備機材等品質性能評価事業」の対象機械設備機材等を示す。

共通事項

承諾図作成要領


1．文字・単位　　　　承諾図は日本語で表示し、文字の大きさは新聞活字以上とする。
　　　　　　　　　　　単位は SI 単位とする。

2．様式及び構成　　　承諾図の各様式は機器別に用意されている。また、「作成要領注意」の
　　　　　　　　　　　項目順に綴る。

3．必要部数　　　　　監督職員への提出及び製造者への返却に必要な部数は打合せの上定め
　　　　　　　　　　　る。

4．表紙

　(1)　表紙は、「承諾図表紙の様式」によることとする。

　(2)　表紙は製造者による内容確認日を記入する。

　(3)　表紙の大きさは A 列・4 判とし、色紙又は厚紙とする。

5．仕様表、照合表

　(1)　該当しない項目には、二重線を入れる。

　(2)　設計仕様欄は、「標準仕様書」において想定されている項目が記載されており、図面特
　　　　記により「標準仕様書」を打ち消す項目は二重線を入れ特記仕様項目にはっきりと記載を
　　　　行う。また、「標準仕様書」表現内容のうち一部分を適用する場合は、監督職員への提出
　　　　前に◎により選択し、その範囲を明確に表現する。

　(3)　製造仕様欄は、設計仕様と同一の場合には、「設計仕様とおり」と記載するか明細を記
　　　　入する。製造仕様が設計仕様と異なる場合には、「別紙明細のとおり」とし、理由及びデー
　　　　タを作成し添付する。

　(4)　特記仕様書にて表現された内容は、仕様表及び照合表の様式例を参考として別紙を作成
　　　　してもよい。

　(5)　本様式集にない機器については、「仕様表の補足様式」「照合表の補足様式」を用いて作
　　　　成する。

6．製作図面

　(1)　図面及び性能表の用紙規格は A 列 4 判以上とする。

　(2)　図中の記号等は、JIS によることとするが、製造者標準記号の場合は凡例等で説明を加
　　　　える。

　(3)　電気配線・結線図の記号は、JIS C 0617、JEM［(一社)日本電機工業会規格］及び公共建
　　　　築工事標準仕様書（電気設備工事編）に準拠する。また、シーケンスにはわかり易い説明
　　　　を付ける。

　(4)　数値は設計値及び製造者値による。

7．資料 —1　　　　　基本事項として法令、告示、通達、規格、施工基準値等の各事項が適用され
　　　　　　　　　　　る場合、届出の有無を確認し、承諾の可否を判定する資料を添付する。

8．資料 ― 2 　　監督職員・施工者が必要とする場合、建築設備耐震設計・施工指針 2014 年版（独立行政法人建築研究所監修）による耐震計算でのボルトの本数等の数値及び施工上の注意事項等を参考資料として添付する。

必要に応じ附属品の図面を添付する。

9．銘板記載事項　　銘板に記載する内容は下記の他、機器別の「銘板記載事項」による。

(1)　日本語で表示し、字の大きさは原則として活字 9 ポイント以上とする。

(2)　銘板の材質は、風雨・日射等により本体から剥離・変質せず、表示は印字又は刻印等消えにくいものとする。

(3)　記入順は指定しない。

(4)　取付位置は承諾図などにより、打合せの上決定する。

(5)　該当しない表示項目は横線を入れる。

(6)　数値の説明。

1)　設計値　　　機器の出力等、図面に記載された数値をいう。

2)　製造者値　　図面に記載された運転条件において得られる、機器の出力等の数値をいう。（単位は設計値に合わせる。）

3)　計算値　　　図面に記載された運転条件において得られる、機器の出力等より計算によって算出された数値をいう。

(7)　数値は設計値の桁数又は 3 桁とし、エネルギー消費量は以下表示、その他は以上表示とする。

(8)　機器の附属品で、＊印がある附属品は標準仕様書に定める機材に適合するものとし、＊印のない附属品は製造者の標準仕様とする。

承諾図表紙の様式

綴じ代

20mm

工事件名 _____

# 機器承諾図

機器記号 _____

機器名称 _____

　上記機器について、公共建築工事標準仕様書（機械設備工事編）（令和 4 年版）、公共建築改修工事標準仕様書（機械設備工事編）（令和 4 年版）、公共建築設備工事標準図（機械設備工事編）（令和 4 年版）及び特記仕様書に整合する事を確認したので機器発注及び製作のための承諾を願いたい。

令和　　年　　月　　日

受注者名 _____

現場代理人 _____　印

| 主任監督員 | 監督員 | 監督員 |
|:---:|:---:|:---:|
| 印 | 印 | 印 |

製造者名 _____

Ⅲ

承諾図仕様表の補足様式

仕様表

設計記号 _____　台数 _____

製造者形式 _____　　製造者名 _____

| 項　目 | 単　位 | 設計仕様 | 製造仕様 |
|---|---|---|---|
| | | | |
| | | | |
| | | | |
| | | | |
| | | | |
| | | | |
| | | | |
| | | | |
| | | | |
| | | | |
| | | | |
| | | | |
| | | | |
| | | | |
| | | | |
| | | | |
| | | | |
| | | | |
| | | | |
| | | | |
| | | | |
| | | | |

備考

承諾図照合表の補足様式

## 照合表

( / )

製造者名 _____

|  |  |  |
| --- | --- | --- |
|  |  |  |

| 項　目 | 設計仕様 | 製造仕様 |
| --- | --- | --- |
|  |  |  |

試験成績書作成要領

１．試験成績書は、「標準仕様書」第１編 第１章 第４節「機器及び材料」の1.4.6「機材の検査に伴う試験」に対応し、機材の種別ごとに監督員の指示により提出する。

２．試験は原則として搬入する機器本体について行うが、それが困難な場合は下記による。

（1） 代表機による試験結果を採用する場合は、備考欄に「代表機による」と記入する。

（2） 実験値が整備されているものは、性能表、能力計算書などを添付することで、試験に代えることができる。

（3） ロット試験による試験結果を採用する場合は、被試験機と搬入する機器の製造番号又はロット番号を記入する。

３．試験成績書に用いる用紙はＡ列４判とし、各様式のとじ方は表紙ともにホチキス止めとする。

４．表紙の記入年月日は、試験成績書の作成年月日とする。

５．試験成績書押印欄は、製造者により名称が異なるため関連する部署名等を記載すること。
　　（例：試験者、確認、承諾、担当者、・・・等）

６．試験成績書を補完するため添付する資料は、製造者の様式とする。

７．試験成績書のうち該当しない計測項目は横線を記入する。

試験成績書の記載例

# 試験成績書

（記号 _____① ）

工事件名 ② _____ 試験日 ③ 令和 年 月 日

_____② _____ 製造者名 ④ _____

_____ ④ _____

形番　A・△△△型式記号 ⑤ _____

製造者形式 ⑤

製造番号 ⑥

| ⑦ | ⑦ | ⑦ |
|---|---|---|
| ⑧ | ⑧ | ⑧ |

試験結果

| 試験項目 | 設計仕様 | 判定基準 | 測定値 | 判定 | 適用 |
|---|---|---|---|---|---|
| ⑨ | ⑩ | a | b | c | d |
| 備　考 | | | | | |

① 設計図書に指定された機器番号のほか、形番、型式記号、種類等を記載する。

② 設計図書に記載されている工事名称を記載する。

③ 試験実施年月日、試験日が複数ある場合は最終実施日を記入する。

④ 製造した会社名・試験実施工場などを記載する。

⑤ 製造者の機器名を記載する。

⑥ 機器の製造番号を記入する。（必要により複数の番号の場合もある。）

⑦ 試験者、確認、承認、担当者などを記入する。

⑧ 押印する。

⑨ 機器ごとの試験項目と単位が記載される。

⑩ 空白部に項目ごとの仕様値を記入する。

　　a　判定を必要とする項目ごとに判定基準を記載する。必要ない項目は横線を入れる。

　　b　空白の項目ごとに実測値を記入する。

　　c　判定を必要とする項目ごとに「合格」を記入し、それ以外は斜線を入れる。

　　d　試験条件（例えばJIS記号等）や項目ごとに必要事項を記入する。

⑪ 説明文の　　・に該当するものに○印を付ける。

試験成績書表紙の様式

綴じ代

20mm

## 試験成績書

工事件名 _____

_____

年　　　月　　　日

製造者名 _____

試験成績書表紙の様式

綴じ代

試験成績書の共通様式

# 試験成績書

（記号 ＿＿＿＿＿＿＿）

工事件名 ＿＿＿＿＿＿＿＿＿＿＿＿＿＿　　試験日　　令和　　年　　月　　日
＿＿＿＿＿＿＿＿＿＿＿＿＿＿＿＿　　製造者名 ＿＿＿＿＿＿＿＿＿＿＿＿
＿＿＿＿＿＿＿＿＿＿＿＿＿＿＿＿　　＿＿＿＿＿＿＿＿＿＿＿＿＿＿＿＿

製造者形式 ＿＿＿＿＿＿＿＿＿＿＿＿
製造番号 ＿＿＿＿＿＿＿＿＿＿＿＿＿

| | | |
|---|---|---|
| | | |

試験結果

| 試験項目 | 設計仕様 | 判定基準 | 測定値 | 判定 | 適用 |
|---|---|---|---|---|---|
| | | | | | |
| | | | | | |
| | | | | | |
| | | | | | |
| | | | | | |
| | | | | | |
| | | | | | |
| | | | | | |
| | | | | | |
| | | | | | |
| | | | | | |
| | | | | | |
| | | | | | |
| | | | | | |
| | | | | | |
| 備考 | | | | | |

ボイラー

作成要領注意事項

・鋼製ボイラー　　　　　　　（・温水用　・蒸気用）　［標準仕様書 P109〜111］
・鋼製小型ボイラー　　　　　（・温水用　・蒸気用）　［標準仕様書 P112］
・鋼製簡易ボイラー　　　　　（温水用）　　　　　　　［標準仕様書 P112］
・小型貫流ボイラー　　　　　（・温水用　・蒸気用）　［標準仕様書 P112］
・簡易貫流ボイラー　　　　　（・温水用　・蒸気用）　［標準仕様書 P112］
・鋳鉄製ボイラー　　　　　　（・温水用　・蒸気用）　［標準仕様書 P113〜114］
・鋳鉄製簡易ボイラー　　　　（温水用）　　　　　　　［標準仕様書 P114］
・真空式温水発生機　　　　　（・鋼製　・鋳鉄製）　　［標準仕様書 P116〜117］
・無圧式温水発生機　　　　　（・鋼製　・鋳鉄製）　　［標準仕様書 P118〜119］
・木質バイオマスボイラー　　（真空式温水発生機）　　［標準仕様書 P119〜120］
・木質バイオマスボイラー　　（無圧式温水発生機）　　［標準仕様書 P121〜123］

1．表　　　紙　　承諾図表紙の様式により、宛名・工事件名・作成年月・社名を記載する。
2．仕　様　表　　承諾図仕様表の様式により当該事項を記載する。
3．照　合　表　　承諾図照合表の様式により当該事項を記載する。
　（注）　★印のある項目については「建築材料・設備機材等品質性能評価事業（令和4年
　　　　版）」において評価しているため、当該機材の評価書の写しを添付した場合は、照
　　　　合表の「製造仕様」の記載を省略できる。
4．製　作　図　面
　　外　形　図　　図面は機器の外観・外形寸法及び基礎ボルト用穴の位置・径を記載する。
　　　　　　　　　また、部品名は原則として「標準仕様書」の用語を用いることとし、仕
　　　　　　　　　様表と重複している項目は記載しなくてもよい。
　　バーナー図　　バーナーの外観及び外形寸法を記載する。
　ガス配管系統図　ガスだきの場合、ガス配管の主要系統及び使用機器表を記載する。
　　電気回路図　　展開接続及び接続端子記号を記載する。
5．資　料　—1　共通事項における承諾図作成要領の項による資料を添付する。
　　騒　　　音　　使用機器、測定点及び測定方法を記載した騒音測定の要領を記載する。
6．資　料　—2　施工上の注意事項等を参考資料として添付する。
　　耐　　　震　　耐震計算書を添付する。
7．銘板記載事項　共通事項における承諾図作成要領の項による当該事項を記載する。
　　(1)製　造　者　名　　　　　　　　製造者の標準名称による。
　　(2)形　式　品　番　　　　　　　　製造者の形式名称とする。
　　(3)製造年月又は年　　　　　　　　西暦を記載する。
　　(4)製　造　番　号　　　　　　　　製造者の標準による。
　　(5)定　格　出　力　　　kW　　　　製品出力値を記載する。
　　　　　　　　　　（蒸気用は kg/h）　（定格出力又は最大熱出力のいずれでもよ
　　　　　　　　　　　　　　　　　　　い。）

| | | |
|---|---|---|
| (6)最 高 使 用 圧 力 | MPa | 製品最高使用圧力値を記載する。 |
| (7)伝 熱 面 積 | m² | 製品伝熱面積値を記載する。 |
| (8)貯 湯 量 | L | 製品貯湯量値を記載する。(鋳鉄製、蒸気用、温水発生機は不要) |
| (9)使 用 燃 料 | | 種類及び種別は設計仕様による。 |
| (10)燃 料 消 費 量 | L/h (ガスの場合 m³N/h) | 製品燃料消費量値を記載する。 |
| (11)供 給 ガ ス 圧 | kPa | 設計値を記載する。(油の場合不要) |
| (12)電 源 | φ、V、Hz | 「φ」「相」いずれでもよい。 |

仕様表

- 鋼製ボイラー 　　　　（・温水用 　・蒸気用）　・鋼製小型ボイラー（・温水用 　・蒸気用）
- 鋼製簡易ボイラー 　　（温水用）　　　　　　　・小型貫流ボイラー（・温水用 　・蒸気用）
- 簡易貫流ボイラー 　　（・温水用 　・蒸気用）　・鋳鉄製ボイラー 　（・温水用 　・蒸気用）
- 鋳鉄製簡易ボイラー（温水用）　　　　　　　　・真空式温水発生機（・鋼製 　　・鋳鉄製）
- 無圧式温水発生機 　（・鋼製 　　・鋳鉄製）　・木質バイオマスボイラー(真空式温水発生機)
- 木質バイオマスボイラー(無圧式温水発生機)

設計記号 ＿＿＿＿＿＿＿　　台数 ＿＿＿＿

製造者形式 ＿＿＿＿＿＿＿＿＿＿＿　　　　　製造者名 ＿＿＿＿＿＿＿＿＿＿＿

| ・消防法 | ・その他 | |
| --- | --- | --- |
| ・労働安全衛生法 | ・大気汚染防止法 | 届出〔・要 ・否〕 |

| 項　目 | 単位等 | 設計仕様 | 製造仕様 |
| --- | --- | --- | --- |
| 種　別 | | ・温水 ・蒸気 ・ 回路 | ・温水 ・蒸気 ・ 回路 |
| 定格出力 | kW | | |
| 最高使用圧力 | MPa | | |
| 使用圧力 | MPa | | |
| 温水出入口温度　入口 | ℃ | | |
| 温水出入口温度　出口 | ℃ | | |
| 伝熱面積 | m² | | |
| 使用燃料　オイル　種類 | | ・A重油1種1号 ・灯油 | ・A重油1種1号 ・灯油 |
| 使用燃料　オイル　消費量 | L/h | | |
| 使用燃料　ガス　種類 | | | |
| 使用燃料　ガス　高位発熱量 | MJ/m³N | | |
| 使用燃料　ガス　供給圧力 | kPa | | |
| 使用燃料　ガス　消費量 | m³N/h | | |
| 使用燃料　木質バイオマス燃料　木質ペレット | kg/h | | |
| 使用燃料　木質バイオマス燃料　木質チップ | kg/h | | |
| 燃焼装置 バーナー　電動機 | kW | | |
| 燃焼装置 バーナー　油加熱器 | kW | | |
| NOx値 | ppm | (O₂ 　%) | (O₂ 　%) |
| SOx値 | ppm | | |
| 制御方式 | | 特記<br>（・オン・オフ制御）<br>（・多位置制御）<br>（ハイ・ロー・オフ制御）<br>（・比例制御） | ・オン・オフ制御<br>・多位置制御<br>・ハイ・ロー・オフ制御<br>・比例制御 |
| 電　源 | φ、V、Hz、kW | φ、 V、 Hz、 kW | φ、 V、 Hz、 kW |
| 製品質量／運転質量 | kg | ／ | ／ |
| 備考 | | | |

〇印のもの及び無印のものにより製作し、・印のものは適用しない。

使用しない単位・項目は、二重線で消し、製造仕様欄には明細を記載する。

5

・鋼製ボイラー（温水用）　　・鋳鉄製ボイラー（温水用）

・鋼製小型ボイラー（温水用）

製造者名　＿＿＿＿＿＿＿＿＿＿＿＿＿＿

| ・労働安全衛生法　　・消防法　　・大気汚染防止法 | ・その他 | 届出〔・要　・否〕 |
| | ・地方条例 | 届出〔・要　・否〕 |

| 項　　　目 | 設計仕様 | 製造仕様 |
|---|---|---|
| 規　格　★ | ・ボイラー及び圧力容器安全規則<br>・ボイラー構造規格<br>・小型ボイラー及び小型圧力容器構造規格 | |
| 構　造　★ | 全面水冷壁形構造（鋳鉄製の場合） | |
| 燃焼装置　★<br><br>一般事項 | ・ボイラー及び圧力容器安全規則<br>・油炊きボイラー及びガス炊きボイラーの燃焼設備の構造及び管理に関する技術上の指針<br>・消防法に基づく条例<br>・危険物の規則に関する政令及び同規則<br>・ガス事業法<br>・液化石油ガスの保安の確保及び取引の適正化に関する法律 | |
| 誘導電動機の<br>規格及び<br>保護方式　★ | ・「標準仕様書」各編で指定された機器<br>・特記により指定された機器<br>・製造者の標準仕様 | |
| | (1) 誘導電動機の規格<br>　・100V、200V 単相誘導電動機　JIS C 4203<br>　・200V、400V 三相誘導電動機<br>　　（・JIS C 4210　・JIS C 4212　・JIS C 4213）<br>　・JIS に準ずるもの | |

［令和 4 年版］

・鋼製ボイラー（温水用）　　・鋳鉄製ボイラー（温水用）

・鋼製小型ボイラー（温水用）

| 項　目 | 設計仕様 | 製造仕様 |
|---|---|---|
| 誘導電動機の<br>規格及び<br>保護方式　★ | (2) 誘導電動機の保護方式　JIS C 4034-5<br>　屋外　・IP 44（全閉防まつ形）<br>　　　　・IP 22（防滴保護形）<br>　　　　（ただし、防水上有効な構造のケーシン<br>　　　　　グに納められた場合）<br>　屋内　・IP 44（全閉防まつ形）<br>　　　　・IP 22（防滴保護形）<br>　屋外設置（ケーシング　・有　・無） | |
| 誘導電動機の<br>始動方式　★ | 200V・400V 三相誘導電動機<br>（ユニット等複数台の電動機を使用する機器の電<br>　動機の出力は、同時に運転する電動機の合計出<br>　力とする。）<br>・11kW 未満（直入始動）<br>・11kW 以上<br>　・入力 4.8kVA/kW 未満（始動装置不要）<br>　・入力 4.8kVA/kW 以上<br>　　・スターデルタ　　　　　・順次直入<br>　　・パートワインディング　・その他<br>　・スターデルタ始動器の使用できる構造<br>　　（機器に制御盤及び操作盤が附属しない場合）<br>・その他（特記　・有　・無） | （合計出力　　　　　kW）<br><br><br><br>最終始動時入力(kVA)<br>――――――――――――　＝<br>電動機出力(kW) |
| 燃焼装置<br>　オイル<br>　バーナー★ | 電動機は製造者の標準仕様<br>製造者の標準仕様の明細を記入 | |
| | バーナーの形式及び燃焼量<br>・HA-026　・HA-028 | |
| | 燃焼制御方式<br>・オン・オフ制御方式　・多位置制御方式<br>・比例制御方式 | |
| | 安全装置、附属品等<br>①　燃焼安全制御装置（着火・停止・燃焼）<br>②　圧力又は温度調節装置（調節器付き）<br>③　対震自動消火装置 | |

［令和4年版］

7

・鋼製ボイラー（温水用）　　・鋳鉄製ボイラー（温水用）

・鋼製小型ボイラー（温水用）

| 項　目 | 設計仕様 | | | 製造仕様 |
|---|---|---|---|---|
| 燃焼装置<br>　オイル<br>　バーナー★ | ④　地震感知器*<br>⑤　制御盤<br>⑥　油加熱器（灯油だき及び A 重油だきの場合は<br>　　　除く）<br>⑦　フレキシブルジョイント*<br>⑧　圧力計 | | | |
| 燃焼装置<br>　ガス<br>　バーナー★ | 電動機は製造者の標準仕様<br>製造者の標準仕様の明細を記入 | | | |
| | バーナーの形式及び燃焼量<br>・HA-032 | | | |
| | 燃焼制御方式<br>・オン・オフ制御方式　　・多位置制御方式<br>・比例制御方式 | | | |
| | 安全装置、附属品等<br>①　燃焼安全制御装置（着火・停止・燃焼）<br>②　圧力又は温度調節装置（調節器付き）<br>③　対震自動消火装置<br>④　地震感知器*<br>⑤　制御盤 | | | |
| 保　温 | 製造者の標準仕様の明細を記入 | | | |
| 塗　装 | 製造者の標準仕様の明細を記入 | | | |
| 附属品等　★ | 附　属　品<br>名　　　称 | ボイラー区分 | | 無しの場合理由を記入 |
| | | 鋼製 | 鋳鉄 | |
| | 煙室　　　　　　　　1 組<br>・鋳鉄製<br>・鋼板製<br>（厚さ 4.5mm 以上 JIS H 8642（溶<br>　融アルミニウムめっき）による 3<br>　種の耐熱処理） | ― | ・有 | |

［令和 4 年版］

8

・鋼製ボイラー（温水用）　・鋳鉄製ボイラー（温水用）

・鋼製小型ボイラー（温水用）

| 項　目 | 設計仕様 | | | 製造仕様 |
|---|---|---|---|---|
| 附属品等　★ | 煙道ダンパー　　　　　　　　1組 | ― | ・有 | |
| | （単独設置を除く） | | | |
| | ・鋳鉄製 | | | |
| | ・鋼板製 | | | |
| | （厚さ 4.5mm 以上 JIS H 8642（溶融アルミニウムめっき）による3種の耐熱処理） | | | |
| | 安全弁又は逃し弁　　　　　一式 | ・有 | ・有 | |
| | 給水弁及び逆止弁　　　　　一式 | ・有 | ― | |
| | 吹出弁又は吹出コック　　　一式 | ・有 | ・有 | |
| | 温度計*及び水高計*　　　　1組 | ・有 | ・有 | |
| | ダンパー・扉類　　　　　　一式 | ・有 | ― | |
| | （単独設置を除く） | | | |
| | ・鋳鉄製　・鋼板製 | | | |
| | 保温用メタルジャケット　　一式 | ・有 | ・有 | |
| | （外部鋼板製、内部に断熱材挿入） | | | |
| | 缶体支持受架構　　　　　　一式 | ・有 | ― | |
| | ・形鋼製　・鋳鉄製 | | | |
| | 掃除用具　　　　　　　　　一式 | ― | ・有 | |
| | 予備品　　　　　　　　　　一式 | | | |
| | ・マンホール | ・有 | ― | |
| | ・検査穴 | ・有 | ― | |
| | ・掃除穴用パッキン1缶分 | ・有 | ― | |
| | 銘板*　　　　　　　　　　　一式 | ・有 | ・有 | |
| 制御及び操作盤各編又は特記により指定された機器　★機器名〔　　　　〕 | 電気事業法 | | 適用 | |
| | 電気設備に関する技術基準を定める省令 | | 適用 | |
| | 電気用品安全法 | | 適用 | |
| | ・製造者の標準附属盤内に収納する | | | 収納場所（　　　　　　　） |
| | ・特記（・屋内用　・屋外用） | | | |

[令和4年版]

注　1．燃焼安全制御装置は火炎、圧力及び温度により燃焼用送風機、燃料供給ポンプ、燃料遮断弁、点火装置等を制御し、着火・停止・燃焼を安全に行う機能を備えたものとする。

　　2．対震自動消火装置は、地震感知器の作動により、燃焼機器の燃料供給を遮断し、さらに燃焼機器の電源又は操作回路を遮断することにより自動的に燃焼を停止、消火させるものとする。

・鋼製ボイラー（温水用）　　・鋳鉄製ボイラー（温水用）

・鋼製小型ボイラー（温水用）

| 項　目 | 設計仕様 | 製造仕様 |
|---|---|---|
| 制御及び<br>操作盤<br>各編又は特記<br>により指定さ<br>れた機器　★<br>機器名<br>〔　　　　〕 | (1) 過負荷及び欠相保護装置<br>　過負荷保護装置<br>　・必要（・電動機ごと）<br>　・不要<br>　　・0.2kW以下の電動機回路及び過電流遮断器の<br>　　　定格電流が15A（配線用遮断器の場合は20A）<br>　　　以下の単相電動機回路<br>　欠相保護装置<br>　・必要（・電動機ごと　・一括）<br>　・不要<br>　　・0.2kW以下の電動機回路及び過電流遮断器の<br>　　　定格電流が15A（配線用遮断器の場合は20A）<br>　　　以下の単相電動機回路<br>　　・1ユニットの装置で電動機自体に有効な保護<br>　　　サーモ等の焼損防止装置がある場合 | <br><br><br><br>（容量　　　A）<br><br><br><br><br><br><br>（容量　　　A）<br><br><br>焼損防止装置（　　　　） |
| | (2) 進相コンデンサー（特記　・有　・無）<br>　・必要<br>　　・200V電動機（電気供給規定による）<br>　　・400V電動機<br>　　・高圧電動機<br>　　　定格出力時における改善後の力率を0.9以<br>　　　上となるようにする。（400V及び高圧電動機<br>　　　の場合）<br>　・不要<br>　　・0.2kW未満の三相電動機<br>　　・1ユニットの装置全体で力率が定格出力時<br>　　　0.9以上に確保できる場合 | <br><br>（容量　　　μF）<br>（改善後の力率　　％）<br><br><br><br><br><br><br>1ユニット装置全体の力率<br>（　　％） |

［令和4年版］

10

・鋼製ボイラー（温水用）　　・鋳鉄製ボイラー（温水用）

・鋼製小型ボイラー（温水用）

| 項　目 | 設計仕様 | 製造仕様 |
|---|---|---|
| 制御及び<br>操作盤<br>各編又は特記<br>により指定さ<br>れた機器　★<br>機器名<br>〔　　　　〕 | (3) 表示等<br>　・電源表示（・白　　・製造者標準色)<br>　・燃焼表示　　　　　　　　　　・有<br>　・不着火表示　　　　　　　　　・有<br>　・保護継電器の動作表示<br>　　・保護継電器ごと　　　　　・有　・無<br>　　・表面に一括　　　　　　　・有　・無<br>　・ガス圧異常表示（ガスだきの場合）<br>　　　　　　　　　　　　　　　・有<br>　・異常警報ブザー　　　　　　・有<br>　　表示の光源は、原則として発光ダイオード | 無しの場合理由を記入 |
| | (4) 接点及び端子<br>　・インターロック用端子　　　　・有<br>　・運転状態表示用接点及び端子　・有<br>　・故障状態表示用接点及び端子　・有<br>　・運転時間表示用端子（特記）・有　・無 | 無しの場合理由を記入 |
| | (5) 運転時間計（特記）　　　・有　・無<br>　デジタル表示（単位：h)<br>　対象範囲は次のとおり<br>　（　　　　　　　　　　　　　　）| 〔　　　桁数〕≧5桁 |
| 特記仕様 | 照合表以外の要求事項を記載 | |
| 後日提出する<br>図書 | 完成図　　　　　　　　　　　　　部<br>取扱説明書　　　　　　　　　　　部<br>試験成績書　　　　　　　　　　　部 | |
| 備考 | | |

○印のもの及び無印のものにより製作し、・印のものは適用しない。

使用しない単位・項目は、二重線で消し、製造仕様欄には明細を記載する。

［令和4年版］

・鋼製ボイラー（蒸気用）　　・鋳鉄製ボイラー（蒸気用）

・鋼製小型ボイラー（蒸気用）

製造者名　　　　　　　　　　　　　

| ・労働安全衛生法　　・消防法　　・大気汚染防止法 | ・その他 | 届出〔・有　・無〕 |
|---|---|---|
| | ・地方条例 | 届出〔・有　・無〕 |

| 項　　　目 | 設　計　仕　様 | 製　造　仕　様 |
|---|---|---|
| 規　　格　　★ | ・ボイラー及び圧力容器安全規則<br>・ボイラー構造規格<br>・小型ボイラー及び小型圧力容器構造規格<br>・ボイラーの低水位による事故の防止に関する技術上の指針 | |
| 構　　造　　★ | 全面水冷壁形構造（鋳鉄製の場合） | |
| 燃焼装置　　★<br><br>一般事項 | ・ボイラー及び圧力容器安全規則<br>・油炊きボイラー及びガス炊きボイラーの燃焼設備の構造及び管理に関する技術上の指針<br>・消防法に基づく条例<br>・危険物の規則に関する政令及び同規則<br>・ガス事業法<br>・液化石油ガスの保安の確保及び取引の適正化に関する法律 | |
| 誘導電動機の<br>規格及び<br>保護方式　★ | ・「標準仕様書」各編で指定された機器<br>・特記により指定された機器<br>・製造者の標準仕様 | |
| | (1) 誘導電動機の規格<br>　・100V、200V 単相誘導電動機　JIS C 4203<br>　・200V、400V 三相誘導電動機<br>　　（・JIS C 4210　・JIS C 4212　・JIS C 4213)<br>　・JIS に準ずるもの | |

［令和4年版］

12

・鋼製ボイラー（蒸気用）　　・鋳鉄製ボイラー（蒸気用）

・鋼製小型ボイラー（蒸気用）

| 項　目 | 設計仕様 | 製造仕様 |
|---|---|---|
| 誘導電動機の規格及び保護方式　★ | (2) 誘導電動機の保護方式　JIS C 4034-5<br>　　屋外　・IP 44（全閉防まつ形）<br>　　　　　・IP 22（防滴保護形）<br>　　　　　（ただし、防水上有効な構造のケーシングに納められた場合）<br>　　屋内　・IP 44（全閉防まつ形）<br>　　　　　・IP 22（防滴保護形）<br>　　屋外設置（ケーシング　・有　・無） | |
| 誘導電動機の始動方式　★ | 200V・400V 三相誘導電動機<br>（ユニット等複数台の電動機を使用する機器の電動機の出力は、同時に運転する電動機の合計出力とする。）<br>・11kW 未満（直入始動）<br>・11kW 以上<br>　・入力 4.8kVA/kW 未満（始動装置不要）<br>　・入力 4.8kVA/kW 以上<br>　　・スターデルタ　　　　・順次直入<br>　　・パートワインディング　・その他<br>　・スターデルタ始動器の使用できる構造<br>　（機器に制御盤及び操作盤が附属しない場合）<br>・その他（特記　・有　・無） | （合計出力　　　　kW）<br><br>最終始動時入力(kVA)<br>――――――――――＝<br>電動機出力(kW) |
| 燃焼装置　オイルバーナー★ | 電動機は製造者の標準仕様<br>製造者の標準仕様の明細を記入 | |
| | バーナーの形式及び燃焼量<br>・HA-026　・HA-028 | |
| | 燃焼制御方式<br>・オン・オフ制御方式　・多位置制御方式<br>・比例制御方式 | |
| | 安全装置、附属品等<br>①　燃焼安全制御装置（着火・停止・燃焼）<br>②　圧力又は温度調節装置（調節器付き）<br>③　低水位燃焼遮断装置<br>④　対震自動消火装置<br>⑤　地震感知器* | |

［令和 4 年版］

・鋼製ボイラー（蒸気用）　　・鋳鉄製ボイラー（蒸気用）

・鋼製小型ボイラー（蒸気用）

| 項　目 | 設計仕様 | | | 製造仕様 |
|---|---|---|---|---|
| 燃焼装置<br>オイル<br>バーナー★ | ⑥　制御盤<br>⑦　油加熱器（灯油だき及びA重油だきの場合は<br>　　　　除く）<br>⑧　フレキシブルジョイント*<br>⑨　圧力計 | | | |
| 燃焼装置<br>ガス<br>バーナー★ | 電動機は製造者の標準仕様<br>製造者の標準仕様の明細を記入 | | | |
| | バーナーの形式及び燃焼量<br>・HA-032 | | | |
| | 燃焼制御方式<br>・オン・オフ制御方式　・多位置制御方式<br>・比例制御方式 | | | |
| | 安全装置、附属品等<br>①　燃焼安全制御装置（着火・停止・燃焼）<br>②　圧力又は温度調節装置（調節器付き）<br>③　低水位燃焼遮断装置<br>④　対震自動消火装置<br>⑤　地震感知器*<br>⑥　制御盤 | | | |
| 保　温 | 製造者の標準仕様の明細を記入 | | | |
| 塗　装 | 製造者の標準仕様の明細を記入 | | | |
| 附属品等　★ | 附　属　品<br>名　　称 | ボイラー区分 | | 無しの場合理由を記入 |
| | | 鋼製 | 鋳鉄 | |
| | 蒸気止め弁　　　　　　一式 | ・有 | — | |
| | 煙室　　　　　　　　　1組<br>・鋳鉄製<br>・鋼板製<br>（厚さ4.5mm以上 JIS H 8642(溶<br>　融アルミニウムめっき)による3<br>　種の耐熱処理） | — | ・有 | |

［令和4年版］

14

・鋼製ボイラー（蒸気用）　　・鋳鉄製ボイラー（蒸気用）

・鋼製小型ボイラー（蒸気用）

| 項　目 | 設計仕様 | | | 製造仕様 |
|---|---|---|---|---|
| 附属品等　★ | 煙道ダンパー　　　　　　1組<br>（単独設置を除く）<br>・鋳鉄製<br>・鋼板製<br>（厚さ 4.5mm 以上 JIS H 8642（溶融アルミニウムめっき）による3種の耐熱処理） | ― | ・有 | |
| | 安全弁　　　　　　　　　一式 | ・有 | ・有 | |
| | 給水弁及び逆止弁　　　　一式 | ・有 | ― | |
| | 吹出弁又は吹出コック　　一式 | ・有 | ・有 | |
| | 圧力計　　　　　　　　　1組 | ・有 | ・有 | |
| | 水面計　　　　　　　　　一式 | ・有 | ・有 | |
| | 水位制御装置　　　　　　1組 | ・有 | ・有 | |
| | 低水位燃焼遮断装置用水位検出器　　　　　　　　　　　1組 | ・有 | ・有 | |
| | 低水位警報装置　　　　　1組 | ・有 | ・有 | |
| | ダンパー・扉　　　　　　一式<br>（単独設置を除く）<br>・鋳鉄製　・鋼板製 | ・有 | ― | |
| | 保温用メタルジャケット　一式<br>（外部鋼板製、内部に断熱材挿入） | ・有 | ・有 | |
| | 缶体支持受架構　　　　　一式<br>・形鋼製　・鋳鉄製 | ・有 | ― | |
| | 掃除用具　　　　　　　　一式 | ― | ・有 | |
| | 予備品　　　　　　　　　一式<br>・水面計用ガラス2組<br>・マンホール<br>・検査穴<br>・掃除穴用パッキン1缶分 | ・有<br>・有<br>・有<br>・有 | ・有<br>―<br>―<br>― | |
| | 銘板*　　　　　　　　　一式 | ・有 | ・有 | |

［令和4年版］

注　1．燃焼安全制御装置は火炎、圧力及び温度により燃焼用送風機、燃料供給ポンプ、燃料遮断弁、点火装置等を制御し、着火・停止・燃焼を安全に行う機能を備えたものとする。
　　2．対震自動消火装置は、地震感知器の作動により、燃焼機器の燃料供給を遮断し、さらに燃焼機器の電源又は操作回路を遮断することにより自動的に燃焼を停止、消火させるものとする。

・鋼製ボイラー（蒸気用）　　・鋳鉄製ボイラー（蒸気用）

・鋼製小型ボイラー（蒸気用）

| 項　目 | 設計仕様 | | 製造仕様 |
|---|---|---|---|
| 制御及び<br>操作盤<br>各編又は特記<br>により指定さ<br>れた機器　★<br>機器名<br>〔　　　〕 | 電気事業法 | 適用 | |
| | 電気設備に関する技術基準を定める省令 | 適用 | |
| | 電気用品安全法 | 適用 | |
| | ・製造者の標準附属盤内に収納する | | 収納場所（　　　　　　） |
| | ・特記（・屋内用　・屋外用） | | |
| | (1) 過負荷及び欠相保護装置<br>　過負荷保護装置<br>　・必要（・電動機ごと）<br>　・不要 | | |
| | 　　・0.2kW 以下の電動機回路及び過電流遮断器<br>　　　の定格電流が 15A（配線用遮断器の場合は<br>　　　20A）以下の単相電動機回路 | | （容量　　　　A） |
| | 　欠相保護装置<br>　・必要（・電動機ごと　・一括）<br>　・不要 | | |
| | 　　・0.2kW 以下の電動機回路及び過電流遮断器<br>　　　の定格電流が 15A（配線用遮断器の場合は<br>　　　20A）以下の単相電動機回路 | | （容量　　　　A） |
| | 　　・1 ユニットの装置で電動機自体に有効な保<br>　　　護サーモ等の焼損防止装置がある場合 | | 焼損防止装置（　　　　　　　） |
| | (2) 進相コンデンサー（特記　・有　・無）<br>　・必要 | | （容量　　　　μF）<br>（改善後の力率　　　％） |
| | 　・200V 電動機（電気供給規定による）<br>　・400V 電動機<br>　・高圧電動機<br>　　定格出力時における改善後の力率を 0.9 以<br>　　上となるようにする。(400V 及び高圧電動機<br>　　の場合) | | |
| | 　・不要<br>　・0.2kW 未満の三相電動機<br>　・1 ユニットの装置全体で力率が定格出力時<br>　　0.9 以上に確保できる場合 | | 1 ユニット装置全体の力率<br>　　　　　（　　％） |

［令和 4 年版］

16

・鋼製ボイラー（蒸気用）　　・鋳鉄製ボイラー（蒸気用）

・鋼製小型ボイラー（蒸気用）

| 項　目 | 設計仕様 | 製造仕様 |
|---|---|---|
| 制御及び<br>操作盤<br>各編又は特記<br>により指定さ<br>れた機器　★<br>機器名<br>〔　　　　〕 | (3)　表示等<br>　・電源表示（・白　　・製造者標準色)<br>　・燃焼表示　　　　　　　　　　　　・有<br>　・不着火表示　　　　　　　　　　　・有<br>　・保護継電器の動作表示<br>　　・保護継電器ごと　　　　　・有　・無<br>　　・表面に一括　　　　　　　・有　・無<br>　・ガス圧異常表示（ガスだきの場合）<br>　　　　　　　　　　　　　　　　　・有<br><br>　・異常警報ブザー　　　　　　　　　・有<br>　　表示の光源は、原則として発光ダイオード | 無しの場合理由を記入 |
| | (4)　接点及び端子<br>　・インターロック用端子　　　　　　・有<br>　・ボイラー給水ポンプ発停用接点及び端子<br>　　　　　　　　　　　　　　　　　・有<br>　・運転状態表示用接点及び端子　　　・有<br>　・故障状態表示用接点及び端子　　　・有<br>　・運転時間表示用端子（特記）　・有　・無 | 無しの場合理由を記入 |
| | (5)　運転時間計（特記）　　　・有　・無<br>　　デジタル表示（単位：h）<br>　　対象範囲は次のとおり<br>　　（　　　　　　　　　　　　　　　） | 〔　　　桁数〕≧5桁 |
| 特記仕様 | 照合表以外の要求事項を記載 | |
| 後日提出する<br>図書 | 完成図　　　　　　　　　　　　　　　部<br>取扱説明書　　　　　　　　　　　　　部<br>試験成績書　　　　　　　　　　　　　部 | |
| 備考 | | |

○印のもの及び無印のものにより製作し、・印のものは適用しない。

使用しない単位・項目は、二重線で消し、製造仕様欄には明細を記載する。

〔令和4年版〕

・小型貫流ボイラー　・簡易貫流ボイラー（・温水用　・蒸気用）

製造者名　_____

| ・労働安全衛生法　　・消防法　　・大気汚染防止法 | ・その他 | 届出〔・要　・否〕 |
|---|---|---|
| | ・地方条例 | 届出〔・要　・否〕 |

| 項　　目 | 設計仕様 | 製造仕様 |
|---|---|---|
| 規　格　★ | ・小型ボイラー及び小型圧力容器構造規格<br>・簡易ボイラー等構造規格<br>・ボイラーの低水位による事故の防止に関する技術上の指針<br>・貫流ボイラーのガス燃焼安全技術基準 | |
| 燃焼装置　★<br><br>一般事項 | ・ボイラー及び圧力容器安全規則<br>・油炊きボイラー及びガス炊きボイラーの燃焼設備の構造及び管理に関する技術上の指針<br>・消防法に基づく条例<br>・危険物の規則に関する政令及び同規則<br>・ガス事業法<br>・液化石油ガスの保安の確保及び取引の適正化に関する法律 | |
| 誘導電動機の<br>規格及び<br>保護方式　★ | ・「標準仕様書」各編で指定された機器<br>・特記により指定された機器<br>・製造者の標準仕様 | |
| | (1) 誘導電動機の規格<br>　・100V、200V 単相誘導電動機　JIS C 4203<br>　・200V、400V 三相誘導電動機<br>　　（・JIS C 4210　・JIS C 4212　・JIS C 4213)<br>　・JIS に準ずるもの | |

［令和4年版］

・小型貫流ボイラー　・簡易貫流ボイラー（・温水用　・蒸気用）

| 項　目 | 設計仕様 | 製造仕様 |
|---|---|---|
| 誘導電動機の規格及び保護方式　★ | (2) 誘導電動機の保護方式　JIS C 4034-5<br>　屋外　・IP 44（全閉防まつ形）<br>　　　　・IP 22（防滴保護形）<br>　　　　（ただし、防水上有効な構造のケーシングに納められた場合）<br>　屋内　・IP 44（全閉防まつ形）<br>　　　　・IP 22（防滴保護形）<br>　屋外設置（ケーシング　・有　・無） | |
| 誘導電動機の始動方式　★ | 200V・400V 三相誘導電動機<br>（ユニット等複数台の電動機を使用する機器の電動機の出力は、同時に運転する電動機の合計出力とする。）<br>・11kW 未満（直入始動）<br>・11kW 以上<br>　・入力 4.8kVA/kW 未満（始動装置不要）<br>　・入力 4.8kVA/kW 以上<br>　　・スターデルタ　　　・順次直入<br>　　・パートワインディング　・その他<br>　・スターデルタ始動器の使用できる構造<br>　　（機器に制御盤及び操作盤が附属しない場合）<br>・その他（特記　・有　・無） | （合計出力　　　　kW）<br><br>最終始動時入力(kVA)<br>――――――――――　＝<br>電動機出力(kW) |
| 燃焼装置オイルバーナー★ | 電動機（小型貫流ボイラーの送風機はインバーター制御）は製造者の標準仕様<br>製造者の標準仕様の明細を記入 | |
| | バーナーの形式及び燃焼量<br>・HA-026　・HA-028 | |
| | 燃焼制御方式<br>・オン・オフ制御方式　・多位置制御方式<br>・比例制御方式 | |
| | 安全装置、附属品等<br>①　燃焼安全制御装置（着火・停止・燃焼）<br>②　圧力又は温度調節装置（調節器付き）<br>③　低水位燃焼遮断装置<br>　　（温水ボイラーの場合は除く） | |

[令和 4 年版]

・小型貫流ボイラー　・簡易貫流ボイラー（・温水用　・蒸気用）

| 項　目 | 設計仕様 | 製造仕様 |
|---|---|---|
| 燃焼装置・<br>オイル<br>バーナー★ | ④　対震自動消火装置<br>⑤　地震感知器*<br>⑥　制御盤<br>⑦　油加熱器（灯油だき及び A 重油だきの場合は除く）<br>⑧　フレキシブルジョイント*<br>⑨　圧力計 | |
| 燃焼装置<br>ガス<br>バーナー★ | 電動機（小型貫流ボイラーの送風機はインバーター制御）は製造者の標準仕様<br>製造者の標準仕様の明細を記入 | |
| | バーナーの形式及び燃焼量<br>・HA-032 | |
| | 燃焼制御方式<br>・オン・オフ制御方式　・多位置制御方式<br>・比例制御方式 | |
| | 安全装置、附属品等<br>①　燃焼安全制御装置（着火・停止・燃焼）<br>②　圧力又は温度調節装置（調節器付き）<br>③　低水位燃焼遮断装置<br>　　（温水ボイラーの場合は除く）<br>④　対震自動消火装置<br>⑤　地震感知器*<br>⑥　制御盤 | |
| 保　温 | 製造者の標準仕様の明細を記入 | |
| 塗　装 | 製造者の標準仕様の明細を記入 | |

| 附属品等　★ | 附　属　品<br>名　称 | | ボイラー区分 | | 無しの場合理由を記入 |
|---|---|---|---|---|---|
| | | | 蒸気 | 温水 | |
| | 蒸気止め弁 | 一式 | ・有 | — | |
| | 安全弁 | 一式 | ・有 | — | |
| | 安全弁又は逃し弁 | 一式 | — | ・有 | |
| | 給水弁及び逆止弁 | 一式 | ・有 | ・有 | |
| | 吹出弁又は吹出コック | 一式 | ・有 | ・有 | |
| | 温度計*及び水高計* | 1組 | — | ・有 | |

［令和 4 年版］

・小型貫流ボイラー　・簡易貫流ボイラー（・温水用　・蒸気用）

| 項　目 | 設計仕様 | | | 製造仕様 |
|---|---|---|---|---|
| 附属品等　★ | 圧力計　　　　　　　　　　一式 | ・有 | ― | |
| | 水面計　　　　　　　　　　一式 | ・有 | ― | |
| | （簡易貫流ボイラーの場合は除く） | | | |
| | 水位制御装置　　　　　　　1組 | ・有 | ― | |
| | 低水位燃焼遮断装置用水位検出器 | ・有 | ― | |
| | 　　　　　　　　　　　　　1組 | | | |
| | 低水位警報装置　　　　　　1組 | ・有 | ― | |
| | 銘板*　　　　　　　　　　一式 | ・有 | ・有 | |
| 薬液注入装置　★ | 特記（・有　・無）　　　　　製造者の標準仕様の明細を記入 | | | |
| 制御及び操作盤　各編又は特記により指定された機器　★　機器名〔　　　〕 | 電気事業法　　　　　　　　　　　　　　　適用 | | | |
| | 電気設備に関する技術基準を定める省令　　適用 | | | |
| | 電気用品安全法　　　　　　　　　　　　　適用 | | | |
| | ・製造者の標準附属盤内に収納する | | | 収納場所（　　　　　　　） |
| | ・特記（・屋内用　・屋外用） | | | |
| | (1) 過負荷及び欠相保護装置 | | | |
| | 　過負荷保護装置 | | | |
| | 　・必要（・電動機ごと） | | | |
| | 　・不要 | | | |
| | 　　・0.2kW以下の電動機回路及び過電流遮断器 | | | （容量　　　　　A） |
| | 　　　の定格電流が 15A（配線用遮断器の場合は | | | |
| | 　　　20A）以下の単相電動機回路 | | | |
| | 　欠相保護装置 | | | |
| | 　・必要（・電動機ごと　・一括） | | | |
| | 　・不要 | | | |
| | 　　・0.2kW以下の電動機回路及び過電流遮断器 | | | （容量　　　　　A） |
| | 　　　の定格電流が 15A（配線用遮断器の場合は | | | |
| | 　　　20A）以下の単相電動機回路 | | | |
| | 　　・1ユニットの装置で電動機自体に有効な保 | | | 焼損防止装置（　　　　　　　） |
| | 　　　護サーモ等の焼損防止装置がある場合 | | | |
| | (2) 表示等 | | | 無しの場合理由を記入 |
| | 　・電源表示（・白　・製造者標準色） | | | |

**［令和4年版］**

注　1．燃焼安全制御装置は火炎、圧力及び温度により燃焼用送風機、燃料供給ポンプ、燃料遮
　　　断弁、点火装置等を制御し、着火・停止・燃焼を安全に行う機能を備えたものとする。
　　2．対震自動消火装置は、地震感知器の作動により、燃焼機器の燃料供給を遮断し、さらに
　　　燃焼機器の電源又は操作回路を遮断することにより自動的に燃焼を停止、消火させるも
　　　のとする。

・小型貫流ボイラー　・簡易貫流ボイラー（・温水用　・蒸気用）

| 項　目 | 設計仕様 | 製造仕様 |
|---|---|---|
| 制御及び<br>操作盤<br><br>各編又は特記<br>により指定さ<br>れた機器　★<br>機器名<br>〔　　　〕 | ・燃焼表示　　　　　　　　　　・有<br>・不着火表示　　　　　　　　　・有<br>・保護継電器の動作表示<br>　・保護継電器ごと　　　　・有　・無<br>　・表面に一括　　　　　　・有　・無<br>・ガス圧異常表示（ガスだきの場合）<br>　　　　　　　　　　　　　　　・有<br>・異常警報ブザー　　　　　　　・有<br>表示の光源は、原則として発光ダイオード | |
| | (3) 接点及び端子<br>・インターロック用端子　　　　・有<br>・ボイラー給水ポンプ発停用接点及び端子<br>　　　　　　　　　　　　　　　・有<br>・運転状態表示用接点及び端子　・有<br>・故障状態表示用接点及び端子　・有<br>・運転時間表示用端子（特記）・有　・無<br>　（簡易貫流ボイラーの場合は以下を除く）<br>・消費電力量表示用端子（特記）・有　・無<br>・給水量表示用端子（特記）・有　・無<br>・燃料消費量表示用端子（特記）・有　・無 | 無しの場合理由を記入 |
| | (4) 運転時間計（特記）　・有　・無<br>デジタル表示（単位：h）<br>対象範囲は次のとおり<br>（　　　　　　　　　　　　　） | 〔　　　桁数〕≧5桁 |
| 特記仕様 | 照合表以外の要求事項を記載 | |
| 後日提出する<br>図書 | 完成図　　　　　　　　　　　　部<br>取扱説明書　　　　　　　　　　部<br>試験成績書　　　　　　　　　　部 | |
| 備考 | | |

〇印のもの及び無印のものにより製作し、・印のものは適用しない。

使用しない単位・項目は、二重線で消し、製造仕様欄には明細を記載する。

[令和4年版]

22

・鋼製簡易ボイラー（温水用）　　・鋳鉄製簡易ボイラー（温水用）

製造者名 _____

| ・労働安全衛生法　　・消防法　　・大気汚染防止法 | ・その他 | 届出〔・要　・否〕 |
| | ・地方条例 | 届出〔・要　・否〕 |

| 項　　目 | 設計仕様 | 製造仕様 |
|---|---|---|
| 規　　格　　★ | ・簡易ボイラー等構造規格<br>・JIS S 3021（油だき温水ボイラー）<br>・HA-022（温水ボイラー） | |
| 本　　体<br>鋼製簡易<br>ボイラー　★ | 材質〔・鋼板　・ステンレス鋼板〕<br>接水部の防錆処理（鋼板の場合）<br>・JIS H 8641（溶融亜鉛めっき）の2種55<br>・JIS H 8642（溶融アルミニウムめっき）の2種 | |
| 本　　体<br>鋳鉄製簡易<br>ボイラー　★ | 全面水冷壁形構造<br>材質〔・JIS G 5501（ねずみ鋳鉄品）<br>　　　　・JIS G 5502（球状黒鉛鋳鉄品）〕 | |
| 燃焼装置　★<br><br>一般事項 | ・ボイラー及び圧力容器安全規則<br>・油炊きボイラー及びガス炊きボイラーの燃焼設備の構造及び管理に関する技術上の指針<br>・消防法に基づく条例<br>・危険物の規則に関する政令及び同規則<br>・ガス事業法<br>・液化石油ガスの保安の確保及び取引の適正化に関する法律 | |
| 誘導電動機の<br>規格及び<br>保護方式　★ | ・「標準仕様書」各編で指定された機器<br>・特記により指定された機器<br>・製造者の標準仕様 | |
| | (1) 誘導電動機の規格<br>・100V、200V 単相誘導電動機　JIS C 4203<br>・200V、400V 三相誘導電動機<br>　　（・JIS C 4210　・JIS C 4212　・JIS C 4213）<br>・JIS に準ずるもの | |

［令和4年版］

・鋼製簡易ボイラー（温水用）　　・鋳鉄製簡易ボイラー（温水用）

| 項　目 | 設計仕様 | 製造仕様 |
|---|---|---|
| 誘導電動機の規格及び保護方式　★ | (2) 誘導電動機の保護方式　JIS C 4034-5<br>　屋外　・IP 44（全閉防まつ形）<br>　　　　・IP 22（防滴保護形）<br>　　　　（ただし、防水上有効な構造のケーシングに納められた場合）<br>　屋内　・IP 44（全閉防まつ形）<br>　　　　・IP 22（防滴保護形）<br>　屋外設置（ケーシング　・有　・無） |  |
| 誘導電動機の始動方式　★ | 200V・400V 三相誘導電動機<br>（ユニット等複数台の電動機を使用する機器の電動機の出力は、同時に運転する電動機の合計出力とする。）<br>・11kW 未満（直入始動）<br>・11kW 以上<br>　・入力 4.8kVA/kW 未満（始動装置不要）<br>　・入力 4.8kVA/kW 以上<br>　　・スターデルタ　　　　・順次直入<br>　　・パートワインディング　・その他<br>　・スターデルタ始動器の使用できる構造<br>　　（機器に制御盤及び操作盤が附属しない場合）<br>・その他（特記　・有　・無） | （合計出力　　　　kW）<br><br>最終始動時入力(kVA)<br>――――――――――――＝<br>電動機出力　（kW） |
| 燃焼装置オイルバーナー★ | 電動機は製造者の標準仕様<br>製造者の標準仕様の明細を記入 |  |
|  | バーナーの形式及び燃焼量<br>・HA-026　　・HA-028 |  |
|  | 燃焼制御方式<br>・オン・オフ制御方式　・多位置制御方式<br>・比例制御方式 |  |
|  | 安全装置、附属品等<br>①　燃焼安全制御装置（着火・停止・燃焼）<br>②　圧力又は温度調節装置（調節器付き）<br>③　対震自動消火装置<br>④　地震感知器*<br>⑤　制御盤（製造者の標準仕様） |  |

［令和4年版］

24

・鋼製簡易ボイラー（温水用）　　・鋳鉄製簡易ボイラー（温水用）

| 項　目 | 設計仕様 | | | 製造仕様 |
|---|---|---|---|---|
| 燃焼装置<br>オイル<br>バーナー★ | ⑥　油加熱器（灯油だき及び燃焼に支障のない A<br>　　　　重油だきの場合は除く）<br>⑦　フレキシブルジョイント*<br>⑧　圧力計 | | | |
| 燃焼装置<br>ガス<br>バーナー★ | 電動機は製造者の標準仕様<br>製造者の標準仕様の明細を記入 | | | |
| | バーナーの形式及び燃焼量<br>・HA-032 | | | |
| | 燃焼制御方式<br>・オン・オフ制御方式　・多位置制御方式<br>・比例制御方式 | | | |
| | 安全装置、附属品等<br>①　燃焼安全制御装置（着火・停止・燃焼）<br>②　圧力又は温度調節装置（調節器付き）<br>③　対震自動消火装置<br>④　地震感知器*<br>⑤　制御盤（製造者の標準仕様） | | | |
| 保　温 | 製造者の標準仕様の明細を記入 | | | |
| 塗　装 | 製造者の標準仕様の明細を記入 | | | |
| 附属品等　★ | 附　属　品<br>名　　　称 | ボイラー区分 | | 無しの場合理由を記入 |
| | | 鋼製 | 鋳鉄 | |
| | 煙室　　　　　　　　　　　1組<br>・鋳鉄製<br>・鋼板製<br>（厚さ 4.5mm 以上 JIS H 8642（溶<br>融アルミニウムめっき）による3<br>種の耐熱処理） | ― | ・有 | |
| | 煙道ダンパー　　　　　　　1組<br>（単独設置を除く）<br>・鋳鉄製<br>・鋼板製<br>（厚さ 4.5mm 以上 JIS H 8642（溶<br>融アルミニウムめっき）による3<br>種の耐熱処理） | ― | ・有 | |

［令和4年版］

・鋼製簡易ボイラー（温水用）　　・鋳鉄製簡易ボイラー（温水用）

| 項　目 | 設計仕様 | | | | 製造仕様 |
|---|---|---|---|---|---|
| 附属品等　★ | 安全弁又は逃し弁 | 一式 | ・有 | ・有 | |
| | 給水弁及び逆止弁 | 一式 | ・有 | ― | |
| | 吹出弁又は吹出コック | 一式 | ・有 | ・有 | |
| | 温度計*及び水高計* | 1組 | ・有 | ・有 | |
| | ダンパー・扉類<br>（単独設置を除く）<br>・鋳鉄製　・鋼板製 | 一式 | ・有 | ― | |
| | 保温用メタルジャケット<br>（外部鋼板製、内部に断熱材挿入） | 一式 | ・有 | ・有 | |
| | 缶体支持受架構<br>・形鋼製　・鋳鉄製 | 一式 | ・有 | ― | |
| | 掃除用具 | 一式 | ― | ・有 | |
| | 予備品<br>・マンホール<br>・検査穴<br>・掃除穴用パッキン1缶分 | 一式 | <br>・有<br>・有<br>・有 | <br>―<br>―<br>― | |
| | 銘板* | 一式 | ・有 | ・有 | |
| 制御盤 | 製造者の標準仕様の明細を記入 | | | | |
| 特記仕様 | 照合表以外の要求事項を記載 | | | | |
| 後日提出する<br>図書 | 完成図 | | | 部 | |
| | 取扱説明書 | | | 部 | |
| | 試験成績書 | | | 部 | |
| 備考 | | | | | |

○印のもの及び無印のものにより製作し、・印のものは適用しない。

使用しない単位・項目は、二重線で消し、製造仕様欄には明細を記載する。

**［令和4年版］**

注　1．燃焼安全制御装置は火炎、圧力及び温度により燃焼用送風機、燃料供給ポンプ、燃料遮断弁、点火装置等を制御し、着火・停止・燃焼を安全に行う機能を備えたものとする。
　　2．対震自動消火装置は、地震感知器の作動により、燃焼機器の燃料供給を遮断し、さらに燃焼機器の電源又は操作回路を遮断することにより自動的に燃焼を停止、消火させるものとする。

# ボイラー　試験成績書

（記号　　　　　　　　　　　　　）

工事件名　　　　　　　　　　　　　　　　試験日　　令和　　年　　月　　日

　　　　　　　　　　　　　　　　　　　製造者名　　　　　　　　　　　　　

種　類　・温水・蒸気・鋼製・鋳鉄製

製造者形式　　　　　　　　　　　

製造番号　　　　　　　　　　　

|  |  |  |
|---|---|---|
|  |  |  |

試験結果

| 試験項目 |  | 設計仕様 | 判定基準 | 測定値 | 判　定 | 適　用 |
|---|---|---|---|---|---|---|
| 熱出力 | kW |  | 仕様値以上 |  |  |  |
| 入口温度 | ℃ |  |  |  |  |  |
| 出口温度（温水の場合） | ℃ |  | 仕様値以上 |  |  |  |
| 蒸気圧力（蒸気の場合） | MPa |  | 仕様値以上 |  |  |  |
| 水圧 | 缶　体　MPa |  | 仕様値以上 |  |  |  |
|  | セクション　MPa |  | 仕様値以上 |  |  | 鋳鉄製ボイラーに限る |
| 騒　音 | dB(A) | 測定値を記入する |  |  |  |  |
| バーナー熱出力 | kW |  | 仕様値以上 |  |  |  |

熱出力計算書（蒸気ボイラーの場合）



備考

簡易ボイラー　試験成績書

（記号　　　　　　　　　　　　）

工事件名 _____

種　類　　・鋼製　・鋳鉄製

製造者形式 _____

製造番号 _____

試験日　　　令和　　年　　月　　日

製造者名 _____

| | | |
|---|---|---|
| | | |

試験結果

| 試験項目 | | 設計仕様 | 判定基準 | 測定値 | 判　定 | 適　用 |
|---|---|---|---|---|---|---|
| 熱出力 | kW | | 仕様値以上 | | | |
| 水圧 | 缶　体　　　MPa | | 仕様値以上 | | | |
| | セクション　　MPa | | 仕様値以上 | | | 鋳鉄製ボイラーに限る |
| 騒　音　　　　　dB(A) | | 測定値を記入する | | | | |
| バーナー熱出力　　kW | | | 仕様値以上 | | | |

備考

製造者名　_____

| ・消防法　　・大気汚染防止法 | ・その他　　　　届出〔・要　・否〕 |
| --- | --- |
| | ・地方条例　　　届出〔・要　・否〕 |

| 項　目 | 設計仕様 | 製造仕様 |
| --- | --- | --- |
| 一般事項　★ | ・HA-008（真空式温水発生機）<br>・JIS B 8417（真空式温水発生機） | |
| 構　成　★ | 缶体、燃焼室、熱交換器、溶解栓、自動抽気装置、<br>燃焼装置、容量調整装置、安全装置、制御盤等 | |
| 本　体　★ | ・鋼製真空式温水発生機<br>缶体及び燃焼室<br>・鋼板　・ステンレス鋼板<br>煙管<br>・JIS G 3452（配管用炭素鋼鋼管）<br>・JIS G 3461（ボイラー・熱交換器用炭素鋼鋼管）<br>水管（水管を有する場合）<br>・JIS G 3452（配管用炭素鋼鋼管）<br>・JIS G 3459（配管用ステンレス鋼鋼管）<br>・JIS G 3461（ボイラー・熱交換器用炭素鋼鋼管）<br>・JIS G 3454（圧力配管用炭素鋼鋼管）<br>・耐硫酸腐食鋼 | |
| | ・鋳鉄製真空式温水発生機<br>構造<br>・全面水冷壁形構造<br>・水位制御装置（電磁弁方式）<br>缶体及び燃焼室<br>・JIS G 5501（ねずみ鋳鉄品）<br>・JIS G 5502（球状黒鉛鋳鉄品） | |
| | 熱交換器の管<br>・JIS G 3463（ボイラー・熱交換器用ステンレス鋼<br>　　　　　　　鋼管）<br>・JIS H 3300（銅及び銅合金継目無管） | |

〔令和4年版〕

| 項　目 | 設計仕様 | 製造仕様 |
|---|---|---|
| 本　体 | 溶解栓<br>・缶体に直接取付け、100℃未満で確実に溶解<br>・蒸気が吹出した場合、人体に危害を与えるおそれがない構造 | |
| 自動抽気装置　★ | ・自動的に機内の不凝縮ガスを抽気、かつ、機外に排出するもの<br>・所定の真空状態を保持できる構造 | |
| 燃焼装置　★ | ・ボイラー及び圧力容器安全規則<br>・油炊きボイラー及びガス炊きボイラーの燃焼設備の構造及び管理に関する技術上の指針<br>・消防法に基づく条例<br>・危険物の規則に関する政令及び同規則<br>・ガス事業法<br>・液化石油ガスの保安の確保及び取引の適正化に関する法律 | |
| 誘導電動機の規格及び保護方式　★ | ・「標準仕様書」各編で指定された機器<br>・特記により指定された機器<br>・製造者の標準仕様 | |
| | (1) 誘導電動機の規格<br>　・100V、200V 単相誘導電動機　JIS C 4203<br>　・200V、400V 三相誘導電動機<br>　　（・JIS C 4210　・JIS C 4212　・JIS C 4213）<br>　・JIS に準ずるもの | |
| | (2) 誘導電動機の保護方式　JIS C 4034-5<br>　屋外　・IP 44（全閉防まつ形）<br>　　　　・IP 22（防滴保護形）<br>　　　　（ただし、防水上有効な構造のケーシングに納められた場合）<br>　屋内　・IP 44（全閉防まつ形）<br>　　　　・IP 22（防滴保護形）<br>　屋外設置（ケーシング　・有　・無） | |

［令和4年版］

| 項　目 | 設計仕様 | 製造仕様 |
|---|---|---|
| 誘導電動機の始動方式　★ | 200V・400V 三相誘導電動機<br>（ユニット等複数台の電動機を使用する機器の電動機の出力は、同時に運転する電動機の合計出力とする。）<br>・11kW 未満（直入始動）<br>・11kW 以上<br>　・入力 4.8kVA/kW 未満（始動装置不要）<br>　・入力 4.8kVA/kW 以上<br>　　・スターデルタ　　　　　・順次直入<br>　　・パートワインディング　・その他<br>　・スターデルタ始動器の使用できる構造<br>　（機器に制御盤及び操作盤が附属しない場合）<br>・その他（特記　・有　・無） | （合計出力　　　　　kW）<br><br><br>最終始動時入力(kVA)<br>――――――――――　＝<br>電動機出力（kW） |
| 燃焼装置<br>　オイル<br>　バーナー★ | 電動機は製造者の標準仕様<br>製造者の標準仕様の明細を記入 | |
| | バーナーの形式及び燃焼量<br>・HA-026　・HA-028 | |
| | 燃焼制御方式<br>・オン・オフ制御方式　・多位置制御方式<br>・比例制御方式 | |
| | 安全装置、附属品等<br>①　燃焼安全制御装置（着火・停止・燃焼）<br>②　圧力又は温度調節装置（調節器付き）<br>③　低水位燃焼遮断装置<br>④　対震自動消火装置<br>⑤　地震感知器*<br>⑥　制御盤<br>⑦　油加熱器（灯油だき及び A 重油だきの場合は<br>　　　　除く）<br>⑧　フレキシブルジョイント*<br>⑨　圧力計 | |
| 燃焼装置<br>　ガス<br>　バーナー★ | 電動機は製造者の標準仕様<br>製造者の標準仕様の明細を記入 | |

［令和 4 年版］

| 項　目 | 設計仕様 | 製造仕様 |
|---|---|---|
| 燃焼装置<br>ガス<br>バーナー★ | バーナーの形式及び燃焼量<br>・HA-032 | |
| | 燃焼制御方式<br>・オン・オフ制御方式　・多位置制御方式<br>・比例制御方式 | |
| | 安全装置、附属品等<br>①　燃焼安全制御装置（着火・停止・燃焼）<br>②　圧力又は温度調節装置（調節器付き）<br>③　低水位燃焼遮断装置<br>④　対震自動消火装置<br>⑤　地震感知器*<br>⑥　制御盤 | |
| 容量調整装置<br>★ | 熱媒水又は温水を設定温度に保つように、加熱量<br>を制御する燃焼制御方式<br>・オン・オフ制御方式　・ハイ・ロー制御方式<br>・比例制御方式 | |
| 安全装置　★ | (a)　熱媒水温度の過上昇により作動する温度ヒュ<br>　　ーズ（封印を施したもの）<br>(b)　缶体内の圧力の過上昇により作動する圧力<br>　　スイッチ<br>(c)　空だき防止用温度ヒューズ（鋼製のみ）<br>(d)　熱媒水の過度の減少により作動する低水位<br>　　燃焼遮断装置（鋳鉄製のみ） | |
| 保　温 | 製造者の標準仕様の明細を記入 | |
| 塗　装 | 製造者の標準仕様の明細を記入 | |
| 附属品　★ | (ｱ)　熱媒水温度計　　　　　　　　　　　一式<br>(ｲ)　煙道ダンパー（単独設置のものは除く）　一式<br>(ｳ)　連成計又は真空計　　　　　　　　　一式<br>(ｴ)　銘板*　　　　　　　　　　　　　　一式 | |

［令和４年版］

注　1．燃焼安全制御装置は火炎、圧力及び温度により燃焼用送風機、燃料供給ポンプ、燃料遮
　　　断弁、点火装置等を制御し、着火・停止・燃焼を安全に行う機能を備えたものとする。
　　2．対震自動消火装置は、地震感知器の作動により、燃焼機器の燃料供給を遮断し、さらに
　　　燃焼機器の電源又は操作回路を遮断することにより自動的に燃焼を停止、消火させるも
　　　のとする。

| 項　目 | 設計仕様 | 製造仕様 |
|---|---|---|
| 制御及び<br>操作盤<br><br>製造者標準品 | 製造者の標準仕様（定格出力が 186kW 以下のもの）<br>製造者の標準仕様の明細を記入 | |
| | 電気事業法　　　　　　　　　　　　　　　　適用<br>電気設備に関する技術基準を定める省令　　適用<br>電気用品安全法　　　　　　　　　　　　　適用 | |
| 制御及び<br>操作盤<br><br>製造者標準品<br>各編又は特記<br>により指定さ<br>れた機器　★<br>機器名<br>〔　　　〕 | ・製造者の標準附属盤内に収納する<br>・特記（・屋内用　・屋外用） | 収納場所（　　　　　　　） |
| | (1) 過負荷及び欠相保護装置<br>　過負荷保護装置<br>　・必要（・電動機ごと）<br>　・不要<br>　　・0.2kW 以下の電動機回路及び過電流遮断器<br>　　　の定格電流が 15A（配線用遮断器の場合は<br>　　　20A）以下の単相電動機回路<br>　欠相保護装置<br>　・必要（・電動機ごと　・一括）<br>　・不要<br>　　・0.2kW 以下の電動機回路及び過電流遮断器<br>　　　の定格電流が 15A（配線用遮断器の場合は<br>　　　20A）以下の単相電動機回路<br>　　・1 ユニットの装置で電動機自体に有効な保<br>　　　護サーモ等の焼損防止装置がある場合 | （容量　　　　A）<br><br><br><br><br><br>（容量　　　　A）<br><br>焼損防止装置（　　　　　　） |
| | (2) 進相コンデンサー（特記　・有　・無）<br>　・必要<br>　　・200V 電動機（電気供給規定による）<br>　　・400V 電動機<br>　　・高圧電動機<br>　　　定格出力時における改善後の力率を 0.9 以<br>　　　上となるようにする。(400V 及び高圧電動機<br>　　　の場合)<br>　・不要<br>　　・0.2kW 未満の三相電動機<br>　　・1 ユニットの装置全体で力率が定格出力時<br>　　　0.9 以上に確保できる場合 | （容量　　　　μF）<br>（改善後の力率　　　%）<br><br><br><br><br><br><br><br>1ユニット装置全体の力率<br>（　　　%） |

［令和 4 年版］

| 項　目 | 設計仕様 | 製造仕様 |
|---|---|---|
| 制御及び<br>操作盤<br>製造者標準品<br>各編又は特記<br>により指定さ<br>れた機器　★<br>機器名<br>〔　　　〕 | (3)　表示等<br>　・電源表示（・白　・製造者標準色）<br>　・運転表示（・赤　・製造者標準色）<br>　・停止表示（・緑　・製造者標準色）<br>　・燃焼表示　　　　　　　　　　　・有<br>　・不着火表示　　　　　　　　　　・有<br>　・保護継電器の動作表示<br>　　・保護継電器ごと　　　　　・有　・無<br>　　・表面に一括　　　　　　　・有　・無<br>　・ガス圧異常表示（ガスだきの場合）<br>　　　　　　　　　　　　　　　　　・有<br>　・異常表示　　　　　　　　　　　・有<br>　・異常警報ブザー　　　　　　　　・有<br>　表示の光源は、原則として発光ダイオード | 無しの場合理由を記入 |
| | (4)　接点及び端子<br>　・インターロック用端子　　　　　・有<br>　・運転状態表示用接点及び端子　　・有<br>　・故障状態表示用接点及び端子　　・有<br>　・運転時間表示用端子（特記）・有　・無 | 無しの場合理由を記入 |
| | (5)　運転時間計（特記）　　　・有　・無<br>　デジタル表示（単位：h）<br>　対象範囲は次のとおり<br>　　（　　　　　　　　　　　　　　　） | 〔　　　桁数〕≧5桁 |
| 特記仕様 | 照合表以外の要求事項を記載 | |
| 後日提出する<br>図書 | 完成図　　　　　　　　　　　　　部<br>取扱説明書　　　　　　　　　　　部<br>試験成績書　　　　　　　　　　　部 | |
| 備考 | | |

○印のもの及び無印のものにより製作し、・印のものは適用しない。

使用しない単位・項目は、二重線で消し、製造仕様欄には明細を記載する。

〔令和4年版〕

製造者名 _____

| ・消防法 | ・大気汚染防止法 | ・その他 | 届出〔・要　・否〕 |
| --- | --- | --- | --- |
| | | ・地方条例 | 届出〔・要　・否〕 |

| 項　目 | 設計仕様 | 製造仕様 |
| --- | --- | --- |
| 一般事項　★ | ・「ボイラー及び圧力容器安全規則」の第1条の解釈例規「労働省労働基準局長通達」37基収第7217号に規定する開放形の温水ボイラーに該当するもの<br>・HA-010（無圧式温水発生機）<br>・JIS B 8418（無圧式温水発生機） | |
| 構　成　★ | 缶体、燃焼室、熱交換器、膨張タンク、水位制御装置、燃焼装置、容量調整装置、安全装置、制御盤等 | |
| 本　体　★ | ・鋼製無圧式温水発生機<br>缶体及び燃焼室<br>・JIS G 3101（一般構造用圧延鋼材）<br>・JIS G 3131（熱間圧延軟鋼板及び鋼帯）<br>・JIS G 4305（冷間圧延ステンレス鋼板及び鋼帯）<br>煙管<br>・JIS G 3452（配管用炭素鋼鋼管）<br>・JIS G 3461（ボイラー・熱交換器用炭素鋼鋼管）<br>水管（水管を有する場合）<br>・JIS G 3452（配管用炭素鋼鋼管）<br>・JIS G 3454（圧力配管用炭素鋼鋼管）<br>・JIS G 3459（配管用ステンレス鋼鋼管）<br>・JIS G 3461（ボイラー・熱交換器用炭素鋼鋼管）<br>・耐硫酸腐食鋼<br>内面の防錆処理（鋼製の場合）<br>・JIS H 8641（溶融亜鉛めっき）の HDZT49<br>・JIS H 8642（溶融アルミニウムめっき）の2種<br>　（熱媒水に腐食抑制剤を添加する場合を除く） | |

［令和4年版］

| 項　目 | 設計仕様 | 製造仕様 |
|---|---|---|
| 本　体　★ | ・鋳鉄製無圧式温水発生機<br>構造　全面水冷壁形構造<br>缶体及び燃焼室<br>　・JIS G 5501（ねずみ鋳鉄品）<br>　・JIS G 5502（球状黒鉛鋳鉄品） | |
| | 熱交換器の管<br>　・JIS G 3459（配管用ステンレス鋼鋼管）<br>　・JIS G 3463（ボイラー・熱交換器用ステンレス鋼<br>　　　　　　鋼管）<br>　・JIS H 3300（銅及び銅合金継目無管）<br>　・JIS H 3100（銅及び銅合金の板並びに条） | |
| | プレート型熱交換器<br>　・JIS G 4305（冷間圧延ステンレス鋼板及び鋼帯） | |
| | 膨張タンク<br>　・JIS G 3101（一般構造用圧延鋼材）<br>　・JIS G 3131（熱間圧延軟鋼板及び鋼帯）<br>　・JIS G 4304（熱間圧延ステンレス鋼板及び鋼帯）<br>　・JIS G 4305（冷間圧延ステンレス鋼板及び鋼帯）<br>　・JIS G 5501（ねずみ鋳鉄品）<br>内面の防錆処理（鋼板の場合）<br>　・JIS H 8641（溶融亜鉛めっき）の HDZT49<br>　・JIS H 8642（溶融アルミニウムめっき）の2種 | |
| | 水位制御装置<br>　・ボールタップ式　　・電磁弁方式 | |
| | 熱媒水循環ポンプ（ポンプは製造者の標準仕様）<br>　　・有　　・無 | |
| 燃焼装置　★ | ・ボイラー及び圧力容器安全規則<br>・油炊きボイラー及びガス炊きボイラーの燃焼設<br>　備の構造及び管理に関する技術上の指針<br>・消防法に基づく条例<br>・危険物の規則に関する政令及び同規則<br>・ガス事業法<br>・液化石油ガスの保安の確保及び取引の適正化に<br>　関する法律 | |

［令和4年版］

| 項　目 | 設計仕様 | 製造仕様 |
|---|---|---|
| 誘導電動機の 規格及び 保護方式　★ | ・「標準仕様書」各編で指定された機器<br>・特記により指定された機器<br>・製造者の標準仕様 | |
| | (1) 誘導電動機の規格<br>　・100V、200V 単相誘導電動機　JIS C 4203<br>　・200V、400V 三相誘導電動機<br>　　　（・JIS C 4210　・JIS C 4212　・JIS C 4213）<br>　・JIS に準ずるもの | |
| | (2) 誘導電動機の保護方式　JIS C 4034-5<br>　屋外　・IP 44（全閉防まつ形）<br>　　　　・IP 22（防滴保護形）<br>　　　　（ただし、防水上有効な構造のケーシ<br>　　　　　グに納められた場合）<br>　屋内　・IP 44（全閉防まつ形）<br>　　　　・IP 22（防滴保護形）<br>　屋外設置（ケーシング　・有　・無） | |
| 誘導電動機の 始動方式　★ | 200V・400V 三相誘導電動機<br>（ユニット等複数台の電動機を使用する機器の電<br>　動機の出力は、同時に運転する電動機の合計出<br>　力とする。）<br>・11kW 未満（直入始動）<br>・11kW 以上<br>　・入力 4.8kVA/kW 未満（始動装置不要）<br>　・入力 4.8kVA/kW 以上<br>　　・スターデルタ　　　　　・順次直入<br>　　・パートワインディング　・その他<br>　・スターデルタ始動器の使用できる構造<br>　　（機器に制御盤及び操作盤が附属しない場合）<br>・その他（特記　・有　・無） | （合計出力　　　　kW）<br><br><br><br>最終始動時入力(kVA)<br>─────────── ＝<br>　電動機出力（kW） |
| 燃焼装置 オイル バーナー★ | 電動機は製造者の標準仕様<br>製造者の標準仕様の明細を記入 | |
| | バーナーの形式及び燃焼量<br>　・HA-026　・HA-028 | |

［令和4年版］

| 項　目 | 設計仕様 | 製造仕様 |
|---|---|---|
| 燃焼装置<br>　オイル<br>　　バーナー★ | 燃焼制御方式<br>・オン・オフ制御方式　・多位置制御方式<br>・比例制御方式 | |
| | 安全装置、附属品等<br>①　燃焼安全制御装置（着火・停止・燃焼）<br>②　圧力又は温度調節装置（調節器付き）<br>③　低水位燃焼遮断装置<br>④　対震自動消火装置<br>⑤　地震感知器*<br>⑥　制御盤<br>⑦　油加熱器（灯油だき及びA重油だきの場合は<br>　　　　　除く）<br>⑧　フレキシブルジョイント*<br>⑨　圧力計 | |
| 燃焼装置<br>　ガス<br>　　バーナー★ | 電動機は製造者の標準仕様<br>製造者の標準仕様の明細を記入 | |
| | バーナーの形式及び燃焼量<br>・HA-032 | |
| | 燃焼制御方式<br>・オン・オフ制御方式　・多位置制御方式<br>・比例制御方式 | |
| | 安全装置、附属品等<br>①　燃焼安全制御装置（着火・停止・燃焼）<br>②　圧力又は温度調節装置（調節器付き）<br>③　低水位燃焼遮断装置<br>④　対震自動消火装置<br>⑤　地震感知器*<br>⑥　制御盤 | |
| 容量調整装置<br>　　★ | 熱媒水又は温水を設定温度に保つように、加熱量<br>を制御する燃焼制御方式<br>・オン・オフ制御方式　・ハイ・ロー制御方式<br>・比例制御方式 | |

［令和4年版］

注　1．燃焼安全制御装置は火炎、圧力及び温度により燃焼用送風機、燃料供給ポンプ、燃料遮
　　　断弁、点火装置等を制御し、着火・停止・燃焼を安全に行う機能を備えたものとする。
　　2．対震自動消火装置は、地震感知器の作動により、燃焼機器の燃料供給を遮断し、さらに
　　　燃焼機器の電源又は操作回路を遮断することにより自動的に燃焼を停止、消火させるも
　　　のとする。

| 項　目 | 設計仕様 | 製造仕様 |
|---|---|---|
| 安全装置　★ | (a) 熱媒水温度の過上昇により作動する温度リレー<br>(b) 熱媒水の過度の減少により作動する低水位燃焼遮断装置（鋳鉄製のみ） | |
| 保　温 | 製造者の標準仕様の明細を記入 | |
| 塗　装 | 製造者の標準仕様の明細を記入 | |
| 附属品　★ | (ｱ) 熱媒水温度計　　　　　　　　　　　一式<br>(ｲ) 水面計　　　　　　　　　　　　　　一式<br>(ｳ) 煙道ダンパー（単独設置のものは除く）一式<br>(ｴ) 銘板*　　　　　　　　　　　　　　一式 | |
| 制御及び<br>操作盤<br>製造者標準品<br>各編又は特記<br>により指定さ<br>れた機器　★<br>機器名<br>〔　　　〕 | 製造者の標準仕様（定格出力が186kW以下のもの）<br>製造者の標準仕様の明細を記入 | |
| | 電気事業法　　　　　　　　　　　　適用<br>電気設備に関する技術基準を定める省令　適用<br>電気用品安全法　　　　　　　　　　適用 | |
| | ・製造者の標準附属盤内に収納する<br>・特記（・屋内用　・屋外用） | 収納場所（　　　　　　　） |
| | (1) 過負荷及び欠相保護装置<br>　過負荷保護装置<br>　・必要（・電動機ごと）<br>　・不要<br>　　・0.2kW以下の電動機回路及び過電流遮断器の定格電流が15A（配線用遮断器の場合は20A）以下の単相電動機回路<br>　欠相保護装置<br>　・必要（・電動機ごと　・一括）<br>　・不要<br>　　・0.2kW以下の電動機回路及び過電流遮断器の定格電流が15A（配線用遮断器の場合は20A）以下の単相電動機回路<br>　　・1ユニットの装置で電動機自体に有効な保護サーモ等の焼損防止装置がある場合 | （容量　　　　　A）<br><br><br>（容量　　　　　A）<br><br>焼損防止装置（　　　　　　） |

| 項　目 | 設計仕様 | 製造仕様 |
|---|---|---|
| 制御及び<br>操作盤<br>製造者標準品<br>各編又は特記<br>により指定さ<br>れた機器　★<br>機器名<br>〔　　　〕 | (2) 進相コンデンサー（特記　・有　・無）<br>　・必要<br>　　・200V 電動機（電気供給規定による）<br>　　・400V 電動機<br>　　・高圧電動機<br>　　　定格出力時における改善後の力率を 0.9 以<br>　　　上となるようにする。(400V 及び高圧電動機<br>　　　の場合)<br>　・不要<br>　　・0.2kW 未満の三相電動機<br>　　・1 ユニットの装置全体で力率が定格出力時<br>　　　0.9 以上に確保できる場合 | （容量　　　　μF）<br>（改善後の力率　　％）<br><br><br><br><br><br><br>1 ユニット装置全体の力率<br>　　　（　　　%） |
| | (3) 表示等<br>　・電源表示（・白　・製造者標準色）<br>　・運転表示（・赤　・製造者標準色）<br>　・停止表示（・緑　・製造者標準色）<br>　・燃焼表示　　　　　　　　　　　・有<br>　・不着火表示　　　　　　　　　　・有<br>　・保護継電器の動作表示<br>　　・保護継電器ごと　　　　　・有　・無<br>　　・表面に一括　　　　　　　・有　・無<br>　・ガス圧異常表示（ガスだきの場合）<br>　　　　　　　　　　　　　　　　　・有<br>　・異常表示　　　　　　　　　　　・有<br>　・異常警報ブザー　　　　　　　　・有<br>　　表示の光源は、原則として発光ダイオード | 無しの場合理由を記入 |
| | (4) 接点及び端子<br>　・インターロック用端子　　　　　・有<br>　・運転状態表示用接点及び端子　　・有<br>　・故障状態表示用接点及び端子　　・有<br>　・運転時間表示用端子（特記）　・有　・無 | 無しの場合理由を記入 |

［令和元年版］

| 項　目 | 設計仕様 | 製造仕様 |
|---|---|---|
| 制御及び<br>操作盤<br>製造者標準品<br>各編又は特記<br>により指定さ<br>れた機器　★<br>機器名<br>〔　　　〕 | (5) 運転時間計（特記）　　　　　・有　・無<br>　デジタル表示（単位：h)<br>　対象範囲は次のとおり<br>　（　　　　　　　　　　　　　　）| 〔　　　桁数〕≧5桁 |
| 特記仕様 | 照合表以外の要求事項を記載 | |
| 後日提出する<br>図書 | 完成図　　　　　　　　　　　　　部<br>取扱説明書　　　　　　　　　　　部<br>試験成績書　　　　　　　　　　　部 | |
| 備考 | | |

○印のもの及び無印のものにより製作し、・印のものは適用しない。

使用しない単位・項目は、二重線で消し、製造仕様欄には明細を記載する。

〔令和4年版〕

41

温水発生機 試験成績書

（記号　　　　　　　）

工事件名 _____

_____

種類　・真空式・無圧式・鋼製・鋳鉄製

製造者形式 _____

製造番号 _____

試験日　　令和　　年　　月　　日

製造者名 _____

_____

| | | |
|---|---|---|
| | | |

試験結果

| 試験項目 | | 設計仕様 | 判定基準 | 測定値 | 判定 | 適用 |
|---|---|---|---|---|---|---|
| 熱出力 | kW | | 仕様値以上 | | | |
| 入口温度 | ℃ | | | | | |
| 出口温度 | ℃ | | 仕様値以上 | | | |
| 気密（大気圧換算値）漏れ量　　Pa・mL/sec（・窒素ガス　・ヘリウムガス） | | | 仕様値以下 | | | 鋼製真空式 |
| 組合せ（漏れ）ゲージ圧 −95kPa より低い圧力（12 時間後漏れ量）　　kPa | | | 仕様値以下 | | | 鋳鉄製真空式 |
| 満水（10 分間保持） | | | 漏れなきこと | | | 無圧式 |
| 水圧 | セクション（10 分間保持）MPa | | 漏れなきこと | | | 鋳鉄製真空式 |
| | 熱交換器(10 分間保持)　MPa | 最高使用圧力に 0.1MPa を加えた圧力（0.2MPa 未満の場合は0.2MPa） | 漏れなきこと | | | |
| バーナー熱出力 | kW | | 仕様値以上 | | | |

備考

・気密試験

・満水試験

・セクションの水圧試験

・熱交換器の水圧試験

製造者名＿＿＿＿＿＿＿＿＿＿＿＿＿

| ・消防法 | ・大気汚染防止法 | ・その他 | 届出〔・要　・否〕 |
| | | ・地方条例 | 届出〔・要　・否〕 |

| 項　目 | 設計仕様 | 製造仕様 |
|---|---|---|
| 一般事項 | ・HA-034-1（木質バイオマスボイラー第1部：真空式温水発生機） | |
| 構　成 | 缶体、燃焼部、熱交換器、溶解栓、自動抽気装置、容量調整装置、燃料搬送装置、安全装置、制御盤等 | |
| 本　体 | ・鋼製真空式温水発生機<br>缶体及び燃焼室<br>・鋼板　・ステンレス鋼板<br>煙管<br>・JIS G 3452（配管用炭素鋼鋼管）<br>・JIS G 3461（ボイラー・熱交換器用炭素鋼鋼管）<br>水管（水管を有する場合）<br>・JIS G 3452（配管用炭素鋼鋼管）<br>・JIS G 3459（配管用ステンレス鋼鋼管）<br>・JIS G 3461（ボイラー・熱交換器用炭素鋼鋼管）<br>・JIS G 3454（圧力配管用炭素鋼鋼管）<br>・耐硫酸腐食鋼 | |
| | 熱交換器の管<br>・JIS G 3463（ボイラー・熱交換器用ステンレス鋼鋼管）<br>・JIS H 3300（銅及び銅合金継目無管） | |
| | 溶解栓<br>・缶体に直接取り付け、100℃未満で確実に溶解<br>・蒸気が吹出した場合、人体に危害を与えるおそれがない構造 | |

[令和4年版]

| 項　目 | 設計仕様 | 製造仕様 |
|---|---|---|
| 自動抽気装置 | ・自動的に機内の不凝縮ガスを抽気、かつ、機外に排出するもの<br>・所定の真空状態を保持できる構造 | |
| 誘導電動機の規格及び保護方式 | ・「標準仕様書」各編で指定された機器<br>・特記により指定された機器<br>・製造者の標準仕様 | |
| | (1) 誘導電動機の規格<br>・100V、200V 単相誘導電動機　JIS C 4203<br>・200V、400V 三相誘導電動機<br>　（・JIS C 4210　・JIS C 4212　・JIS C 4213）<br>・JIS に準ずるもの | |
| | (2) 誘導電動機の保護方式　JIS C 4034-5<br>　屋外　・IP 44（全閉防まつ形）<br>　　　　・IP 22（防滴保護形）<br>　　　　（ただし、防水上有効な構造のケーシングに納められた場合）<br>　屋内　・IP 44（全閉防まつ形）<br>　　　　・IP 22（防滴保護形）<br>　屋外設置（ケーシング　・有　・無） | |
| 誘導電動機の始動方式 | 200V・400V 三相誘導電動機<br>（ユニット等複数台の電動機を使用する機器の電動機の出力は、同時に運転する電動機の合計出力とする。）<br>・11kW 未満（直入始動）<br>・11kW 以上<br>　・入力 4.8kVA/kW 未満（始動装置不要）<br>　・入力 4.8kVA/kW 以上<br>　　・スターデルタ　　　・順次直入<br>　　・パートワインディング　・その他<br>　・スターデルタ始動器の使用できる構造<br>　　（機器に制御盤及び操作盤が附属しない場合）<br>・その他（特記　・有　・無） | （合計出力　　　　kW）<br><br>最終始動時入力(kVA)<br>───────── ＝<br>電動機出力(kW) |

［令和 4 年版］

| 項　目 | 設計仕様 | 製造仕様 |
|---|---|---|
| 着火装置 | 燃料への着火方式<br>・熱風ヒーター方式<br>・オイルバーナー方式（HA-026 による　※該当する場合）<br>・ガスバーナー方式（HA-032 による　※該当する場合） | |
| 容量調整装置 | 熱媒水又は温水を設定温度に保つように、加熱量を制御する燃焼制御方式<br>・オン・オフ制御方式　・多位置制御方式<br>・比例制御方式 | |
| 安全装置 | (a) 熱媒水温度の過上昇により作動する温度ヒューズ（封印を施したもの）<br>(b) 缶体内の圧力の過上昇により作動する圧力スイッチ<br>(c) 空だき防止用温度ヒューズ（鋼製のみ） | |
| 保　温 | 製造者の標準仕様の明細を記入 | |
| 塗　装 | 製造者の標準仕様の明細を記入 | |
| 附属品 | (ｱ) 熱媒水温度計　　　　　　　　　　一式<br>(ｲ) 煙道ダンパー（単独設置のものは除く）一式<br>(ｳ) 連成計又は真空計　　　　　　　　一式<br>(ｴ) 銘板*　　　　　　　　　　　　　一式 | |
| 制御及び<br>操作盤<br>製造者標準品 | 製造者の標準仕様（定格出力が 186kW 以下のもの）<br>製造者の標準仕様の明細を記入 | |
| | 電気事業法　　　　　　　　　　　　　適用<br>電気設備に関する技術基準を定める省令　適用<br>電気用品安全法　　　　　　　　　　　適用 | |

［令和元年版］

| 項　目 | 設計仕様 | 製造仕様 |
|---|---|---|
| 制御及び<br>操作盤<br>製造者標準品<br><br>各編又は特記<br>により指定さ<br>れた機器<br>機器名<br>〔　　　〕 | ・製造者の標準附属盤内に収納する<br>・特記（・屋内用　・屋外用） | 収納場所（　　　　　　　） |
| | (1) 過負荷及び欠相保護装置<br>　過負荷保護装置<br>　・必要（・電動機ごと）<br>　・不要<br>　　・0.2kW 以下の電動機回路及び過電流遮断器<br>　　　の定格電流が 15A（配線用遮断器の場合は<br>　　　20A）以下の単相電動機回路<br>　欠相保護装置<br>　・必要（・電動機ごと　・一括）<br>　・不要<br>　　・0.2kW 以下の電動機回路及び過電流遮断器<br>　　　の定格電流が 15A（配線用遮断器の場合は<br>　　　20A）以下の単相電動機回路<br>　　・1 ユニットの装置で電動機自体に有効な保<br>　　　護サーモ等の焼損防止装置がある場合 | <br><br><br><br>（容量　　　　　A）<br><br><br><br><br><br><br>（容量　　　　　A）<br><br><br>焼損防止装置（　　　　　　　） |
| | (2) 進相コンデンサー（特記　・有　・無）<br>　・必要<br>　　・200V 電動機（電気供給規定による）<br>　　・400V 電動機<br>　　・高圧電動機<br>　　　定格出力時における改善後の力率を 0.9 以<br>　　　上となるようにする。(400V 及び高圧電動機<br>　　　の場合)<br>　・不要<br>　　・0.2kW 未満の三相電動機<br>　　・1 ユニットの装置全体で力率が定格出力時<br>　　　0.9 以上に確保できる場合 | <br>（容量　　　μF）<br>（改善後の力率　　　%）<br><br><br><br><br><br><br>1 ユニット装置全体の力率<br>　　（　　　%） |

| 項　目 | 設計仕様 | 製造仕様 |
|---|---|---|
| 制御及び<br>操作盤<br>製造者標準品<br>各編又は特記<br>により指定さ<br>れた機器<br>機器名<br>〔　　　　〕 | (3) 表示等<br>　・電源表示（・白　・製造者標準色）<br>　・運転表示（・赤　・製造者標準色）<br>　・停止表示（・緑　・製造者標準色）<br>　・燃焼表示　　　　　　　　　・有<br>　・不着火表示　　　　　　　　・有<br>　・保護継電器の動作表示<br>　　　・保護継電器ごと　　　・有　・無<br>　　　・表面に一括　　　　　・有　・無<br>　・異常表示　　　　　　　　　・有<br>　・異常警報ブザー　　　　　　・有<br>　　表示の光源は、原則として発光ダイオード | 無しの場合理由を記入 |
| | (4) 接点及び端子<br>　・インターロック用端子　　　・有<br>　・運転状態表示用接点及び端子　・有<br>　・故障状態表示用接点及び端子　・有<br>　・運転時間表示用端子（特記）・有　・無 | 無しの場合理由を記入 |
| | (5) 運転時間計（特記）　　・有　・無<br>　デジタル表示（単位：h）<br>　　対象範囲は次のとおり<br>　　（　　　　　　　　　　　　　　） | 〔　　　桁数〕≧5桁 |
| 特記仕様 | 照合表以外の要求事項を記載 | |
| 後日提出する<br>図書 | 完成図　　　　　　　　　　　　　部<br>取扱説明書　　　　　　　　　　　部<br>試験成績書　　　　　　　　　　　部 | |
| 備考 | | |

○印のもの及び無印のものにより製作し、・印のものは適用しない。

使用しない単位・項目は、二重線で消し、製造仕様欄には明細を記載する。

［令和4年版］

製造者名＿＿＿＿＿＿＿＿＿＿＿＿＿＿＿＿＿

| ・消防法　　・大気汚染防止法 | ・その他 | 届出〔・要　・否〕 |
| | ・地方条例 | 届出〔・要　・否〕 |

| 項　目 | 設計仕様 | 製造仕様 |
|---|---|---|
| 一般事項 | ・「ボイラー及び圧力容器安全規則」の第1条の解釈例規「労働省労働基準局長通達」37基収第7217号に規定する開放形の温水ボイラーに該当するもの<br>・HA-034-2（木質バイオマスボイラー第2部：無圧式温水発生機） | |
| 構　成 | 缶体、燃焼部、熱交換器、膨張タンク、水位制御装置、容量調整装置、燃料搬送装置、安全装置、制御盤等 | |
| 本　体 | ・鋼製無圧式温水発生機<br>缶体及び燃焼室<br>・JIS G 3101（一般構造用圧延鋼材）<br>・JIS G 3131（熱間圧延軟鋼板及び鋼帯）<br>・JIS G 4305（冷間圧延ステンレス鋼板及び鋼帯）<br><br>煙管<br>・JIS G 3452（配管用炭素鋼鋼管）<br>・JIS G 3461（ボイラー・熱交換器用炭素鋼鋼管）<br><br>水管（水管を有する場合）<br>・JIS G 3452（配管用炭素鋼鋼管）<br>・JIS G 3454（圧力配管用炭素鋼鋼管）<br>・JIS G 3459（配管用ステンレス鋼鋼管）<br>・JIS G 3461（ボイラー・熱交換器用炭素鋼鋼管）<br>・耐硫酸腐食鋼<br><br>内面の防錆処理（鋼製の場合）<br>・JIS H 8641（溶融亜鉛めっき）のHDZT49<br>・JIS H 8642（溶融アルミニウムめっき）の2種<br>（熱媒水に腐食抑制剤を添加する場合を除く） | |

［令和4年版］

| 項　目 | 設計仕様 | 製造仕様 |
|---|---|---|
| 本　体 | 熱交換器の管<br>・JIS G 3459（配管用ステンレス鋼鋼管）<br>・JIS G 3463（ボイラー・熱交換器用ステンレス<br>　　　　　　鋼鋼管）<br>・JIS H 3300（銅及び銅合金継目無管）<br>・JIS H 3100（銅及び銅合金の板並びに条） | |
| | プレート型熱交換器<br>・JIS G 4305（冷間圧延ステンレス鋼板及び鋼帯） | |
| | 膨張タンク<br>・JIS G 3101（一般構造用圧延鋼材）<br>・JIS G 3131（熱間圧延軟鋼板及び鋼帯）<br>・JIS G 4304（熱間圧延ステンレス鋼板及び鋼帯）<br>・JIS G 4305（冷間圧延ステンレス鋼板及び鋼帯）<br><br>内面の防錆処理（鋼板の場合）<br>・JIS H 8641（溶融亜鉛めっき）の HDZT49<br>・JIS H 8642（溶融アルミニウムめっき）の2種 | |
| | 水位制御装置<br>・ボールタップ式　・電磁弁方式 | |
| | 熱媒水循環ポンプ（ポンプは製造者の標準仕様）<br>　　　・有　・無 | |
| 誘導電動機の<br>規格及び<br>保護方式 | ・「標準仕様書」各編で指定された機器<br>・特記により指定された機器<br>・製造者の標準仕様 | |
| | (1) 誘導電動機の規格<br>・100V、200V 単相誘導電動機 JIS C 4203<br>・200V、400V 三相誘導電動機<br>　（・JIS C 4210　・JIS C 4212　・JIS C 4213）<br>・JIS に準ずるもの | |

［令和4年版］

| 項　目 | 設計仕様 | 製造仕様 |
|---|---|---|
| 誘導電動機の規格及び保護方式 | (2) 誘導電動機の保護方式　JIS C 4034-5<br>　屋外　・IP 44（全閉防まつ形）<br>　　　　・IP 22（防滴保護形）<br>　　　　　（ただし、防水上有効な構造のケーシングに納められた場合）<br>　屋内　・IP 44（全閉防まつ形）<br>　　　　・IP 22（防滴保護形）<br>　屋外設置（ケーシング　・有　・無） | |
| 誘導電動機の始動方式 | 200V・400V 三相誘導電動機<br>（ユニット等複数台の電動機を使用する機器の電動機の出力は、同時に運転する電動機の合計出力とする。）<br>・11kW 未満（直入始動）<br>・11kW 以上<br>　・入力 4.8kVA/kW 未満（始動装置不要）<br>　・入力 4.8kVA/kW 以上<br>　　・スターデルタ　　　・順次直入<br>　　・パートワインディング　・その他<br>　・スターデルタ始動器の使用できる構造<br>　　（機器に制御盤及び操作盤が附属しない場合）<br>・その他（特記　・有　・無） | （合計出力　　　　kW）<br><br><br>最終始動時入力(kVA)<br>──────────── ＝<br>電動機出力(kW) |
| 着火装置 | 燃料への着火方式<br>・熱風ヒーター方式<br>・オイルバーナー方式（HA-026 による　※該当する場合）<br>・ガスバーナー方式（HA-032 による　※該当する場合） | |
| 容量調整装置 | 熱媒水又は温水を設定温度に保つように、加熱量を制御する燃焼制御方式<br>・オン・オフ制御方式　・多位置制御方式<br>・比例制御方式 | |

［令和 4 年版］

50

| 項　目 | 設計仕様 | 製造仕様 |
|---|---|---|
| 安全装置 | (a) 熱媒水温度の過上昇により作動する温度リレー<br>(b) 熱媒水の過度の減少により作動する低水位燃焼遮断装置（鋳鉄製のみ） | |
| 保　温 | 製造者の標準仕様の明細を記入 | |
| 塗　装 | 製造者の標準仕様の明細を記入 | |
| 附属品 | (ｱ) 熱媒水温度計　　　　　　　　　　　　　一式<br>(ｲ) 水面計　　　　　　　　　　　　　　　　一式<br>(ｳ) 煙道ダンパー（単独設置のものは除く）　一式<br>(ｴ) 銘板*　　　　　　　　　　　　　　　　一式 | |
| 制御及び操作盤<br><br>製造者標準品各編又は特記により指定された機器<br>機器名<br>〔　　　〕 | 製造者の標準仕様（定格出力が 186kW 以下のもの）<br>製造者の標準仕様の明細を記入 | |
| | 電気事業法　　　　　　　　　　　　　　　適用<br>電気設備に関する技術基準を定める省令　　適用<br>電気用品安全法　　　　　　　　　　　　　適用 | |
| | ・製造者の標準附属盤内に収納する<br>・特記（・屋内用　・屋外用） | 収納場所（　　　　　　） |
| | (1) 過負荷及び欠相保護装置<br>　過負荷保護装置<br>　・必要（・電動機ごと）<br>　・不要 | |
| | 　　・0.2kW 以下の電動機回路及び過電流遮断器の定格電流が 15A（配線用遮断器の場合は20A）以下の単相電動機回路 | （容量　　　　　　A） |
| | 　欠相保護装置<br>　・必要（・電動機ごと　・一括）<br>　・不要 | |
| | 　　・0.2kW 以下の電動機回路及び過電流遮断器の定格電流が 15A（配線用遮断器の場合は20A）以下の単相電動機回路 | （容量　　　　　　A） |
| | 　　・1 ユニットの装置で電動機自体に有効な保護サーモ等の焼損防止装置がある場合 | 焼損防止装置（　　　　　　） |

[令和 4 年版]

| 項　目 | 設計仕様 | 製造仕様 |
|---|---|---|
| 制御及び<br>操作盤<br>製造者標準品<br>各編又は特記<br>により指定さ<br>れた機器<br>機器名<br>〔　　　〕 | (2) 進相コンデンサー（特記　・有　・無）<br>　・必要<br>　　・200V 電動機（電気供給規定による）<br>　　・400V 電動機<br>　　・高圧電動機<br>　　　定格出力時における改善後の力率を 0.9 以<br>　　　上となるようにする。(400V 及び高圧電動機<br>　　　の場合)<br>　・不要<br>　　・0.2kW 未満の三相電動機<br>　　・1 ユニットの装置全体で力率が定格出力時<br>　　　0.9 以上に確保できる場合 | （容量　　　　μF）<br>（改善後の力率　　％）<br><br><br><br><br><br><br><br>1 ユニット装置全体の力率<br>　　（　　　％） |
| | (3) 表示等<br>　・電源表示（・白　・製造者標準色）<br>　・運転表示（・赤　・製造者標準色）<br>　・停止表示（・緑　・製造者標準色）<br>　・燃焼表示　　　　　　　　　　・有<br>　・不着火表示　　　　　　　　　・有<br>　・保護継電器の動作表示<br>　　・保護継電器ごと　　　　・有　・無<br>　　・表面に一括　　　　　　・有　・無<br>　・異常表示　　　　　　　　　　・有<br>　・異常警報ブザー　　　　　　　・有<br>表示の光源は、原則として発光ダイオード | 無しの場合理由を記入 |
| | (4) 接点及び端子<br>　・インターロック用端子　　　　・有<br>　・運転状態表示用接点及び端子　・有<br>　・故障状態表示用接点及び端子　・有<br>　・運転時間表示用端子（特記）　・有　・無 | 無しの場合理由を記入 |

［令和 4 年版］

| 項　目 | 設計仕様 | 製造仕様 |
|---|---|---|
| 制御及び<br>操作盤<br>製造者標準品<br>各編又は特記<br>により指定さ<br>れた機器<br>機器名<br>〔　　　〕 | (5) 運転時間計（特記）　　　　　　・有　・無<br>　デジタル表示（単位：h）<br>　対象範囲は次のとおり<br>　　（　　　　　　　　　　　　　　　　　　） | 〔　　　桁数〕≧5桁 |
| 特記仕様 | 照合表以外の要求事項を記載 | |
| 後日提出する<br>図書 | 完成図　　　　　　　　　　　　　　　　　部<br>取扱説明書　　　　　　　　　　　　　　　部<br>試験成績書　　　　　　　　　　　　　　　部 | |
| 備考 | | |

○印のもの及び無印のものにより製作し、・印のものは適用しない。

使用しない単位・項目は、二重線で消し、製造仕様欄には明細を記載する。

〔令和4年版〕

53

## 木質バイオマスボイラー(温水発生機)　試験成績書
（記号　　　　　　　　　）

工事件名　＿＿＿＿＿＿＿＿＿＿＿＿＿＿＿＿

＿＿＿＿＿＿＿＿＿＿＿＿＿＿＿＿＿＿＿＿

種類　　・真空式　・無圧式

製造者形式　＿＿＿＿＿＿＿＿＿＿＿＿

製造番号　＿＿＿＿＿＿＿＿＿＿＿＿＿

試験日　　令和　　年　　月　　日

製造者名　＿＿＿＿＿＿＿＿＿＿＿＿

＿＿＿＿＿＿＿＿＿＿＿＿＿＿＿＿＿＿

|  |  |  |
|---|---|---|
|  |  |  |

試験結果

| 試験項目 | | 設計仕様 | 判定基準 | 測定値 | 判定 | 適用 |
|---|---|---|---|---|---|---|
| 熱出力 | kW |  | 仕様値以上 |  |  |  |
| 入口温度 | ℃ |  |  |  |  |  |
| 出口温度 | ℃ |  | 仕様値以上 |  |  |  |
| 気密（大気圧換算値）漏れ量　　Pa・mL/sec（・窒素ガス　・ヘリウムガス） | | | 仕様値以下 | | | 真空式 |
| 満水（10分間保持） | |  | 漏れなきこと |  |  | 無圧式 |
| 水圧 | 熱交換器（10分間保持）　MPa | 最高使用圧力に0.1MPaを加えた圧力（0.2MPa未満の場合は0.2MPa） | 漏れなきこと |  |  |  |
| バーナー熱出力 | kW |  | 仕様値以上 |  |  |  |

備考

・気密試験

・満水試験

・熱交換器の水圧試験

冷凍機

作成要領注意事項

　　・チリングユニット　　　　　　　　［標準仕様書 P123〜126］
　　・空気熱源ヒートポンプユニット　　［標準仕様書 P126〜127］

1．　表　　　紙　　承諾図表紙の様式により、宛名・工事件名・作成年月・社名を記載する。
2．　仕　様　表　　承諾図仕様表の様式により当該事項を記載する。
3．　照　合　表　　承諾図照合表の様式により当該事項を記載する。
　　（注）　★印のある項目については「建築材料・設備機材等品質性能評価事業（令和 4 年
　　　　　　　版)」において評価しているため、当該機材の評価書の写しを添付した場合は、照
　　　　　　　合表の「製造仕様」の記載を省略できる。
4．　製　作　図　面
　　　　外　形　図　　図面は機器の外観・外形寸法、基礎ボルト用穴の位置、径及び配管接続の
　　　　　　　　　　　方法・寸法・位置等を記載する。
　　　　　　　　　　　保守空間等必要な事項も図示記載する。
　　　　　　　　　　　また、部品名は原則として「標準仕様書」の用語を用いることとし、仕様
　　　　　　　　　　　表と重複している項目は記載しなくてもよい。
　　　　　　　　　　　機内構成部品図は実線で表現する。
　　　　電気結線図　　機外別盤がある場合にはその部分を区分線にて記載する。
5．　資　料　―1　　共通事項における承諾図作成要領の項による資料を添付する。
　　　　性能能力線図　　能力線図。（冷却・加熱の能力）
　　　　　　　　　　　損失水頭線図。（冷却水・冷温水等）
　　　　　　　　　　　設計値・製造者標準値及び使用可能限界線を線図に記入する。
　　　　騒　　　音　　騒音レベル dB により測定し、測定点位置及び測定方法を記載する。
　　　　　　　　　　　必要に応じ周波数特性（NC 曲線）を添付する。
　　　　振　　　動　　製造者定格条件に於ける取付け脚部の振幅を記載する。
6．　資　料　―2　　施工上の注意事項等を参考資料として添付する。
　　　　　　　　　　　保温・保冷施工図等を添付する。
　　　　　　　　　　　耐震計算書を添付する。
　　　　　　　　　　　附属品・予備品の内訳及び必要に応じ附属品の図面も添付する。
7．　銘板記載事項　　共通事項における承諾図作成要領の項による当該事項を記載する。

　　　　(1)製　造　者　名　　　　　　　　　製造者の標準名称による。
　　　　(2)形　式　品　番　　　　　　　　　製造者の形式名称とする。
　　　　(3)製造年月又は年　　　　　　　　　西暦を記載する。
　　　　(4)製　造　番　号　　　　　　　　　製造者の標準による。
　　　　(5)冷　凍　能　力　　　　kW　　　　製造者値を記載する。
　　　　(6)加　熱　能　力　　　　kW　　　　ヒートポンプの場合に記載する。
　　　　(7)冷　温　水　量　　　L/min　　　設計値を記載する。

(8) 冷温水出口温度　　　　℃　　　　　　設計値を記載する。

(9) 冷温水入口温度　　　　℃　　　　　　製造者値を記載する。

(10) 冷　却　水　量　　　L/min　　　　設計値を記載する。

(11) 冷却水入口温度　　　　℃　　　　　　設計値を記載する。

(12) 冷温水損失水頭　　　　kPa　　　　　設計水量に於ける製造者値を記載する。

(13) 冷却水損失水頭　　　　kPa　　　　　冷却水量に基づく製造者値を記載する。

(14) 冷媒名と冷媒量　　　　kg　　　　　　製造者値を記載する。

(15) 外　気　温　度　　　　℃　　　　　　設計外気温度を記載する。
　　（空気熱源のときのみ）　　　　　　　　（夏　　DB、　冬　　DB／WB）

(16) 電　　　　　源　　φ、V、Hz　　　「φ」「相」いずれでもよい。

(17) 圧　縮　機　出　力　　kW　　　　　　電動機出力を記載する。（製造者値）

(18) 送　風　機　出　力　　kW　　　　　　電動機出力を記載する。（製造者値）

(19) 補　助　ヒ　ー　タ　　kW　　　　　　容量及び段数を記載する。（製造者値）

・チリングユニット　・空気熱源ヒートポンプユニット　　　（1／2）

設計記号＿＿＿＿＿＿＿＿　台数＿＿＿＿＿

製造者形式＿＿＿＿＿＿＿＿＿＿＿＿＿＿　製造者名＿＿＿＿＿＿＿＿＿＿＿＿＿＿＿

〔・水冷式　　・空冷式　　・空気熱源ヒートポンプ式〕

・冷凍保安規則　　・冷凍保安規則関係例示基準　　・高圧ガス保安法　　許可〔・要　・否〕

高圧ガス保安法の区分〔・第一種製造者　・第二種製造者　・その他〕　　届出〔・要　・否〕

| 項　目 | | 単位等 | 設計仕様 | 製造仕様 |
|---|---|---|---|---|
| 冷凍能力 | | kW | | |
| 法定冷凍トン | | トン/日 | | |
| 容量制御 | | % | | |
| 成績係数（COP） | | | | |
| 冷却器 | 冷水温度　入口 | ℃ | | |
| | 冷水温度　出口 | ℃ | | |
| | 冷水量 | L/min | | |
| | 変流量への対応 | | ・要　　・否 | ・可　　・否 |
| | 水圧損失 | kPa | | |
| | 耐水圧 | MPa | | |
| 凝縮器（水冷） | 冷却水温度　入口 | ℃ | | |
| | 冷却水温度　出口 | ℃ | | |
| | 冷却水量 | L/min | | |
| | 変流量への対応 | | ・要　　・否 | ・可　　・否 |
| | 水圧損失 | kPa | | |
| | 耐水圧 | MPa | | |
| 加熱能力（補助ヒータ　不作動時） | | kW | | |
| 加熱能力（補助ヒータ　作動時） | | kW | | |
| 加熱器 | 温水温度　入口 | ℃ | | |
| | 温水温度　出口 | ℃ | | |
| | 温水量 | L/min | | |
| | 水圧損失 | kPa | | |
| 外気条件 | 夏季（乾球温度） | DB　℃ | | |
| | 冬季（乾/湿球温度） | DB　℃ | | |
| | | WB　℃ | | |

仕様書

・チリングユニット　・空気熱源ヒートポンプユニット　　　（2／2）

| 項　目 | | 単位等 | 設計仕様 | 製造仕様 |
|---|---|---|---|---|
| 電気特性 | 電　源 | φ、V、Hz | φ、　V、　Hz | φ、　V、　Hz |
| | 全入力 | kW | | |
| | 運転電流 | A | | |
| | 力　率 | % | | |
| | 始動電流 | A | | |
| | 始動装置（要　不要）<br>　・製造者標準　・スターデルタ<br>　・順次直入　・パートワインディング | | | |
| | 圧縮機 | kW | | |
| | 圧縮機のインバーター対応 | | ・要　　・否 | ・可　　・否 |
| | 室外送風機 | kW/台 | | |
| | 補助ヒータ | kW | | |
| 運転質量／製品質量 | | kg | ／ | ／ |
| 冷媒の種類 | | | | |
| 冷媒量 | | kg | | |
| 保温（製造者の標準仕様記載） | 材質 | | | |
| | 厚さ | mm | | |
| モジュール型の適用（有無） | | | | |
| 冷水ポンプの組み込み（有無） | | | | |
| 冷温水ポンプの組み込み（有無） | | | | |
| 進相コンデンサー（有無） | | | | |
| 氷蓄熱用に使用（有無） | | | | |
| 備考 | | | | |

○印のもの及び無印のものにより製作し、・印のものは適用しない。

使用しない単位・項目は、横線で消し、製造仕様欄には明細を記載する。

製造者名 ＿＿＿＿＿＿＿＿＿＿＿

| 項　目 | 設計仕様 | 製造仕様 |
|---|---|---|
| 一般事項　　★ | 圧縮機用電動機の合計定格出力<br>・11kW を超えるもの<br>・5.5kW 以上 11kW 以下のもの（制御盤のみを適用）<br>・5.5kW 未満（製造者の標準仕様） | |
| 構　成　　★ | 圧縮機（スクリュー、スクロール、ロータリー）、電動機、動力伝達装置、凝縮器、蒸発器、冷水ポンプ（適用の場合）、安全装置、制御盤等 | |
| 構　成<br>（ヒートポンプの場合） | 圧縮機、電動機、動力伝達装置、空気熱源蒸発器兼空冷式凝縮器、加熱器兼冷却器、冷暖房切換弁、冷温水ポンプ（適用の場合）、安全装置、制御盤等 | |
| 圧縮機　　★ | 種類〔・スクリュー　・スクロール<br>　　　　・ロータリー〕<br>形式〔・密閉形　・半密閉形〕 | |
| | 容量制御機構（始動負荷低減機能付）<br>スクリュー圧縮機（分解・内部点検可能な構造）<br>〔・スライド弁方式（冷媒ガスバイパス方式）<br>　・アンローダ方式　・インバーター制御方式〕<br>スクロール圧縮機<br>〔・台数制御方式　・インバーター制御方式〕<br>ロータリー圧縮機<br>　インバーター制御方式 | |
| 電動機 | 電動機は製造者の標準仕様<br>製造者の標準仕様の明細を記入 | |
| 誘導電動機の<br>始動装置方式　★ | 圧縮機用電動機<br>200V 三相誘導電動機<br>　（ユニット等複数台の電動機を使用する機器の電動機の出力は、同時に運転する電動機の合計出力とする。）<br>・11kW 未満（直入始動）<br>・チリングユニット、空気熱源ヒートポンプユニットで 200V 圧縮機の合計出力値が 11kW 未満（始動装置不要） | （合計出力　　　　kW）<br><br><br><br>（品名　　　　　　　　） |

**［令和 4 年版］**

・チリングユニット　・空気熱源ヒートポンプユニット　　（2/10）

| 項　目 | 設計仕様 | 製造仕様 |
|---|---|---|
| 誘導電動機の<br>始動装置方式　★ | ・11kW 以上<br>　・入力 4.8kVA/kW 未満（始動装置不要）<br>　・入力 4.8kVA/kW 以上<br>　　・スターデルタ　　　　　・順次直入<br>　　・パートワインディング　・その他<br>　・スターデルタ始動器の使用できる構造<br>　　（機器に制御盤及び操作盤が附属しない場合）<br>・その他（特記　・有　・無） | 最終始動時入力(kVA)<br>────────── =<br>電動機出力(kW) |
| | 送風機用電動機<br>200V 三相誘導電動機<br>　（ユニット等複数台の電動機を使用する機器の電<br>　　動機の出力は、同時に運転する電動機の合計出<br>　　力とする。）<br>・11kW 未満（直入始動）<br>・チリングユニット、空気熱源ヒートポンプユニ<br>　ットで 200V 圧縮機の合計出力値が 11kW 未満（始<br>　動装置不要）<br>・11kW 以上<br>　・入力 4.8kVA/kW 未満（始動装置不要）<br>　・入力 4.8kVA/kW 以上<br>　　・スターデルタ　　　　　・順次直入<br>　　・パートワインディング　・その他<br>　・スターデルタ始動器の使用できる構造<br>　　（機器に制御盤及び操作盤が付属しない場合）<br>・その他（特記　・有　・無） | （合計出力　　　　kW）<br><br><br>（品名　　　　　　）<br><br><br>最終始動時入力(kVA)<br>────────── =<br>電動機出力(kW) |
| 動力伝達装置　★ | 圧縮機用電動機（電動機直動形）<br>空冷式凝縮器用送風機用電動機<br>・電動機直動形<br>・ベルト駆動形<br>　（・ベルトカバー付　・ケーシング付） | |
| 凝縮器　　　★ | ・水冷式<br>形式〔・円筒多管形　・二重管形　・プレート形〕<br>構造　管の掃除ができる構造（円筒多管形、二重<br>　　　管形） | |

［令和 4 年版］

照合表

・チリングユニット　・空気熱源ヒートポンプユニット　　（3／10）

| 項　目 | 設計仕様 | 製造仕様 |
|---|---|---|
| 凝縮器　　★ | 胴体の材質〔・鋼板　・鋼管〕<br>端部水室の材質〔・鋳鉄　・鋼板〕<br>端部水室内部の防錆処理<br>　　・エポキシ樹脂塗装　・アクリル樹脂塗装<br>管の材質<br>　　JIS H 3300（銅及び銅合金の継目無管）<br>プレート形の材質<br>　　JIS G 4305（冷間圧延ステンレス鋼板及び鋼帯） | |
| | ・空冷式<br>コイルの材質<br>・JIS H 3300（銅及び銅合金の継目無管）<br>・JIS H 4100（アルミニウム及びアルミニウム合金<br>　の押出形材）に規定の化学成分を有する材質に<br>　溶射による耐食処理を施したもの<br>フィンの材質<br>　・JIS H 4000（アルミニウム及びアルミニウム合<br>　　金の板及び条）に規定する AL 成分99％以上<br>　　フィンの表面処理　・アクリル系樹脂被膜<br>　　　・エポキシ系樹脂被膜　・その他<br>　・JIS H 4000（アルミニウム及びアルミニウム合<br>　　金の板及び条）に規定の化学成分に、成分値を<br>　　調整することによる耐食処理を施したもの<br>　・JIS Z 3263（アルミニウム合金ろう付け及びブ<br>　　レージングシート）に規定の化学成分に、成分<br>　　値を調整することによる耐食処理を施したも<br>　　の<br>ケーシング<br>　・鋼板（防錆処理を施したもの）<br>　　・アクリル樹脂塗装　・エポキシ樹脂塗装<br>　　・ポリエステル樹脂塗装<br>・ガラス繊維強化ポリエステル樹脂<br>自動除霜機能〔　・有　〕（ヒートポンプの場合） | |

・チリングユニット　・空気熱源ヒートポンプユニット　　　（4／10）

| 項　目 | 設計仕様 | 製造仕様 |
|---|---|---|
| 蒸発器(チリングユニットの場合)　★ | ・水冷式<br>形式〔・円筒多管形　・二重管形　・プレート形〕<br>構造　管の掃除ができる構造（円筒多管形、二重管形）<br>胴体の材質〔・鋼板　・鋼管〕<br>端部水室の材質〔・鋳鉄　・鋼板〕<br>端部水室内部の防錆処理<br>　・エポキシ樹脂塗装　・アクリル樹脂塗装<br>管の材質<br>　JIS H 3300(銅及び銅合金の継目無管)<br>プレート形の材質<br>　JIS G 4305(冷間圧延ステンレス鋼板及び鋼帯) | |
| 加熱器兼冷却器<br>(ヒートポンプの場合)<br>　★ | ・水冷式<br>形式〔・円筒多管形　・二重管形　・プレート形〕<br>構造　管の掃除ができる構造（円筒多管形、二重管形）<br>胴体の材質〔・鋼板　・鋼管〕<br>端部水室の材質〔・鋳鉄　・鋼板〕<br>端部水室内部の防錆処理<br>　・エポキシ樹脂塗装　・アクリル樹脂塗装<br>管の材質<br>　JIS H 3300(銅及び銅合金の継目無管)<br>プレート形の材質<br>JIS G 4305(冷間圧延ステンレス鋼板及び鋼帯) | |
| 冷暖房切替弁<br>(ヒートポンプの場合) | 四方弁〔・ガス圧式　・電動式〕 | |
| 安全装置　★ | (a) 冷水の過冷却により作動する温度保護制御機能<br>(b) 冷水及び冷却水の過度の減少により作動する低流量保護制御機能<br>(c) 凝縮圧力の過上昇により作動する圧力保護制御機能<br>(d) 蒸発圧力の過低下（密閉形圧縮機の場合を除く）により作動する圧力保護制御機能 | |

［令和4年版］

・チリングユニット　・空気熱源ヒートポンプユニット　　　（5／10）

| 項　目 | 設計仕様 | 製造仕様 |
|---|---|---|
| 安全装置　★ | (e) 油圧の低下により作動する油圧保護制御機能<br>（油ポンプを有する場合）（圧縮機の油圧が<br>0.1MPa を超える場合）<br>(f) 圧縮機用電動機の過熱により作動する保護制<br>御機能又は圧縮機の吐出ガスの過熱により作<br>動する保護制御機能<br>（径 160mm 以下の管寄せ（ヘッダ）及び管で<br>構成される場合は以下を除く）<br>(g) 法定冷凍トン 20 トン以上〔・安全弁　・溶栓〕 |  |
| 冷　媒 | 特記による |  |
| 保　温 | 製造者の標準仕様の明細を記入 |  |
| 塗　装 | 製造者の標準仕様の明細を記入 |  |
| 能力及び成績係数<br>★ | 能力及び成績係数は、JIS B 8613（ウォータチリングユニット）によるものとし、<br>数値は特記による<br>計算式を記入<br>・チリングユニット（水冷式）<br><br>$$成績係数＝\frac{標準定格条件における冷凍能力}{消費電力（入力値）の和}$$<br><br>標準定格条件とは<br>　　冷水入口温度　　　　　　12℃　　　冷水出口温度　　　　　　7℃<br>　　冷却水入口温度　　　　　30℃<br>　　出力　　　　　　　　　100%<br>・空気熱源ヒートポンプユニット（チリングユニット（空冷式））<br><br>$$成績係数＝\frac{標準定格条件における冷凍能力又は暖房能力}{消費電力（入力値）の和}$$<br><br>標準定格条件とは<br>　　冷水入口温度　　　　　　12℃　　　冷水出口温度　　　　　　7℃<br>　　温水入口温度　　　　　　40℃　　　温水出口温度　　　　　　45℃<br>　　外気温度：冷房時 35℃（DB）、24℃（WB）、暖房時 7℃（DB）、6℃（WB）<br>　　出力　　　　　　　　　100% |  |

［令和 4 年版］

65

・チリングユニット　　・空気熱源ヒートポンプユニット　　　（6／10）

| 項　目 | 設計仕様 | 製造仕様 |
|---|---|---|
| 制御及び操作盤<br>製造者標準品<br>各編又は特記により指定された機器<br>★<br>機器名<br>〔　　　　〕 | 電気事業法　　　　　　　　　　　　　　　適用<br>電気設備に関する技術基準を定める省令　　適用<br>電気用品安全法　　　　　　　　　　　　　適用<br>・製造者の標準附属盤内に収納する<br>・特記（・屋内用　・屋外用） | <br><br><br>収納場所（　　　　　　　） |
|  | (1) 過負荷及び欠相保護装置<br>　過負荷保護装置<br>　・必要（・電動機ごと）<br>　・不要<br>　　・0.2kW 以下の電動機回路及び過電流遮断器<br>　　　の定格電流が 15A（配線用遮断器の場合は<br>　　　20A）以下の単相電動機回路<br>　欠相保護装置<br>　・必要（・電動機ごと　・一括）<br>　・不要<br>　　・0.2kW 以下の電動機回路及び過電流遮断器<br>　　　の定格電流が 15A（配線用遮断器の場合は<br>　　　20A）以下の単相電動機回路<br>　　・1 ユニットの装置で電動機自体に有効な保<br>　　　護サーモ等の焼損防止装置がある場合 | <br><br><br><br>（容量　　　　A）<br><br><br><br><br><br><br>（容量　　　　A）<br><br><br>焼損防止装置（　　　　　　　） |
|  | (2) 電流計<br>　・必要（圧縮機の電動機合計出力 37kW 以上場合）<br>（・1 台ごと　・一括（1 ユニットの装置の場合））<br>　　・機械式（延長目盛電流計（赤指針付））<br>　　・電子式（デジタル表示等）<br>　・不要<br>　　・圧縮機の電動機出力の合計値が 5.5kW 以上<br>　　　30kW 以下のもの | （最大目盛　　　　A）<br><br><br><br><br><br>（容量　　　　A） |

［令和 4 年版］

| 項　目 | 設計仕様 | 製造仕様 |
|---|---|---|
| 制御及び操作盤<br>製造者標準品<br>各編又は特記により指定された機器<br>★<br>機器名<br>〔　　　〕 | (3) 進相コンデンサー（特記　・有　・無）<br>・必要<br>　・200V 電動機（電気供給規定による）<br>　・400V 電動機<br>　・高圧電動機<br>　　定格出力時における改善後の力率を 0.9 以上となるようにする。（400V 及び高圧電動機の場合）<br>・不要<br>　・0.2kW 未満の三相電動機<br>　・1 ユニットの装置全体で力率が定格出力時 0.9 以上に確保できる場合 | （容量　　　　μF）<br>（改善後の力率　　％）<br><br><br><br><br><br><br>1 ユニット装置全体の力率<br>（　　％） |
| | (4) 表示等<br>・圧縮機の電動機出力の合計値が 30kW を超えるもの<br>　・電源表示（・白　・製造者標準色）<br>　・運転表示（・赤　・製造者標準色）<br>　・停止表示（・緑　・製造者標準色）<br>　　異常停止表示 ・有 ・無 ・省略 ・記載<br>　・保護継電器の動作表示<br>　　・保護継電器ごと　　　　　　：有　・無<br>　　・表面に一括　　　　　　　・有　・無<br>・圧縮機の電動機出力の合計値が 5.5kW 以上 30kW 以下のもの（特記　・有　・無）<br>　・運転表示（・赤　・製造者標準色）<br>　・停止表示（・緑　・製造者標準色）<br>　　異常停止表示 ・有 ・無 ・省略 ・記載<br>　・保護継電器の動作表示<br>　　・保護継電器ごと　　　　　　・有　・無<br>　　・表面に一括　　　　　　　・有　・無<br>　表示の光源は、原則として発光ダイオード | 無しの場合理由を記入 |

[令和4年版]

| 項　目 | 設計仕様 | 製造仕様 |
|---|---|---|
| 制御及び操作盤<br>製造者標準品<br>各編又は特記により指定された機器<br>　　　　　★<br>機器名<br>　〔　　　〕 | (5) 接点及び端子<br>　・インターロック用端子　　　　　・有<br>　・遠方発停用端子　　　　　　　　・有<br>　・各ポンプ起動・停止信号用接点及び端子<br>　　（水冷式の場合）　　　　　　　・有<br>　・運転状態表示用接点及び端子　　・有<br>　・故障状態表示用接点及び端子　　・有<br>　・運転時間表示用端子（特記）　　・有　・無<br>　・温水出入口温度用端子（特記）<br>　　（ヒートポンプの場合）　　　　・有　・無<br>　・冷水出入口温度用端子（特記）　・有　・無<br>　・消費電力表示用端子（特記）　　・有　・無 | 無しの場合理由を記入 |
| | (6) 運転時間計（特記）　　　　　・有　・無<br>　デジタル表示（単位：h）<br>　対象範囲は次のとおり<br>　　（圧縮機の実運転時間） | 〔　　桁数〕≧5桁 |
| 冷水ポンプ　　★<br>（適用の場合） | 駆動方式<br>　・電動機直結形　・電動機直動形 | |
| | 次の事項は JIS B 8313(小形渦巻ポンプ)による<br>(ｱ) 羽根車の最小厚さ<br>(ｲ) ポンプ効率<br>(ｳ) 吐出し量、揚程及び軸動力の各試験方法 | |
| | ケーシング<br>・JIS G 5501(ねずみ鋳鉄品)の FC200 以上<br>・JIS G 4305(冷間圧延ステンレス鋼板及び鋼帯)<br>　の SUS304<br>・JIS G 5121(ステンレス鋼鋳鋼品)の SCS13 | |
| | 羽根車<br>・JIS H 5120(銅及び銅合金鋳物)の CAC406<br>・JIS G 4305(冷間圧延ステンレス鋼板及び鋼帯)<br>　の SUS304<br>・JIS G 5121(ステンレス鋼鋳鋼品)の SCS13 | |

・チリングユニット　　・空気熱源ヒートポンプユニット　　　（9／10）

| 項　目 | 設計仕様 | 製造仕様 |
|---|---|---|
| 冷水ポンプ　　★<br>（適用の場合） | 主　軸<br>・JIS G 4303（ステンレス鋼棒）の SUS304、SUS403、<br>　SUS420J2<br>・JIS G 4051（機械構造用炭素鋼鋼材）の S30C 以上<br>　（スリーブ形のものに限る） | |
| | 軸　封<br>・パッキン<br>・メカニカルシール（超硬合金、セラミック又は<br>　カーボンの組合せ）<br>　（潤滑油が搬送流体に混入しない構造） | |
| | 誘導電動機の規格及び保護方式<br>(1) 誘導電動機の規格<br>　・100V、200V 単相誘導電動機　JIS C 4203<br>　・200V、400V 三相誘導電動機<br>　　（・JIS C 4210　・JIS C 4212　・JIS C 4213）<br>　・400V　　　　三相誘導電動機　製造者規格品<br>　・3kV　　　　 三相誘導電動機<br>　　（・JEM 1380（寸法）<br>　　　・JEM 1381（特性及び騒音レベル））<br>　・6kV　　　　 三相誘導電動機　製造者規格品<br>　・JIS に準ずるもの | |
| 冷温水ポンプ　★<br>（適用の場合） | 冷水ポンプと同じ | |
| 附属品　　　　★ | (ｱ) 圧力計（法定冷凍トン 50 トン未満のもので、<br>　　制御盤にて容易に圧力確認する機能を有する<br>　　場合は除く）　　　　　　　　　　　　一式<br>(ｲ) 銘板*　　　　　　　　　　　　　　　　一式 | |

［令和 4 年版］

69

照合表

・チリングユニット　・空気熱源ヒートポンプユニット　　（10/10）

| 項　目 | 設計仕様 | 製造仕様 |
|---|---|---|
| 特記仕様 | 氷蓄熱用に使用する場合（特記　・有　・無)<br>照合表以外の要求事項を記載 | |
| | 基礎（参考)　・標準<br>　　　　　　　・防振 | |
| | 完成図　　　　　　　　　　　　　　部<br>取扱説明書　　　　　　　　　　　　部<br>試験成績書　　　　　　　　　　　　部 | |

備考

○印のもの及び無印のものにより製作し、・印のものは適用しない。

使用しない単位・項目は、横線で消し、製造仕様欄には明細を記載する。

［令和4年版］

70

チリングユニット（水冷）　試験成績書
（記号　　　　　　　　）

工事件名 _____

試験日　　　令和　　年　　月　　日

製造者名 _____

_____

製造者形式 _____

製造番号 _____

| | | |
|---|---|---|
| | | |

試験結果

| 試験項目 | | | 設計仕様 | 判定基準 | 測定値 | 判　定 | 適　用 |
|---|---|---|---|---|---|---|---|
| 冷凍能力 | 冷水入口温度 | ℃ | | | | | |
| | 冷水出口温度 | ℃ | | | | | |
| | 冷水量 | L/min | | | | | |
| | 冷却水入口温度 | ℃ | | | | | |
| | 冷却水出口温度 | ℃ | | | | | |
| | 冷却水量 | L/min | | | | | |
| | 冷凍能力 | kW | | 仕様値以上 | | | |
| 電　源 | | φ、V、Hz | | | | | |
| 電動機 | 全電流 | A | | | | | |
| | 全定格出力 | kW | | 仕様値以下 | | | |
| | 全入力 | kVA | | | | | |
| 振　動 | | | 測定値を記入する | | | | |
| 騒　音 | | dB(A) | 測定値を記入する | | | | |
| 水圧 | 蒸発器側 | MPa | | | | | |
| | 凝縮器側 | MPa | | | | | |
| 気　密 | | | 漏れのないこと | | | | 冷凍保安規則関係例示基準による |
| 耐　圧 | | | 漏れ、変形のないこと | | | | |

備考

# チリングユニット（空冷） 試験成績書

（記号 　　　　　　　　　　　）

工事件名 _____　　試験日　　令和　　年　　月　　日

_____　　製造者名 _____

製造者形式 _____

製造番号 _____　　_____

| | | |
|---|---|---|
| | | |

試験結果

| 試験項目 | | 設計仕様 | 判定基準 | 測定値 | 判 定 | 適 用 |
|---|---|---|---|---|---|---|
| 冷凍能力 | 冷水入口温度　　　℃ | | | | | |
| | 冷水出口温度　　　℃ | | | | | |
| | 冷水量　　　L/min | | | | | |
| | 外気温度　℃DB／℃WB | ／ | | ／ | | |
| | 冷凍能力　　　kW | | 仕様値以上 | | | |
| 電　源　　　　φ、V、Hz | | | | | | |
| 電動機 | 全電流　　　A | | | | | |
| | 全定格出力　　　kW | | 仕様値以下 | | | |
| | 全入力　　　kVA | | | | | |
| 振　動 | | 測定値を記入する | | | | |
| 騒　音　　　dB(A) | | 測定値を記入する | | | | |
| 水　圧　　　MPa | | | | | | |
| 気　密 | | 漏れのないこと | | | | 冷凍保安規則関係例示基準による |
| 耐　圧 | | 漏れ、変形のないこと | | | | |

備考

## 空気熱源ヒートポンプユニット　試験成績書

（記号　　　　　　　　　　）

工事件名 _____

_____

製造者形式 _____

製造番号 _____

試験日　　令和　　年　　月　　日

製造者名 _____

_____

|  |  |  |
|---|---|---|
|  |  |  |

試験結果

| 試験項目 | | | 設計仕様 | 判定基準 | 測定値 | 判定 | 適用 |
|---|---|---|---|---|---|---|---|
| 冷凍能力 | 冷水入口温度 | ℃ |  |  |  |  |  |
|  | 冷水出口温度 | ℃ |  |  |  |  |  |
|  | 冷水量 | L/min |  |  |  |  |  |
|  | 外気温度　℃DB／℃WB | | ／ |  | ／ |  |  |
|  | 冷凍能力 | kW |  | 仕様値以上 |  |  |  |
| 加熱能力 | 温水入口温度 | ℃ |  |  |  |  |  |
|  | 温水出口温度 | ℃ |  |  |  |  |  |
|  | 温水量 | L/min |  |  |  |  |  |
|  | 外気温度　℃DB／℃WB | | ／ |  | ／ |  |  |
|  | 加熱能力 | kW |  | 仕様値以上 |  |  |  |
| 電　源　　　　φ、V、Hz | | |  |  |  |  |  |
| 電動機 | 全電流 | A |  |  |  |  |  |
|  | 全定格出力 | kW |  | 仕様値以下 |  |  |  |
|  | 全入力 | kVA |  |  |  |  |  |
| 振　動 | | | 測定値を記入する |  |  |  |  |
| 騒　音 | | dB(A) | 測定値を記入する |  |  |  |  |
| 水　圧 | | MPa |  | 設計圧力（仕様圧力）の1.5倍 |  |  |  |
| 気　密 | | | 漏れのないこと |  |  |  | 冷凍保安規則関係例示基準による |
| 耐　圧 | | | 漏れ、変形のないこと |  |  |  |  |

備考

作成要領注意事項


　　・遠心冷凍機　　　　　［標準仕様書P128〜130］
　　・スクリュー冷凍機　［標準仕様書P130〜132］


１．　表　　　　紙　　承諾図表紙の様式により、宛名・工事件名・作成年月・社名を記載する。
２．　仕　様　表　　　承諾図仕様表の様式により当該事項を記載する。
３．　照　合　表　　　承諾図照合表の様式により当該事項を記載する。
　　（注）　★印のある項目については「建築材料・設備機材等品質性能評価事業（令和４年
　　　　　　版）」において評価しているため、当該機材の評価書の写しを添付した場合は、照
　　　　　　合表の「製造仕様」の記載を省略できる。
４．　製　作　図　面
　　　　外　形　図　　　図面は機器の外観・外形寸法、基礎ボルト用穴の位置、径及び配管接続の
　　　　　　　　　　　　方法・寸法・位置等を記載する。
　　　　　　　　　　　　保守空間等必要な事項も図示記載する。
　　　　　　　　　　　　また、主要部品名は原則として「標準仕様書」の用語を用いることとし、
　　　　　　　　　　　　仕様表と重複している項目は記載しなくてもよい。
　　　　電気結線図　　　機外別盤がある場合にはその部分を区分線にて記載する。
　　　　高　圧　盤　　　外形図及び電気結線図に準じる。
５．　資　料　―１　　共通事項における承諾図作成要領の項による資料を添付する。
　　　　騒　　　　音　　　騒音レベルdBにより測定し、測定点位置及び測定方法を記載する。
　　　　　　　　　　　　必要に応じ周波数特性（NC曲線）を添付する。
　　　　振　　　　動　　　製造者定格条件に於ける取付け脚部の振幅を記載する。
　　　　保温・保冷　　　現場施工要領を記載する。（工場で完了している場合は、不要とする。）
　　　　塗　　　　装　　　現場施工要領を記載する。（工場で完了している場合は、不要とする。）
６．　資　料　―２　　施工上の注意事項等を参考資料として添付する。
　　　　　　　　　　　　保温・保冷施工図等を添付する。
　　　　　　　　　　　　耐震計算書を添付する。
　　　　　　　　　　　　附属品・予備品の内訳及び必要に応じ附属品の図面も添付する。
７．　銘板記載事項　　共通事項における承諾図作成要領の項による当該事項を記載する。


　　　　（1)製　造　者　名　　　　　　　製造者の標準名称による。
　　　　（2)形　式　品　番　　　　　　　製造者の形式名称とする。
　　　　（3)製造年月又は年　　　　　　　西暦を記載する。
　　　　（4)製　造　番　号　　　　　　　製造者の標準による。
　　　　（5)冷　凍　能　力　　　　kW　　製造者値を記載する。
　　　　（6)冷　水　量　　　　　L/min　設計値を記載する。温水量は熱回収の場合に
　　　　　　　　　　　　　　　　　　　　記載する。

| | | |
|---|---|---|
| (7)冷水出口温度 | ℃ | 設計値を記載する。 |
| (8)冷水入口温度 | ℃ | 製造者値を記載する。（計算値でもよい） |
| (9)冷却水量 | L/min | 設計値を記載する。 |
| (10)冷却水入口温度 | ℃ | 設計値を記載する。 |
| (11)冷水損失水頭 | kPa | 設計水量に於ける製造者値を記載する。 |
| (12)冷媒名と冷媒量 | kg | 製造者値を記載する。 |
| (13)冷却水損失水頭 | kPa | 冷却水量に基づく製造者値を記載する。 |
| (14)電源 | φ、V、Hz | 高低圧共記載し、「φ」「相」いずれでもよい。 |
| (15)主電動機出力 | kW | 主電動機出力を記載する。（製造者値） |
| (16)補機動力 | kW | 補機動力入力を記載する。（製造者値） |
| (17)オイルヒータ | kW | 容量を記載する。（製造者値） |
| (18)遮断容量 | VA | 主電動機制御盤に記載する。 |

仕様表　　　　　　　　　　　（1/2）

・遠心冷凍機　・スクリュー冷凍機

設計記号　＿＿＿＿＿＿＿　　台数　＿＿＿

製造者形式　＿＿＿＿＿＿　　　製造者名　＿＿＿＿＿＿＿＿＿＿

| 〔・水冷式〕 | 許可〔・要　・否〕 |
| 高圧ガス保安法の区分〔・第一種製造者　・第二種製造者　・その他〕 | 届出〔・要　・否〕 |

| 項　目 | | 単位等 | 設計仕様 | 製造仕様 |
|---|---|---|---|---|
| 冷凍能力 | | kW | | |
| 法定冷凍トン | | トン/日 | | |
| 成績係数（COP） | | | | |
| 蒸発器冷水 | 冷水温度 入口 | ℃ | | |
| | 冷水温度 出口 | ℃ | | |
| | 冷水量 | L/min | | |
| | 変流量への対応 | | ・要　・否 | ・可　・否 |
| | 損失水頭 | kPa | | |
| 凝縮器冷却水 | 冷却水温度 入口 | ℃ | | |
| | 冷却水温度 出口 | ℃ | | |
| | 冷却水量 | L/min | | |
| | 変流量への対応 | | ・要　・否 | ・可　・否 |
| | 損失水頭 | kPa | | |
| 電気特性 | 主電動機 電源 | φ、V、Hz | φ、　V、　Hz | φ、　V、　Hz |
| | 主電動機 入力 | kW | | |
| | 主電動機 始動電流 | A | | |
| | 主電動機 始動装置 | | ・要　・否（・スターデルタ　・順次直入・パートワインディング・その他） | ・可　・否（・スターデルタ　・順次直入・パートワインディング・その他） |
| | 主電動機 運転電流 | A | | |
| | 主電動機 力率 | % | | |
| | 主電動機 圧縮機のインバーター対応 | | ・要　・否 | ・可　・否 |
| | 主電動機 定格出力 | kW | | |
| | 油ポンプ電動機 | φ、V、kW | | |
| | 抽気ポンプ電動機 | φ、V、kW | | |
| | オイルヒータ | φ、V、kW | | |
| | 操作電源 | φ、V、Hz | | |

76

・遠心冷凍機　・スクリュー冷凍機

| 項　目 | | 単位等 | 設計仕様 | 製造仕様 |
|---|---|---|---|---|
| 遮断容量（高圧の場合） | | MVA | | |
| 製品質量／運転質量 | | kg | ／ | ／ |
| 冷媒の種類 | | | | |
| 冷媒量 | | kg | | |
| 保温（製造者の標準仕様記載） | 材質 | | | |
| | 厚さ | mm | | |
| 進相コンデンサー（有無） | | | | |
| 氷蓄熱用に使用（有無） | | | | |
| 熱回収型　　（有無） | | | | |
| 備考 | | | | |

製造者名　＿＿＿＿＿＿＿＿＿＿＿＿＿＿

| 項　　目 | 設計仕様 | 製造仕様 |
|---|---|---|
| 構　成　　★ | 遠心圧縮機、電動機、動力伝達装置、凝縮器、蒸発器、自動抽気回収装置（低圧冷媒を使用するものに限る）、容量調整装置、安全装置、電動機盤、制御盤等 | |
| 遠心圧縮機　★ | 形　式〔・単段　・多段〕<br>　　　　　半密閉形（分解、内部点検可能な構造）<br>本体材質〔・鋳鉄　・鋳鋼〕<br>主軸の軸受け<br>・潤滑油による軸受け<br>　給油装置（油ポンプ強制循環式）<br>　油冷却器、油加熱器、油ストレーナ、油圧調整弁等<br>・磁気による軸受け<br>　変位センサー、電磁石、電磁石を保護する補助軸受等 | |
| | インバーター制御（特記　・有　・無） | |
| 電動機 | 製造者の標準仕様の明細を記入 | |
| 動力伝達装置　★ | 形式〔・歯車増速形　・電動機直動形〕 | |
| 凝縮器　　★ | 形式　水冷式円筒多管形<br>構造　管の掃除ができる構造<br>胴体の材質〔・鋼板　・鋼管〕<br>端部水室の材質〔・鋳鉄　・鋼板〕<br>端部水室内部の防錆処理<br>　　・エポキシ樹脂塗装　・アクリル樹脂塗装<br>　　・その他<br>管の材質<br>　JIS H 3300（銅及び銅合金の継目無管） | |

[令和4年版]

78

| 項　目 | 設計仕様 | 製造仕様 |
|---|---|---|
| 蒸発器　　★ | 形式　多管形満液式<br>構造　液滴分離装置により冷媒液の圧縮機への吸入を防止し、分布板等により冷媒液を蒸発器内に均一に散布する構造<br>管の材質　JIS H 3300（銅及び銅合金の継目無管）<br>安全装置〔・安全弁　・破裂板〕<br>点検窓　・有<br>　　　　・無（状態を確認できる機能を記載） | |
| 自動抽気回収装置　★ | 自動的に冷媒ガスに混入した空気や水分を抽気、かつ、機外に排出するとともに、不純物除去後の冷媒を分離回収できる構造 | |
| 容量調整装置　★ | ・ベーンコントロール方式（自動手動併用方式）<br>・インバーター制御方式<br>・始動負荷低減機能<br>・自動手動切換器<br>・ベーン開度指示計<br>・始動時インターロック用リミットスイッチ | |
| 安全装置　　★ | (a) 冷水の過冷却により作動する温度保護制御機能<br>(b) 給水及び冷却水の過度の減少により作動する低流量保護制御機能<br>(c) 油ポンプを有する場合は、油圧の低下及び油温の上昇により作動する油圧保護制御機能及び油温保護制御機能<br>(d) 磁気による軸受けを有する場合は、停電時に無停電電源装置により、安全に停止した主軸を補助軸受けに支持させる保護制御機能<br>(e) 凝縮圧力の過上昇により作動する圧力保護制御機能<br>(f) 蒸発圧力の過低下により作動する圧力保護制御機能又は冷媒温度の過低下により作動する温度保護制御機能<br>(g) 圧縮機用電動機の過熱により作動する保護制御機能 | |

［令和4年版］

79

| 項　目 | 設計仕様 | 製造仕様 |
|---|---|---|
| 冷　媒 | 特記による | |
| 保　温 | 製造者の標準仕様の明細を記入 | |
| 塗　装 | 製造者の標準仕様の明細を記入 | |
| 能力及び成績係数　★ | 能力及び成績係数は、JIS B 8621 (遠心冷凍機)によるものとし、数値は特記による計算式を記入 $$成績係数＝\frac{標準定格条件における冷凍能力}{消費電力（入力値）の和}$$ 標準定格条件とは<br>　冷水入口温度　　　　12℃　　冷水出口温度　　　7℃<br>　冷却水入口温度　　　32℃<br>　出力　　　　　　　　100％ | |
| 電動機盤　★ | 配線用遮断器　・有<br>始動器内蔵、閉鎖形<br>始動方式<br>　・スターデルタ　　　・リアクトル<br>　・コンペンセーター　・コンドルファー<br>　・その他 | |
| | ・高圧の場合（JEM 1225 (高圧コンビネーションス<br>　　　　　　　　タータによる閉鎖形)）<br>(a) 短絡保護装置<br>(b) 電源表示（・白　・製造者標準色)<br>　　運転表示（・赤　・製造者標準色)<br>　　停止表示（・緑　・製造者標準色)<br>(c) 電圧計<br>(d) 過負荷欠相リレー | |

［令和4年版］

| 項　目 | 設計仕様 | 製造仕様 |
|---|---|---|
| 電動機盤　　　★ | (e) 進相コンデンサー（特記　・有　・無）<br>　・必要<br>　　・200V 電動機（電気供給規定による）<br>　　・400V 電動機<br>　　・高圧電動機<br>　　　定格出力時における改善後の力率を 0.9 以上となるようにする。(400V 及び高圧電動機の場合)<br>　・不要<br>　　・0.2kW 未満の三相電動機<br>　　・1 ユニットの装置全体で力率が定格出力時 0.9 以上に確保できる場合 | （容量　　　μF）<br>（改善後の力率　　％）<br><br><br><br><br><br><br><br>1 ユニット装置全体の力率<br>（　　％） |
| 制御及び操作盤<br>各編又は特記により指定された機器<br>　　　　　　★<br>機器名<br>〔　　　〕 | 電気事業法　　　　　　　　　　　　　　　適用<br>電気設備に関する技術基準を定める省令　適用<br>電気用品安全法　　　　　　　　　　　　適用<br>・製造者の標準附属盤内に収納する<br>・特記（・屋内用　・屋外用）<br>・低圧電源用手元開閉器　・有 | <br><br><br>収納場所（　　　　　　　） |
| | (1) 過負荷及び欠相保護装置<br>　過負荷保護装置<br>　・必要（・電動機ごと）<br>　・不要<br>　　・0.2kW 以下の電動機回路及び過電流遮断器の定格電流が 15A（配線用遮断器の場合は 20A）以下の単相電動機回路<br>　欠相保護装置<br>　・必要（・電動機ごと　・一括）<br>　・不要<br>　　・0.2kW 以下の電動機回路及び過電流遮断器の定格電流が 15A（配線用遮断器の場合は 20A）以下の単相電動機回路<br>　　・1 ユニットの装置で電動機自体に有効な保護サーモ等の焼損防止装置がある場合 | <br><br><br><br>（容量　　　A）<br><br><br><br><br>（容量　　　A）<br><br>焼損防止装置（　　　　　） |

［令和 4 年版］

| 項　目 | 設計仕様 | 製造仕様 |
|---|---|---|
| 制御及び操作盤<br>各編又は特記により指定された機器<br>★<br>機器名<br>〔　　　〕 | (2) 電流計<br>・必要<br>（・1台ごと　・一括（1ユニットの装置の場合））<br>　・機械式（延長目盛電流計（赤指針付））<br>　・電子式（デジタル表示等）<br>・不要<br>　・0.2kW以下の電動機回路及び過電流遮断器<br>　　の定格電流が15A（配線用遮断器の場合は<br>　　20A）以下の単相電動機回路 | （最大目盛　　　　　A）<br><br><br><br><br>（容量　　　　　A） |
|  | (3) 進相コンデンサー（特記　・有　・無）<br>・必要<br>　・200V電動機（電気供給規定による）<br>　・400V電動機<br>　・高圧電動機<br>　　定格出力時における改善後の力率を0.9以<br>　　上となるようにする。（400V及び高圧電動機<br>　　の場合）<br>・不要<br>　・0.2kW未満の三相電動機<br>　・1ユニットの装置全体で力率が定格出力時<br>　　0.9以上に確保できる場合 | （容量　　　μF）<br>（改善後の力率　　%）<br><br><br><br><br><br><br><br>1ユニット装置全体の力率<br>（　　%） |
|  | (4) 表示等<br>・電源表示（・白　・製造者標準色）<br>・運転表示（・赤　・製造者標準色）<br>・停止表示（・緑　・製造者標準色）<br>　　異常停止表示　・有　・無　・省略　・記載<br>・保護継電器の動作表示<br>　・保護継電器ごと　　　　　　　・有　・無<br>　・表面に一括　　　　　　　　　・有　・無<br>表示の光源は、原則として発光ダイオード | 無しの場合理由を記入 |

［令和4年版］

82

| 項　目 | 設計仕様 | 製造仕様 |
|---|---|---|
| 制御及び操作盤<br>各編又は特記により指定された機器　　★<br>機器名〔　　　　〕 | (5) 接点及び端子<br>・インターロック用端子　　　　　　・有<br>・遠方発停用端子　　　　　　　　　・有<br>・各ポンプ起動・停止信号用接点及び端子<br>　　　　　　　　　　　　　　　　　・有<br>・運転状態表示用接点及び端子　　　・有<br>・故障状態表示用接点及び端子　　　・有<br>・運転時間表示用端子（特記）　・有　・無<br>・冷水出入口温度用端子（特記）・有　・無<br>・消費電力表示用端子（特記）　・有　・無 | 無しの場合理由を記入 |
|  | (6) 運転時間計<br>　デジタル表示（単位：h）<br>　対象範囲は次のとおり<br>　（圧縮機の実運転時間） | 〔　　　桁数〕≧5桁 |
| 附属品　　　　　★ | (ｱ) 油圧計（油圧ポンプを用いない場合は不要）<br>　　　　　　　　　　　　　　　　　一式<br>(ｲ) 圧力計　　　　　　　　　　　　　一式<br>(ｳ) 銘板*　　　　　　　　　　　　　一式 |  |
| 特記仕様 | 氷蓄熱用に使用する場合（特記　・有　・無）<br>照合表以外の要求事項を記載 |  |
|  | 基礎（参考）　・標準<br>　　　　　　　・防振 |  |
| 後日提出する図書 | 完成図　　　　　　　　　　　　　　　部<br>取扱説明書　　　　　　　　　　　　　部<br>試験成績書　　　　　　　　　　　　　部 |  |
| 備考 | | |

○印のもの及び無印のものにより製作し、・印のものは適用しない。

使用しない単位・項目は、横線で消し、製造仕様欄には明細を記載する。

［令和4年版］

遠心冷凍機　試験成績書
（記号　　　　　　　　　）

工事件名 _____　試験日　　令和　　年　　月　　日

製造者形式 _____　製造者名 _____

|  |  |  |
|---|---|---|
|  |  |  |
|  |  |  |

試験結果

| 試験項目 | | 設計仕様 | 判定基準 | 測定値 | 判　定 | 適　用 |
|---|---|---|---|---|---|---|
| 冷凍能力 | 冷水入口温度　　　　℃ |  |  |  |  |  |
|  | 冷水出口温度　　　　℃ |  |  |  |  |  |
|  | 冷水量　　　　　L/min |  |  |  |  |  |
|  | 冷却水入口温度　　　℃ |  |  |  |  |  |
|  | 冷却水出口温度　　　℃ |  |  |  |  |  |
|  | 冷却水量　　　　L/min |  |  |  |  |  |
|  | 冷凍能力　　　　　kW |  | 仕様値以上 |  |  |  |
| 電源 | 主電源　　　φ、V、Hz |  |  |  |  |  |
|  | 操作電源　　φ、V、Hz |  |  |  |  |  |
| 高圧電動機 | 電　流　　　　　　A |  |  |  |  |  |
|  | 入　力　　　　　　kW |  |  |  |  |  |
|  | 定格出力　　　　　kW |  | 仕様値以下 |  |  |  |
|  | 耐　圧 |  |  |  |  |  |
|  | 絶　縁 |  |  |  |  |  |
| 低圧電動機 | 全電流　　　　　　A |  |  |  |  |  |
|  | 全入力　　　　　　kW |  |  |  |  |  |
|  | 全定格出力　　　　kW |  | 仕様値以下 |  |  |  |
|  | 耐　圧 |  |  |  |  |  |
|  | 絶　縁 |  |  |  |  |  |
| 振　動 | | 測定値を記入する | | | | |
| 騒　音　　　　　　　dB(A) | | 測定値を記入する | | | | |
| 水圧 | 蒸発器側　　　　　MPa |  | 設計圧力（仕様圧力）の1.5倍 |  |  |  |
|  | 凝縮器側　　　　　MPa |  |  |  |  |
| 気　密 | | 漏れのないこと | | | | 冷凍保安規則関係例示基準・有　・無 |
| 耐　圧 | | 漏れ、変形のないこと | | | |  |
| 備考 | |  |  |  |  |  |

<u>製造者名</u>

| 項　目 | 設　計　仕　様 | 製造仕様 |
|---|---|---|
| 一般事項 | ・冷凍能力 280kW 以上<br>・冷凍能力 280kW 未満（製造者の標準仕様）<br>・熱回収型（特記　・有　・無） | |
| 構　成 | スクリュー圧縮機、給油装置、電動機、動力伝達装置、凝縮器、蒸発器、容量制御装置、安全装置、電動機盤、制御盤等 | |
| スクリュー圧縮機 | 形式〔・ツイン　・シングル〕<br>　　　　半密閉形（分解・内部点検可能な構造）<br>本体材質　鋳鉄 | |
| | インバーター制御（特記　・有　・無） | |
| 給油装置 | 給油方式〔・強制循環式　・差圧給油方式〕<br>油分離器〔・有　・無〕<br>油冷却器〔・水冷式　・空冷式　・冷媒液式〕<br>附属機器　油加熱器、油ストレーナ、油調整弁等 | |
| 電動機 | 製造者の標準仕様の明細を記入 | |
| 電動機始動方式 | ・直入始動（電動機出力 11kW 未満）<br>・始動装置による始動（電動機出力 11kW 以上）<br>　　始動装置方式<br>　　　　・スターデルタ　　　　　　・順次直入<br>　　　　・パートワインディング　・その他 | |
| 動力伝達装置 | 形式〔・電動機直動形　・歯車増速形〕 | |
| 凝縮器 | 形式〔・水冷式円筒多管形　・水冷式二重管形<br>　　　・水冷式プレート形〕<br>構造　管の掃除ができる構造（円筒多管形、二重管形）<br>胴体の材質〔・鋼板　・鋼管〕<br>端部水室の材質〔・鋳鉄　・鋼板〕<br>端部水室内部の防錆処理<br>　　・エポキシ樹脂塗装　・アクリル樹脂塗装<br>　　・その他<br>管の材質<br>　JIS H 3300（銅及び銅合金の継目無管）<br>プレート形の材質<br>　JIS G 4305（冷間圧延ステンレス鋼板及び鋼帯） | |

[令和4年版]

| 項　目 | 設計仕様 | 製造仕様 |
|---|---|---|
| 蒸発器 | 形式〔・水冷式円筒多管形　・水冷式プレート形〕 | |
| 容量制御装置 | ・自動手動併用方式<br>　〔・スライド弁方式　・アンローダ方式<br>　　・インバーター制御方式〕<br>・始動負荷低減機能<br>・自動手動切換器<br>・始動時インターロック用リミットスイッチ | |
| 安全装置 | (a) 冷水の過冷却により作動する温度保護制御機能<br>(b) 冷水及び冷却水の過度の減少により作動する低流量保護制御機能<br>(c) 油圧の低下及び油温の上昇により作動する油圧保護制御機能及び油温保護制御機能（油ポンプを有する場合）<br>(d) 凝縮圧力の過上昇により作動する圧力保護制御機能<br>(e) 吸込圧力の過低下により作動する圧力保護制御機能又は冷媒温度の過低下により作動する温度保護制御機能<br>(f) 圧縮機用電動機の過熱により作動する保護制御機能 | |
| 冷　媒 | 特記による | |
| 保　温 | 製造者の標準仕様の明細を記入 | |
| 塗　装 | 製造者の標準仕様の明細を記入 | |
| 能力及び成績係数 | 能力及び成績係数は、JIS B 8613(ウォータチリングユニット)によるものとし、数値は特記による<br>計算式を記入<br><br>$$成績係数＝\frac{標準定格条件における冷凍能力}{消費電力（入力値）の和}$$<br><br>標準定格条件とは<br>　冷水入口温度　　　12℃　　冷水出口温度　　7℃<br>　冷却水入口温度　　30℃<br>　能力　　　　　　　100% | |

| 項　目 | 設計仕様 | 製造仕様 |
|---|---|---|
| 電動機盤 | 配線用遮断器　・有<br>始動器内蔵、閉鎖形<br>始動方式<br>　・スターデルタ　　　　・リアクトル<br>　・コンペンセーター　　・コンドルファー<br>　・その他 | |
| | ・高圧の場合（JEM 1225（高圧コンビネーションスタータによる閉鎖形））<br>(a)　短絡保護装置<br>(b)　電源表示（・白　・製造者標準色）<br>　　　運転表示（・赤　・製造者標準色）<br>　　　停止表示（・緑　・製造者標準色）<br>(c)　電圧計<br>(d)　過負荷欠相リレー<br>(e)　進相コンデンサー（特記　・有　・無）<br>　　・必要<br>　　　・200V 電動機（電気供給規定による）<br>　　　・400V 電動機<br>　　　・高圧電動機<br>　　　　定格出力時における改善後の力率を 0.9 以上となるようにする。（400V 及び高圧電動機の場合）<br>　　・不要<br>　　　・0.2kW 未満の三相電動機<br>　　　・1 ユニットの装置全体で力率が定格出力時 0.9 以上に確保できる場合 | （容量　　　　　μF）<br>（改善後の力率　　 %）<br><br><br>1 ユニット装置全体の力率<br>　　（　　 %） |
| 制御及び操作盤<br>各編又は特記により指定された機器 | 電気事業法　　　　　　　　　　　　　　　　適用<br>電気設備に関する技術基準を定める省令　　適用<br>電気用品安全法　　　　　　　　　　　　　適用 | |
| 機器名<br>〔　　　　　〕 | ・製造者の標準附属盤内に収納する<br>・特記（・屋内用　・屋外用）<br>・低圧電源用手元開閉器　・有 | 収納場所（　　　　　　　） |

［令和 4 年版］

| 項　目 | 設計仕様 | 製造仕様 |
|---|---|---|
| 制御及び操作盤<br>各編又は特記により指定された機器<br>機器名<br>〔　　　　〕 | (1) 過負荷及び欠相保護装置<br>　過負荷保護装置<br>　・必要（・電動機ごと）<br>　・不要<br>　　・0.2kW 以下の電動機回路及び過電流遮断器<br>　　　の定格電流が 15A（配線用遮断器の場合は<br>　　　20A）以下の単相電動機回路<br>　欠相保護装置<br>　・必要（・電動機ごと　・一括）<br>　・不要<br>　　・0.2kW 以下の電動機回路及び過電流遮断器<br>　　　の定格電流が 15A（配線用遮断器の場合は<br>　　　20A）以下の単相電動機回路<br>　　・1 ユニットの装置で電動機自体に有効な保<br>　　　護サーモ等の焼損防止装置がある場合 | <br><br><br><br>（容量　　　　A）<br><br><br><br><br><br><br><br>（容量　　　　A）<br><br><br>焼損防止装置（　　　　） |
| | (2) 電流計<br>　・必要<br>（・1 台ごと　・一括（1 ユニットの装置の場合））<br>　　・機械式（延長目盛電流計（赤指針付））<br>　　・電子式（デジタル表示等）<br>　・不要<br>　　・0.2kW 以下の電動機回路及び過電流遮断器<br>　　　の定格電流が 15A（配線用遮断器の場合は<br>　　　20A）以下の単相電動機回路 | （最大目盛　　　　A）<br><br><br><br><br><br>（容量　　　　A） |

[令和 4 年版]

88

| 項　目 | 設計仕様 | 製造仕様 |
|---|---|---|
| 制御及び操作盤<br>各編又は特記により指定された機器<br>機器名<br>〔　　　　〕 | (3) 進相コンデンサー（特記　・有　・無）<br>・必要<br>　・200V 電動機（電気供給規定による）<br>　・400V 電動機<br>　・高圧電動機<br>　　定格出力時における改善後の力率を 0.9 以<br>　　上となるようにする。（400V 及び高圧電動<br>　　機の場合）<br>・不要<br>　・0.2kW 未満の三相電動機<br>　・1 ユニットの装置全体で力率が定格出力時<br>　　0.9 以上に確保できる場合 | （容量　　　　　µF）<br>（改善後の力率　　%）<br><br><br><br><br><br><br><br><br>1 ユニット装置全体の力率<br>　（　　%） |
| | (4) 表示等<br>・電源表示（・白　・製造者標準色）<br>・運転表示（・赤　・製造者標準色）<br>・停止表示（・緑　・製造者標準色）<br>　　異常停止表示　・有　・無　・省略　・記載<br>・保護継電器の動作表示<br>　・保護継電器ごと　　　　　　　・有　・無<br>　・表面に一括　　　　　　　　　・有　・無<br>表示の光源は、原則として発光ダイオード | 無しの場合理由を記入 |
| | (5) 接点及び端子<br>・インターロック用端子　　　　　・有<br>・遠方発停用端子　　　　　　　　・有<br>・各ポンプ起動・停止信号用接点及び端子<br>　　　　　　　　　　　　　　　　・有<br>・運転状態表示用接点及び端子　　・有<br>・故障状態表示用接点及び端子　　・有<br>・運転時間表示用端子（特記）　　・有　・無<br>・冷水出入口温度用端子（特記）　・有　・無<br>・消費電力表示用端子（特記）　　・有　・無 | 無しの場合理由を記入 |

［令和 4 年版］

| 項　目 | 設計仕様 | 製造仕様 |
|---|---|---|
| 制御及び操作盤<br>各編又は特記により指定された機器<br>機器名<br>〔　　　　〕 | (6) 運転時間計<br>　デジタル表示（単位：h）<br>　対象範囲は次のとおり<br>　　（圧縮機の実運転時間） | 〔　　　　桁数〕≧5桁 |
| 附属品 | (ｱ) 圧力計（法定冷凍トン50トン未満のもので、<br>　　　制御盤にて容易に圧力確認する機能を有する<br>　　　場合は除く）　　　　　　・有　・無　一式<br>(ｲ) 油圧計（油ポンプ付きの場合）<br>　　　　　　　　　　　　　　・有　・無　一式<br>(ｳ) 銘板*　　　　　　　　　　　　　　一式 | |
| 特記仕様 | 氷蓄熱用に使用する場合（特記　・有　・無）<br>照合表以外の要求事項を記載 | |
| | 基礎（参考）　　・標準<br>　　　　　　　　・防振 | |
| 後日提出する図書 | 完成図　　　　　　　　　　　　　　　部<br>取扱説明書　　　　　　　　　　　　　部<br>試験成績書　　　　　　　　　　　　　部 | |
| 備考 | | |

〇印のもの及び無印のものにより製作し、・印のものは適用しない。

　使用しない単位・項目は、横線で消し、製造仕様欄には明細を記載する。

〔令和4年版〕

## スクリュー冷凍機　試験成績書
（記号　　　　　　　　　）

工事件名　＿＿＿＿＿＿＿＿＿＿＿　　試験日　　令和　　年　　月　　日

製造者形式　＿＿＿＿＿＿＿＿＿　　製造者名　＿＿＿＿＿＿＿＿＿＿

| | | |
|---|---|---|
| | | |
| | | |

試験結果

<table>
<tr><td colspan="2">試験項目</td><td></td><td>設計仕様</td><td>判定基準</td><td>測定値</td><td>判　定</td><td>適　用</td></tr>
<tr><td rowspan="7">冷凍能力</td><td>冷水入口温度</td><td>℃</td><td></td><td></td><td></td><td></td><td></td></tr>
<tr><td>冷水出口温度</td><td>℃</td><td></td><td></td><td></td><td></td><td></td></tr>
<tr><td>冷水量</td><td>L/min</td><td></td><td></td><td></td><td></td><td></td></tr>
<tr><td>冷却水入口温度</td><td>℃</td><td></td><td></td><td></td><td></td><td></td></tr>
<tr><td>冷却水出口温度</td><td>℃</td><td></td><td></td><td></td><td></td><td></td></tr>
<tr><td>冷却水量</td><td>L/min</td><td></td><td></td><td></td><td></td><td></td></tr>
<tr><td>冷凍能力</td><td>kW</td><td></td><td>仕様値以上</td><td></td><td></td><td></td></tr>
<tr><td rowspan="2">電源</td><td>主電源</td><td>φ、V、Hz</td><td></td><td></td><td></td><td></td><td></td></tr>
<tr><td>操作電源</td><td>φ、V、Hz</td><td></td><td></td><td></td><td></td><td></td></tr>
<tr><td rowspan="5">高圧電動機</td><td>電　流</td><td>A</td><td></td><td></td><td></td><td></td><td></td></tr>
<tr><td>入　力</td><td>kW</td><td></td><td></td><td></td><td></td><td></td></tr>
<tr><td>定格出力</td><td>kW</td><td></td><td>仕様値以下</td><td></td><td></td><td></td></tr>
<tr><td>耐　圧</td><td></td><td></td><td></td><td></td><td></td><td></td></tr>
<tr><td>絶　縁</td><td></td><td></td><td></td><td></td><td></td><td></td></tr>
<tr><td rowspan="5">低圧電動機</td><td>全電流</td><td>A</td><td></td><td></td><td></td><td></td><td></td></tr>
<tr><td>全入力</td><td>kW</td><td></td><td></td><td></td><td></td><td></td></tr>
<tr><td>全定格出力</td><td>kW</td><td></td><td>仕様値以下</td><td></td><td></td><td></td></tr>
<tr><td>耐　圧</td><td></td><td></td><td></td><td></td><td></td><td></td></tr>
<tr><td>絶　縁</td><td></td><td></td><td></td><td></td><td></td><td></td></tr>
<tr><td colspan="2">振　動</td><td></td><td colspan="2">測定値を記入する</td><td></td><td></td><td></td></tr>
<tr><td colspan="2">騒　音</td><td>dB(A)</td><td colspan="2">測定値を記入する</td><td></td><td></td><td></td></tr>
<tr><td rowspan="2">水圧</td><td>蒸発器側</td><td>MPa</td><td></td><td rowspan="2">設計圧力（仕様圧力）の1.5倍</td><td></td><td></td><td></td></tr>
<tr><td>凝縮器側</td><td>MPa</td><td></td><td></td><td></td><td></td></tr>
<tr><td colspan="2">気　密</td><td></td><td colspan="2">漏れのないこと</td><td></td><td></td><td rowspan="2">冷凍保安規則関係例示基準・有　・無</td></tr>
<tr><td colspan="2">耐　圧</td><td></td><td colspan="2">漏れ、変形のないこと</td><td></td><td></td></tr>
<tr><td colspan="7">備考</td><td></td></tr>
</table>

作成要領注意事項


　　吸収冷凍機　［標準仕様書P132〜133］


1．　表　　　　紙　　承諾図表紙の様式により、宛名・工事件名・作成年月・社名を記載する。
2．　仕　様　表　　承諾図仕様表の様式により当該事項を記載する。
3．　照　合　表　　承諾図照合表の様式により当該事項を記載する。
4．　製　作　図　面
　　　　外　形　図　　図面は機器の外観・外形寸法及び基礎ボルト用穴の位置、径を記載する。
　　　　　　　　　　　基礎・配管接続の方法・寸法・位置等を記載する。
　　　　　　　　　　　保守空間等必要な事項も図事記載する。
　　　　　　　　　　　また、主要部品名は原則として「標準仕様書」の用語を用いることとし、
　　　　　　　　　　　仕様表と重複している項目は記載しなくてもよい。
　　　　電気結線図　　機外別盤がある場合にはその部分を区分線にて記載する。
5．　資料　―1　　共通事項における承諾図作成要領の項による資料を添付する。
　　　　騒　　　音　　騒音レベルdBにより測定し、測定点位置及び測定方法を記載する。
　　　　保温・保冷　　保温・保冷要領書を添付する。
　　　　塗　　　装　　現場施工要領を記載する。
6．　資料　―2　　施工上の注意事項等を参考資料として添付する。
　　　　　　　　　　　保温・保冷施工図等を添付する。
　　　　　　　　　　　耐震計算書を添付する。
　　　　　　　　　　　附属品・予備品の内訳及び必要に応じ附属品の図面も添付する。
7．　銘板記載事項　　共通事項における承諾図作成要領の項による当該事項を記載する。


　　　　(1)製　造　者　名　　　　　　　　　　製造者の標準名称による。
　　　　(2)形　式　品　番　　　　　　　　　　製造者の形式名称とする。
　　　　(3)製造年月又は年　　　　　　　　　　西暦を記載する。
　　　　(4)製　造　番　号　　　　　　　　　　製造者の標準による。
　　　　(5)冷　凍　能　力　　　　kW　　　　　製造者値を記載する。
　　　　(6)冷　　水　　量　　　　L/min　　　設計値を記載する。
　　　　(7)冷水出口温度　　　　　℃　　　　　設計値を記載する。
　　　　(8)冷水入口温度　　　　　℃　　　　　製造者値を記載する。（計算値でもよい）
　　　　(9)冷　却　水　量　　　　L/min　　　設計値を記載する。
　　　　(10)冷却水入口温度　　　　℃　　　　　設計値を記載する。
　　　　(11)冷水損失水頭　　　　　kPa　　　　設計水量に於ける製造者値を記載する。
　　　　(12)冷却水損失水頭　　　　kPa　　　　設計水量に於ける製造者値を記載する。
　　　　(13)蒸気供給圧力　　　　　MPa　　　　設計値を記載する。
　　　　(14)蒸気消費量　　　　　　kg/h　　　製造者値を記載する。
　　　　(15)電　　　　　源　　　φ、V、Hz　　「φ」「相」いずれでもよい。

(16)冷 媒 ポ ン プ　　　　　kW　　　　　電動機出力を記載する。(製造者値)

(17)吸収液ポンプ　　　　　kW　　　　　電動機出力を記載する。(製造者値)

(18)抽 気 ポ ン プ　　　　　kW　　　　　電動機出力を記載する。(製造者値)

# 吸収冷凍機　仕様表

設計記号 _____　　台数 _____

製造者形式 _____　　　　　製造者名 _____

法の区分〔・圧力容器（高温再生器）〕　　　　　　　届出〔・要　・否〕

| 項　目 | | | 単位等 | 設計仕様 | 製造仕様 |
|---|---|---|---|---|---|
| 形式（・一重効用　・二重効用） | | | | | |
| 冷凍能力 | | | kW | | |
| 成績係数（COP） | | | | | |
| 冷水 | 冷水温度 | 入口 | ℃ | | |
| | | 出口 | ℃ | | |
| | 冷水量 | | L/min | | |
| | 変流量への対応 | | | ・要　・否 | ・可　・否 |
| | 損失水頭 | | kPa | | |
| | 耐水圧 | | MPa | | |
| 冷却水 | 冷却水温度 | 入口 | ℃ | | |
| | | 出口 | ℃ | | |
| | 冷却水量 | | L/min | | |
| | 変流量への対応 | | | ・要　・否 | ・可　・否 |
| | 損失水頭 | | kPa | | |
| | 耐水圧 | | MPa | | |
| 電動機 | 電　源 | | φ、V、Hz | φ、　V、　Hz | φ、　V、　Hz |
| | 全入力 | | kVA | | |
| | | | kW | | |
| 加熱源 | 蒸気 | 蒸気供給圧力 | MPa | | |
| | | 蒸気消費量 | kg/h | | |
| | 高温水 | 高温水温度 | ℃ | | |
| | | 高温水量 | L/min | | |
| 運転質量／製品質量 | | | kg | ／ | ／ |
| 保温（製造者の標準仕様を記載する） | 材質 | | | | |
| | 厚さ | | mm | | |
| 備考 | | | | | |

○印のもの及び無印のものにより製作し、・印のものは適用しない。

使用しない単位・項目は、横線で消し、製造仕様欄には明細を記載する。

製造者名 _____

| 項　目 | 設計仕様 | 製造仕様 |
|---|---|---|
| 一般事項 | ・一重効用　　・二重効用 | |
| 規　格 | ・ボイラー及び圧力容器安全規則<br>・圧力容器構造規格 | |
| 構　成 | 蒸発器、吸収器、再生器、凝縮器、溶液熱交換器、溶液ポンプ及び冷媒ポンプ（強制循環式のものに限る）、自動抽気装置、容量調整装置、安全装置、制御盤等、高温再生器及び高温溶液熱交換器（二重効用の場合） | |
| 本　体 | (ｱ) 構造　鋼板製の胴内に蒸発器、吸収器、再生器及び凝縮器を収めた密閉構造とし、管の点検及び清掃ができる構造<br>(ｲ) 蒸発器、吸収器及び凝縮器の管の材質<br>・JIS G 3463(ボイラ・熱交換器用ステンレス鋼鋼管)<br>・JIS H 3300(銅及び銅合金の継目無管)<br>(ｳ) 再生器（二重効用は低温再生器）の管の材質<br>・JIS G 3461(ボイラ・熱交換器用炭素鋼鋼管)<br>・JIS G 3462(ボイラ・熱交換器用合金鋼鋼管)<br>・JIS G 3463(ボイラ・熱交換器用ステンレス鋼鋼管)<br>・JIS G 4305(冷間圧延ステンレス鋼板及び鋼帯)<br>・JIS H 3300(銅及び銅合金の継目無管)<br>(ｴ) 高温再生器（二重効用）の管の材質<br>・JIS G 3463(ボイラ・熱交換器用ステンレス鋼鋼管)<br>・JIS H 3300(銅及び銅合金の継目無管)<br>(ｵ) 蒸発器及び吸収器への冷媒液及び溶液の散布装置<br>・トレー式　・スプレーノズル式<br>　液滴分離装置　・有<br>　（蒸発器と吸収器及び再生器と凝縮器の間） | |
| 溶液ポンプ及び冷媒ポンプ | 密閉式のキャンド形ポンプ<br>電動機は製造者の標準仕様<br>製造者の標準仕様の明細を記入 | |

［令和4年版］

| 項　目 | 設計仕様 | 製造仕様 |
|---|---|---|
| 溶液熱交換器及び高温溶液熱交換器 | 形式〔・箱形　・管形　・プレート形〕<br>箱形及び管形の胴体の材質〔・鋼板　・鋼管〕<br>管の材質<br>・JIS G 3445（機械構造用炭素鋼鋼管）<br>・JIS H 3300（銅及び銅合金の継目無管）<br>プレート形の材質<br>・JIS G 3141（冷間圧延鋼板及び鋼帯）<br>・JIS G 4305（冷間圧延ステンレス鋼板及び鋼帯） | |
| 自動抽気装置 | 自動的に機内の不凝縮ガスを抽気、かつ、機外に抽出するものとし、装置停止時に外気が逆流しない構造 | |
| 容量調整装置 | ・加熱源制御方式　・溶液制御方式<br>・冷媒制御方式 | |
| 吸収剤及び冷媒 | 吸収液は臭化リチウム水溶液（腐食防止剤添加）<br>冷媒は純水 | |
| 安全装置 | (a) 冷水又は冷媒の過冷却により作動する温度保護制御機能<br>(b) 冷水の過度の減少（又は断水）により作動する断水保護制御機能<br>(c) 冷却水の過度の減少（又は断水）により作動する断水保護制御機能又は再生器の圧力上昇若しくは温度の異常上昇により作動する保護制御機能<br>(d) 溶液の結晶による故障防止装置（停止時には溶液の希釈運転を行う） | |
| 保　温 | 製造者の標準仕様の明細を記入 | |
| 塗　装 | 製造者の標準仕様の明細を記入 | |

［令和4年版］

96

| 項　目 | 設計仕様 | 製造仕様 |
|---|---|---|
| 能力及び成績係数 | 能力、成績係数及び期間成績係数は JIS B 8622(吸収式冷凍機)によるものとし、数値は特記による<br><br>計算式を記入<br><br>$$成績係数＝\frac{標準定格条件における冷凍能力}{加熱源消費熱量と消費電力（入力値）の和}$$<br><br>標準定格条件とは<br>　　冷水入口温度　　　　　　12℃　　　冷水出口温度　　　　　　7℃<br>　　冷却水入口温度　　　　　32℃<br>　　能力　　　　　　　　　　100％ | |
| 制御及び操作盤<br>各編又は特記により指定された機器<br>機器名<br>〔　　　　〕 | 電気事業法　　　　　　　　　　　　　　　　　適用<br>電気設備に関する技術基準を定める省令　　　　適用<br>電気用品安全法　　　　　　　　　　　　　　　適用 | |
| | ・製造者の標準付属盤内に収納する<br>・特記（・屋内用　・屋外用） | 収納場所（　　　　　　） |
| | (1) 過負荷及び欠相保護装置<br>　過負荷保護装置<br>　・必要（・電動機ごと）<br>　・不要<br>　　・0.2kW 以下の電動機回路及び過電流遮断器の<br>　　　定格電流が 15A（配線用遮断器の場合は 20A）<br>　　　以下の単相電動機回路<br>　欠相保護装置<br>　・必要（・電動機ごと　・一括）<br>　・不要<br>　　・0.2kW 以下の電動機回路及び過電流遮断器の<br>　　　定格電流が 15A（配線用遮断器の場合は 20A）<br>　　　以下の単相電動機回路<br>　　・1 ユニットの装置で電動機自体に有効な保護<br>　　　サーモ等の焼損防止装置がある場合 | <br><br><br><br><br>（容量　　　　　A）<br><br><br><br><br><br>（容量　　　　　A）<br><br><br>焼損防止装置（　　　　　　　） |

［令和 4 年版］

| 項　目 | 設計仕様 | 製造仕様 |
|---|---|---|
| 制御及び操作盤<br>各編又は特記に<br>より指定された<br>機器<br>機器名<br>〔　　　　〕 | (2)　表示等<br>　・電源表示（・白　・製造者標準色)<br>　・運転表示（・赤　・製造者標準色)<br>　・停止表示（・緑　・製造者標準色)<br>　　　異常停止表示　・有　・無　・省略　・記載<br>　・保護継電器の動作表示<br>　　・保護継電器ごと　　　　　　　　・有　・無<br>　　・表面に一括　　　　　　　　　　・有　・無<br>　表示の光源は、原則として発光ダイオード | 無しの場合理由を記入 |
|  | (3)　接点及び端子<br>　・インターロック用端子　　　　　　・有<br>　・遠方発停用端子　　　　　　　　　・有<br>　・各ポンプ起動・停止信号用接点及び端子<br>　　　　　　　　　　　　　　　　　・有<br>　・運転状態表示用接点及び端子　　　・有<br>　・故障状態表示用接点及び端子　　　・有<br>　・運転時間表示用端子（特記）　　　・有　・無<br>　・冷水出入口温度用端子（特記）　　・有　・無<br>　・消費電力表示用端子（特記）　　　・有　・無 | 無しの場合理由を記入 |
|  | (4)　運転時間計<br>　デジタル表示（単位：h）<br>　対象範囲は次のとおり<br>　　（溶液ポンプ及び冷媒ポンプの実運転時間：単体<br>　　運転を含む） | 〔　　桁数〕≧5桁 |
| 附属品 | (ｱ)　真空計　　　　　　　　　　　一式<br>(ｲ)　銘板*　　　　　　　　　　　一式 |  |
| 特記仕様 | 照合表以外の要求事項を記載 |  |
|  | 基礎 |  |
| 後日提出する<br>図書 | 完成図　　　　　　　　　　　　部<br>取扱説明書　　　　　　　　　　部<br>試験成績書　　　　　　　　　　部 |  |
| 備考 |  |  |

　○印のもの及び無印のものにより製作し、・印のものは適用しない。

　使用しない単位・項目は、横線で消し、製造仕様欄には明細を記載する。

［令和4年版］

98

## 吸収冷凍機　試験成績書

（記号　　　　　　　　　）

工事件名 ＿＿＿＿＿＿＿＿＿＿＿＿＿＿＿

製造者形式 ＿＿＿＿＿＿＿＿＿＿＿＿

製造者番号 ＿＿＿＿＿＿＿＿＿＿＿＿

試験日　　　令和　　年　　月　　日

製造者名 ＿＿＿＿＿＿＿＿＿＿＿＿＿

|  |  |  |
|---|---|---|
|  |  |  |

試験結果

| 試験項目 | | | 設計仕様 | 判定基準 | 測定値 | 判 定 | 適 用 |
|---|---|---|---|---|---|---|---|
| 冷凍能力 | 冷水入口温度 | ℃ |  |  |  |  | JIS B 8622 による |
|  | 冷水出口温度 | ℃ |  |  |  |  |  |
|  | 冷水量 | L/min |  |  |  |  |  |
|  | 冷却水入口温度 | ℃ |  |  |  |  |  |
|  | 冷却水出口温度 | ℃ |  |  |  |  |  |
|  | 冷却水量 | L/min |  |  |  |  |  |
|  | 加熱源消費熱量 | kW |  |  |  |  |  |
|  | 冷凍能力 | kW |  | 仕様値以上 |  |  |  |
| 電　源 | | φ、V、Hz |  |  |  |  |  |
| 電動機 | 全電流 | A |  |  |  |  |  |
|  | 全入力 | kW |  |  |  |  |  |
|  | 全定格出力 | kW |  | 仕様値以下 |  |  |  |
| 水圧 | 冷水側 | MPa |  | 設計圧力（仕様圧力）の1.5倍で水漏れの無きこと |  |  |  |
|  | 冷却水側 | MPa |  |  |  |  |  |
|  | 蒸気・温水側 | MPa |  |  |  |  |  |
| 騒　音 | | dB(A) | 測定値を記入する |  |  |  |  |
| 気密（大気圧換算値）漏れ量　　　　　Pa・mL/s（・窒素ガス　・ヘリウムガス） | | |  | 仕様値以下 |  |  |  |

備考

＊1．電動機入力の中に制御回路消費電力の入力を含む。

99

作成要領注意事項

　・吸収冷温水機　　　　　　　［標準仕様書 P134〜137］
　・吸収冷温水機ユニット　［標準仕様書 P137〜139］

1．表　　　紙　　承諾図表紙の様式により、宛名・工事件名・作成年月・社名を記載する。
2．仕　様　表　　承諾図仕様表の様式により当該事項を記載する。
3．照　合　表　　承諾図照合表の様式により当該事項を記載する。
　（注）　★印のある項目については「建築材料・設備機材等品質性能評価事業（令和 4
　　　　　版）」において評価しているため、当該機材の評価書の写しを添付した場合は、照
　　　　　合表の「製造仕様」の記載を省略できる。
4．製　作　図　面
　　　　外　形　図　　図面は機器の外観・外形寸法及び基礎ボルト用穴の位置、径を記載する。
　　　　　　　　　　　基礎・配管接続の方法・寸法・位置等を記載する。
　　　　　　　　　　　保守空間等必要な事項も図示記載する。
　　　　　　　　　　　また、主要部品名は原則として「標準仕様書」の用語を用いることとし、
　　　　　　　　　　　仕様表と重複している項目は記載しなくてもよい。
　　　　燃焼系統図　　主要系統図を記載する。
　　　　電気結線図　　機外別盤がある場合にはその部分を区分線にて記載する。
5．資料　―1　　共通事項における承諾図作成要領の項による資料を添付する。
　　　　騒　　　音　　騒音レベル dB により測定し、測定点位置及び測定方法を記載する。
　　　　保温・保冷　　保温・保冷要領書を添付する。
　　　　塗　　　装　　現場施工要領を記載する。
6．資料　―2　　施工上の注意事項等を参考資料として添付する。
　　　　　　　　　　　保温・保冷施工図等を添付する。
　　　　　　　　　　　耐震計算書を添付する。
　　　　　　　　　　　附属品・予備品の内訳及び必要に応じ附属品の図面も添付する。
7．銘板記載事項　　共通事項における承諾図作成要領の項による当該事項を記載する。

　　　　　(1)製　造　者　名　　　　　　　　　製造者の標準名称による。
　　　　　(2)形　式　品　番　　　　　　　　　製造者の形式名称とする。
　　　　　(3)製造年月又は年　　　　　　　　　西暦を記載する。
　　　　　(4)製　造　番　号　　　　　　　　　製造者の標準による。
　　　　　(5)冷　凍　能　力　　　　kW　　　　製造者値を記載する。
　　　　　(6)加　熱　能　力　　　　kW　　　　製造者値を記載する。
　　　　　(7)冷　温　水　量　　　　L/min　　設計値を記載する。
　　　　　(8)冷温水出口温度　　　　℃　　　　設計値を記載する。
　　　　　(9)冷温水入口温度　　　　℃　　　　製造者値を記載する。（計算値でもよい）

(10)冷 却 水 量　　　　　L/min　　　　　設計値を記載する。

(11)冷却水入口温度　　　　℃　　　　　　　設計値を記載する。

(12)冷温水損失水頭　　　　kPa　　　　　　設計水量に於ける製造者値を記載する。

(13)冷却水損失水頭　　　　kPa　　　　　　水量に於ける製造者値を記載する。

(14)燃　　　　　料　　　　　　　　　　　　種類及び種別は設計仕様による。

(15)燃 料 供 給 圧 力　　　MPa　　　　　　設計値を記載する。（油の場合は不要）

(16)燃 料 消 費 量　　　　m³N/h　　　　　製造者値を記載する。（油の場合 L/h）

(17)電　　　　　源　　　φ、V、Hz　　　　「φ」「相」いずれでもよい。

(18)冷 媒 ポ ン プ　　　　kW　　　　　　　電動機出力を記載する。（製造者値）

(19)吸 収 液 ポ ン プ　　　kW　　　　　　　電動機出力を記載する。（製造者値）

(20)抽 気 ポ ン プ　　　　kW　　　　　　　電動機出力を記載する。（製造者値）

・吸収冷温水機　　・吸収冷温水機ユニット

設計記号　＿＿＿＿＿＿＿＿＿　　台数＿＿＿＿

製造者形式＿＿＿＿＿＿＿＿＿　　　製造者名＿＿＿＿＿＿＿＿＿＿＿＿＿＿

〔・二重効用〕

伝熱面積　　㎡　　燃料消費量　　m³N/h、L/h　　　　　　届出〔・要　・否〕

| 項　目 | | 単　位 | 設計仕様 | 製造仕様 |
|---|---|---|---|---|
| 冷凍能力 | | kW | | |
| 加熱能力 | | kW | | |
| 成績係数（COP） | | | | |
| 期間成績係数（IPLV） | | | | |
| 冷水 | 冷水温度　入口 | ℃ | | |
| | 冷水温度　出口 | ℃ | | |
| | 冷水量 | L/min | | |
| | 変流量への対応 | | ・要　　・否 | ・可　　・否 |
| | 損失水頭 | kPa | | |
| | 耐水圧 | MPa | | |
| 冷却水 | 冷却水温度　入口 | ℃ | | |
| | 冷却水温度　出口 | ℃ | | |
| | 冷却水量 | L/min | | |
| | 変流量への対応 | | ・要　　・否 | ・可　　・否 |
| | 損失水頭 | kPa | | |
| | 耐水圧 | MPa | | |
| 温水 | 温水温度　入口 | ℃ | | |
| | 温水温度　出口 | ℃ | | |
| | 温水量 | L/min | | |
| | 損失水頭 | kPa | | |
| 電動機 | 電源 | φ、V、Hz | φ、　　V、　　Hz | φ、　　V、　　Hz |
| | 全入力 | kVA | | |
| | 台　数 | 台 | | |
| 燃料 | 種別 | MJ/m³(N) | ・都市ガス（　）・LPG（　） | |
| | 発熱量 | kJ/kg | ・灯油<br>・重油1種1号<br>・その他 | |
| | 供給圧力(都市ガスの場合) | kPa | | |
| | 消費量 | m³N/h L/h | | |

・吸収冷温水機　・吸収冷温水機ユニット

| 項　目 | | 単　位 | 設計仕様 | 製造仕様 |
|---|---|---|---|---|
| NOx 値 | | ppm | | |
| SOx 値 | | ppm | | |
| 高温再生器（・煙管　・液管） | | | | |
| 運転質量／製品質量 | | kg | ／ | ／ |
| 保温（製造者の標準仕様を記載する） | 材質 | | | |
| | 厚さ | mm | | |
| 備考 | | | | |

製造者名　＿＿＿＿＿＿＿＿＿＿

| ・消防法　・大気汚染防止法 | 届出〔・要　・否〕 |
|---|---|
| 　　　　・地方条例 | 届出〔・要　・否〕 |

| 項　目 | 設計仕様 | 製造仕様 |
|---|---|---|
| 一般事項 | ・二重効用<br>・排熱熱交換器　　（特記　・有　・無）<br>・排熱投入型再生器（特記　・有　・無） | |
| 構　成　★ | 蒸発器、吸収器、低温再生器、高温再生器、凝縮器、低温溶液熱交換器、高温溶液熱交換器、溶液ポンプ及び冷媒ポンプ（強制循環式のものに限る）、自動抽気装置、燃焼装置、容量調整装置、安全装置、制御盤等 | |
| 本　体　★ | 構造　鋼板製の胴内に蒸発器、吸収器、低温再生器、<br>　　　高温再生器、凝縮器を納めた密閉構造とし、<br>　　　管の点検及び清掃ができる構造 | |
| | 蒸発器、吸収器、凝縮器の管の材質<br>・JIS G 3463（ボイラ・熱交換器用ステンレス鋼鋼管）<br>・JIS H 3300（銅及び銅合金の継目無管） | |
| | 低温再生器の管の材質<br>・JIS G 3461（ボイラ・熱交換器用炭素鋼鋼管）<br>・JIS G 3462（ボイラ・熱交換器用合金鋼管）<br>・JIS G 3463（ボイラ・熱交換器用ステンレス鋼鋼管）<br>・JIS G 4305（冷間圧延ステンレス鋼板及び鋼帯）<br>・JIS H 3300（銅及び銅合金の継目無管） | |
| | ・高温再生器（煙管式）<br>燃焼室の材質<br>・JIS G 3101（一般構造用圧延鋼材）<br>・JIS G 3444（一般構造用炭素鋼鋼管）<br>・耐硫酸腐食鋼<br>煙管の材質<br>・JIS G 3454（圧力配管用炭素鋼鋼管）<br>・JIS G 3461（ボイラ・熱交換器用炭素鋼鋼管）<br>・JIS G 3463（ボイラ・熱交換器用ステンレス鋼鋼管）<br>・耐硫酸腐食鋼<br>鋼管の場合は継目無管とする<br>燃焼室若しくは煙管の点検及び清掃が可能なこと | |

［令和4年版］

| 項　目 | 設計仕様 | 製造仕様 |
|---|---|---|
| 本　体　　★ | ・高温再生器（液管式）<br>燃焼室の材質<br>・JIS G 3101（一般構造用圧延鋼材）<br>・JIS G 3444（一般構造用炭素鋼鋼管）<br>液管の材質<br>・JIS G 3454（圧力配管用炭素鋼鋼管）<br>・JIS G 3461（ボイラ・熱交換器用炭素鋼鋼管）<br>鋼管の場合は継目無管とする<br>燃焼室若しくは液管の点検及び清掃が可能なこと | |
| | 蒸発器及び吸収器への冷媒液及び溶液の散布装置<br>・トレー式　・スプレーノズル式<br>液滴分離装置　・有<br>（蒸発器と吸収器及び再生器と凝縮器の間） | |
| 溶液ポンプ及び<br>冷媒ポンプ　　★ | 密閉式のキャンド形ポンプ<br>電動機は製造者の標準仕様<br>製造者の標準仕様の明細を記入 | |
| 低温溶液熱交換<br>器及び高温溶液<br>熱交換器　　★ | 形式〔・箱形　・管形　・プレート形〕<br>箱形及び管形の胴体の材質〔・鋼板　・鋼管〕<br>管の材質<br>・JIS G 3445（機械構造用炭素鋼鋼管）<br>・JIS H 3300（銅及び銅合金の継目無管）<br>プレート形の材質<br>・JIS G 3141（冷間圧延鋼板及び鋼帯）<br>・JIS G 4305（冷間圧延ステンレス鋼板及び鋼帯） | |
| 排熱熱交換器　★ | 低温溶液交換器及び高温溶液熱交換器の当該事項に<br>よる | |
| 排熱投入型<br>再生器　　　★ | 管の材質<br>・JIS G 3461（ボイラ・熱交換器用炭素鋼鋼管）<br>・JIS G 3462（ボイラ・熱交換器用合金鋼管）<br>・JIS G 4305（冷間圧延ステンレス鋼板及び鋼帯）<br>・JIS H 3300（銅及び銅合金の継目無管）<br>上記のほか、製造者の標準仕様、製造者の標準仕様<br>の明細を記入 | |

［令和4年版］

| 項　目 | 設計仕様 | 製造仕様 |
|---|---|---|
| 自動抽気装置　★ | 自動的に機内の不凝縮ガスを抽気、かつ、機外に抽出するものとし、装置停止時に外気が逆流しない構造 | |
| 燃焼装置　　★<br><br>一般事項 | ・ボイラー及び圧力容器安全規則<br>・油炊きボイラー及びガス炊きボイラーの燃焼設備の構造及び管理に関する技術上の指針<br>・消防法に基づく条例<br>・危険物の規則に関する政令及び同規則<br>・ガス事業法<br>・液化石油ガスの保安の確保及び取引の適正化に関する法律<br>・JRA 4013（油吸収冷温水機安全基準）<br>・JRA 4023（小形油吸収冷温水機安全基準）<br>・JRA 4004（ガス吸収冷温水機安全基準）<br>・JRA 4016（小形ガス吸収冷温水機安全基準） | |
| 誘導電動機の<br>始動方式　　★ | 200V 三相誘導電動機<br>（ユニット等複数台の電動機を使用する機器の電動機の出力は、同時に運転する電動機の合計出力とする。）<br>・11kW 未満（直入始動）<br>・11kW 以上<br>　・入力 4.8kVA/kW 未満（始動装置不要）<br>　・入力 4.8kVA/kW 以上<br>　　・スターデルタ　　　　　・順次直入<br>　　・パートワインディング　・その他<br>　・スターデルタ始動器の使用できる構造<br>　　（機器に制御盤及び操作盤が附属しない場合）<br>・その他（特記　・有　・無） | （合計出力　　　　　kW）<br><br><br><br>最終始動時入力(kVA)<br>――――――――――　=<br>電動機出力(kW) |
| 燃焼装置<br>　オイル<br>　バーナー　★ | 電動機は製造者の標準仕様<br>製造者の標準仕様の明細を記入 | |
| | バーナーの形式及び燃焼量<br>・HA-026　・HA-028 | |
| | 燃焼制御方式<br>・オン・オフ制御方式　・多位置制御方式<br>・比例制御方式 | |

| 項　目 | 設計仕様 | 製造仕様 |
|---|---|---|
| 燃焼装置<br>　オイル<br>　バーナー　★ | 安全装置、附属品等<br>① 燃焼安全制御装置（着火・停止・燃焼）<br>② 圧力又は温度調節装置（調節器付き）<br>③ 対震自動消火装置<br>④ 地震感知器*<br>⑤ 制御盤（冷温水機盤と共通）<br>⑥ 油加熱器（灯油だき及び燃焼に支障のないA重<br>　　　　　油だきの場合は除く）<br>⑦ フレキシブルジョイント*<br>⑧ 圧力計 | |
| 燃焼装置<br>　ガス<br>　バーナー　★ | 電動機は製造者の標準仕様<br>製造者の標準仕様の明細を記入 | |
| | バーナーの形式及び燃焼量<br>・HA-032 | |
| | 燃焼制御方式<br>・オン・オフ制御方式　・多位置制御方式<br>・比例制御方式 | |
| | 安全装置、附属品等<br>① 燃焼安全制御装置（着火・停止・燃焼）<br>② 圧力又は温度調節装置（調節器付き）<br>③ 対震自動消火装置<br>④ 地震感知器*<br>⑤ 制御盤（冷温水機盤と共通） | |
| 容量調整装置　★ | ・加熱源制御方式　・溶液制御方式<br>・冷媒制御方式 | |
| | 排熱熱交換器又は排熱投入型再生器を有する場合<br>は、回収熱量を調整する機能及び回収熱量に併せて<br>加熱量を調整する機能を備えたものとする | |
| 吸収剤及び冷媒<br>　　　　★ | 吸収液は臭化リチウム水溶液（腐食防止剤添加）<br>冷媒は純水 | |

［令和4年版］

注　1．燃焼安全制御装置は火炎、圧力及び温度により燃焼用送風機、燃料供給ポンプ、燃料遮
　　　断弁、点火装置等を制御し、着火・停止・燃焼を安全に行う機能を備えたものとする。
　　2．対震自動消火装置は、地震感知器の作動により、燃焼機器の燃料供給を遮断し、さらに
　　　燃焼機器の電源又は操作回路を遮断することにより自動的に燃焼を停止、消火させるも
　　　のとする。

| 項　目 | 設計仕様 | 製造仕様 |
|---|---|---|
| 安全装置　　★ | ・冷凍能力が単体で 350kW 以上<br>(a) 冷水又は冷媒の過冷却により作動する温度保護制御機能<br>(b) 冷水の過度の減少（又は断水）により作動する断水保護制御機能<br>(c) 冷却水の過度の減少（又は断水）により作動する断水保護制御機能又は再生器の圧力上昇若しくは温度の異常上昇により作動する保護制御機能<br>(d) 温水の過度の減少（又は断水）により作動する断水保護制御機能<br>(e) 温水の温度上昇により作動する温度保護制御機能<br>(f) 溶液の結晶による故障防止装置（停止時には希釈運転を行う）<br>(g) 再生器内圧力又は再生器の溶液温度が異常に上昇したとき作動する保護制御機能<br>(h) 再生器液面の異常低下により作動する液面保護制御機能<br>(i) 停止時に排熱を遮断又はバイパスする機能（排熱熱交換器又は排熱投入型再生器を有する場合）<br>・冷凍能力が単体で 350kW 未満<br>(a) 冷水又は冷媒の過冷却により作動する温度保護制御機能<br>(b) 溶液の結晶による故障防止装置（停止時には希釈運転を行う）<br>(c) 再生器の圧力上昇又は温度の異常上昇により作動する保護制御機能 | |
| ケーシング　★ | 構造　点検用に開閉又は着脱ができる構造 | |
| 保　温 | 製造者の標準仕様の明細を記入 | |
| 塗　装 | 製造者の標準仕様の明細を記入 | |

［令和 4 年版］

| 項　目 | 設計仕様 | 製造仕様 |
|---|---|---|
| 能力及び<br>成績係数　★<br>期間成績係数 | 能力、成績係数及び期間成績係数は JIS B 8622（吸収式冷凍機）によるもとし、数値は特記による（特記のない場合は、冷房時はグリーン購入法の基本方針に定める数値とし、暖房時は 0.85 以上とする。）<br>計算式を記入<br><br>$$成績係数＝\frac{標準定格条件における冷凍能力又は暖房能力}{加熱源消費熱量と消費電力（入力値）の和}$$<br><br>標準定格条件とは<br>　冷水入口温度　　　　　12℃　　冷水出口温度　　　　　7℃<br>　冷却水入口温度　　　　32℃<br>　温水出口温度　　　　　55℃<br>　能力　　　　　　　　　100％ | |
| グリーン購入法<br>　　　　　　★ | グリーン購入法の基本方針の判断の基準<br>　　　　　　　　　　　　　　　・適用　・適用外 | 適用外の場合理由を記入 |
| 燃料削減率　★ | 数値は特記による<br>・排熱熱交換器　・排熱投入型再生器<br>計算式を記入<br><br>$$燃料削減率＝\frac{Q_{G0}－Q_{G1}}{Q_{G0}}×100$$<br><br>$Q_{G0}$：（排熱回収をしていない時の燃料消費量×燃料低位発熱量×1/3,600）<br>$Q_{G1}$：（排熱回収をしている時の燃料消費量　×燃料低位発熱量×1/3,600）<br>標準定格条件とは<br>　冷水入口温度　　　　　12℃　　冷水出口温度　　　　　7℃<br>　冷却水入口温度　　　　32℃<br>　温水出口温度　　　　　55℃<br>　出力　　　　　　　　　100％ | |
| 制御及び操作盤<br>各編又は特記に<br>により指定された<br>機器　　　　★<br>機器名<br>〔　　　　〕 | 電気事業法　　　　　　　　　　　　　　　適用<br>電気設備に関する技術基準を定める省令　　適用<br>電気用品安全法　　　　　　　　　　　　　適用<br>・製造者の標準附属盤内に収納する<br>・特記（・屋内用　・屋外用）<br>・冷温水及び冷却水ポンプ用遅延タイマー(停止時) | <br><br><br>収納場所（　　　　　　　）<br><br>〔設定値　　　分〕 |

［令和 4 年版］

| 項　目 | 設計仕様 | 製造仕様 |
|---|---|---|
| 制御及び操作盤<br>各編又は特記に<br>より指定された<br>機器　　　★<br>機器名<br>〔　　　〕 | (1) 過負荷及び欠相保護装置<br>　過負荷保護装置<br>　・必要（・電動機ごと）<br>　・不要<br>　　・0.2kW 以下の電動機回路及び過電流遮断器の<br>　　　定格電流が 15A（配線用遮断器の場合は 20A）<br>　　　以下の単相電動機回路<br>　欠相保護装置<br>　・必要（・電動機ごと　・一括）<br>　・不要<br>　　・0.2kW 以下の電動機回路及び過電流遮断器の<br>　　　定格電流が 15A（配線用遮断器の場合は 20A）<br>　　　以下の単相電動機回路<br>　　・1 ユニットの装置で電動機自体に有効な保護<br>　　　サーモ等の焼損防止装置がある場合 | <br><br><br><br>（容量　　　A）<br><br><br><br><br><br><br>（容量　　　A）<br><br>焼損防止装置（　　　　） |
| | (2) 表示等<br>　・電源表示（・白　・製造者標準色）<br>　・運転表示（・赤　・製造者標準色）<br>　・停止表示（・緑　・製造者標準色）<br>　　　異常停止表示　・有　・無　・省略　・記載<br>　・安全回路表示　　　　　　　　　・有<br>　・温度過熱防止装置　　　　　　　・有<br>　・対震自動消火装置　　　　　　　・有<br>　・不着火表示　　　　　　　　　　・有<br>　・保護継電器の動作表示<br>　　・保護継電器ごと　　　　　　・有　・無<br>　　・表面に一括　　　　　　　　・有　・無<br>　・ガス圧異常表示（ガスだきの場合）<br>　　　　　　　　　　　　　　　　・有<br>　・異常警報ブザー　　　　　　　　・有<br>　表示の光源は、原則として発光ダイオード | 無しの場合理由を記入 |

［令和 4 年版］

| 項　　目 | 設計仕様 | 製造仕様 |
|---|---|---|
| 制御及び操作盤<br>各編又は特記に<br>より指定された<br>機器　　　★<br>機器名<br>〔　　　　〕 | (3) 接点及び端子<br>・インターロック用端子　　　　　　　・有<br>・各ポンプ起動・停止信号用接点及び端子<br>　　　　　　　　　　　　　　　　　・有<br>・運転状態表示用接点及び端子　　　・有<br>・故障状態表示用接点及び端子　　　・有<br>・運転時間表示用端子（特記）　　　・有　・無<br>・温水出入口温度用端子（特記）　　・有　・無<br>・冷水出入口温度用端子（特記）　　・有　・無<br>・燃料消費量表示用端子（特記）　　・有　・無 | 無しの場合理由を記入 |
| | (4) 運転時間計<br>　デジタル表示（単位：h）<br>　対象範囲は次のとおり<br>　　（溶液ポンプ及び冷媒ポンプの実運転時間：単体<br>　　　運転を含む） | 〔　　　桁数〕≧5桁 |
| 附属品　　　★ | (ｱ) 真空計　　　　　　　　　　　　　　一式<br>(ｲ) 銘板*　　　　　　　　　　　　　　一式 | |
| 特記仕様 | 照合表以外の要求事項を記載 | |
| | 基礎 | |
| 後日提出する<br>図書 | 完成図　　　　　　　　　　　　　　　部<br>取扱説明書　　　　　　　　　　　　　部<br>試験成績書　　　　　　　　　　　　　部 | |
| 備考 | | |

* 　○印のもの及び無印のものにより製作し、・印のものは適用しない。

　使用しない単位・項目は、二重線で消し、製造仕様欄には明細を記載する。

［令和4年版］

## 吸収冷温水機　試験成績書

（記号　　　　　　　　）

工事件名 _____ 　　　試験日　　令和　　年　　月　　日

製造者形式 _____ 　　製造者名 _____

製造者番号 _____

|  |  |  |
|---|---|---|
|  |  |  |

試験結果

| 試験項目 | | | 設計仕様 | 判定基準 | 測定値 | 判　定 | 適　用 |
|---|---|---|---|---|---|---|---|
| 冷凍能力 | 冷水入口温度 | ℃ |  |  |  |  | JIS B 8622 による |
| | 冷水出口温度 | ℃ |  |  |  |  | |
| | 冷水量 | L/min |  |  |  |  | |
| | 冷却水入口温度 | ℃ |  |  |  |  | |
| | 冷却水出口温度 | ℃ |  |  |  |  | |
| | 冷却水量 | L/min |  |  |  |  | |
| | 加熱源消費熱量 | kW |  |  |  |  | |
| | 冷凍能力 | kW |  | 仕様値以上 |  |  | |
| 加熱能力 | 温水入口温度 | ℃ |  |  |  |  | |
| | 温水出口温度 | ℃ |  |  |  |  | |
| | 温水量 | L/min |  |  |  |  | |
| | 加熱源消費熱量 | kW |  |  |  |  | |
| | 加熱能力 | kW |  | 仕様値以上 |  |  | |
| 電　源 | | φ、V、Hz |  |  |  |  | |
| 電動機 | 全電流 | A |  |  |  |  | |
| | 全入力 | kW |  |  |  |  | |
| | 全定格出力 | kW |  | 仕様値以下 |  |  | |
| 水圧 | 冷水側 | MPa |  | 設計圧力（仕様圧力）の1.5倍で水漏れの無きこと |  |  | |
| | 冷却水側 | MPa |  |  |  | |
| | 蒸気・温水側 | MPa |  |  |  | |
| 騒　音 | | dB(A) | 測定値を記入する | |  |  | |
| 気密（大気圧換算値）漏れ量（・窒素ガス　・ヘリウムガス） | | Pa・mL/s |  | 仕様値以下 |  |  | |

備考
*1．電動機入力の中に制御回路消費電力の入力を含む。

112

製造者名　_____

| ・消防法 | ・大気汚染防止法　　届出〔・要　・否〕 | ・地方条例　　届出〔・要　・否〕 |
|---|---|---|

| 項　目 | 設計仕様 | 製造仕様 |
|---|---|---|
| 一般事項 | ・二重効用（冷凍能力が単体で186kW未満） | |
| 構　成　　★ | 蒸発器、吸収器、低温再生器、高温再生器、凝縮器、低温溶液熱交換器、高温溶液熱交換器、溶液ポンプ及び冷媒ポンプ（強制循環式のものに限る）、自動抽気装置、燃焼装置、容量調整装置、安全装置、制御盤、冷却塔、ポンプ等 | |
| 本　体　　★ | 構造　鋼板製の胴内に蒸発器、吸収器、低温再生器、　　　　高温再生器、凝縮器を納めた密閉構造とし、　　　　管の点検及び清掃ができる構造 | |
| | 蒸発器、吸収器、凝縮器の管の材質・JIS G 3463（ボイラ・熱交換器用ステンレス鋼鋼管）・JIS H 3300（銅及び銅合金の継目無管） | |
| | 低温再生器の管の材質・JIS G 3461（ボイラ・熱交換器用炭素鋼鋼管）・JIS G 3462（ボイラ・熱交換器用合金鋼鋼管）・JIS G 3463（ボイラ・熱交換器用ステンレス鋼鋼管）・JIS G 4305（冷間圧延ステンレス鋼板及び鋼帯）・JIS H 3300（銅及び銅合金の継目無管） | |
| | ・高温再生器（煙管式）燃焼室の材質・JIS G 3101（一般構造用圧延鋼材）・JIS G 3444（一般構造用炭素鋼鋼管）・耐硫酸腐食鋼煙管の材質・JIS G 3454（圧力配管用炭素鋼鋼管）・JIS G 3461（ボイラ・熱交換器用炭素鋼鋼管）・JIS G 3463（ボイラ・熱交換器用ステンレス鋼鋼管）・耐硫酸腐食鋼鋼管の場合は継目無管とする | |

［令和4年版］

| 項　目 | 設計仕様 | 製造仕様 |
|---|---|---|
| 本　体　　★ | ・高温再生器（液管式）<br>燃焼室の材質<br>・JIS G 3101（一般構造用圧延鋼材）<br>・JIS G 3444（一般構造用炭素鋼鋼管）<br>液管の材質<br>・JIS G 3454（圧力配管用炭素鋼鋼管）<br>・JIS G 3461（ボイラ・熱交換器用炭素鋼鋼管）<br>鋼管の場合は継目無管とする | |
| | 蒸発器及び吸収器への冷媒液及び溶液の散布装置<br>・トレー式　・スプレーノズル式<br>液滴分離装置　・有<br>（蒸発器と吸収器及び再生器と凝縮器の間） | |
| 溶液ポンプ及び<br>冷媒ポンプ　★ | 密閉式のキャンド形ポンプ<br>電動機は製造者の標準仕様<br>製造者の標準仕様の明細を記入 | |
| 低温溶液熱交換<br>器及び高温溶液<br>熱交換器　　★ | 形式〔・箱形　・管形　・プレート形〕<br>箱形及び管形の胴体の材質〔・鋼板　・鋼管〕<br>管の材質<br>・JIS G 3445（機械構造用炭素鋼鋼管）<br>・JIS H 3300（銅及び銅合金の継目無管）<br>プレート形の材質<br>・JIS G 3141（冷間圧延鋼板及び鋼帯）<br>・JIS G 4305（冷間圧延ステンレス鋼板及び鋼帯） | |
| 自動抽気装置　★ | 自動的に機内の不凝縮ガスを抽気、かつ、機外に抽出<br>するものとし、装置停止時に外気が逆流しない構造 | |

[令和4年版]

114

| 項　目 | 設計仕様 | 製造仕様 |
|---|---|---|
| 燃焼装置　　★<br><br>一般事項 | ・ボイラー及び圧力容器安全規則<br>・油炊きボイラー及びガス炊きボイラーの燃焼設備の構造及び管理に関する技術上の指針<br>・消防法に基づく条例<br>・危険物の規則に関する政令及び同規則<br>・ガス事業法<br>・液化石油ガスの保安の確保及び取引の適正化に関する法律<br>・JRA 4023（小形油吸収冷温水機安全基準）<br>・JRA 4016（小形ガス吸収冷温水機安全基準） | |
| 誘導電動機の<br>始動方式　　★ | 200V 三相誘導電動機<br>（ユニット等複数台の電動機を使用する機器の電動機の出力は、同時に運転する電動機の合計出力とする。）<br>・11kW 未満（直入始動）<br>・11kW 以上<br>　・入力 4.8kVA/kW 未満（始動装置不要）<br>　・入力 4.8kVA/kW 以上<br>　　・スターデルタ　　　　　・順次直入<br>　　・パートワインディング　・その他<br>　・スターデルタ始動器の使用できる構造<br>　　（機器に制御盤及び操作盤が附属しない場合）<br>・その他（特記　・有　・無） | （合計出力　　　　kW）<br><br>最終始動時入力（kVA）<br>────────────── ＝<br>電動機出力（kW） |
| 燃焼装置<br>　オイル<br>　バーナー　★ | 電動機は製造者の標準仕様<br>製造者の標準仕様の明細を記入 | |
| | バーナーの形式及び燃焼量<br>・HA-026　・HA-028 | |
| | 燃焼制御方式<br>・オン・オフ制御方式　・多位置制御方式<br>・比例制御方式 | |
| | 安全装置、附属品等<br>①　燃焼安全制御装置（着火・停止・燃焼）<br>②　圧力又は温度調節装置（調節器付き）<br>③　対震自動消火装置<br>④　地震感知器*<br>⑤　制御盤（冷温水機盤と共通） | |

［令和 4 年版］

115

| 項　目 | 設計仕様 | 製造仕様 |
|---|---|---|
| 燃焼装置<br>オイル<br>バーナー　★ | ⑥　油加熱器（灯油だき及び燃焼に支障のないＡ重<br>　　油だきの場合は除く）<br>⑦　フレキシブルジョイント*<br>⑧　圧力計 | |
| 燃焼装置<br>ガス<br>バーナー　★ | 電動機は製造者の標準仕様<br>製造者の標準仕様の明細を記入 | |
| | バーナーの形式及び燃焼量<br>・HA-032 | |
| | 燃焼制御方式<br>・オン・オフ制御方式　・多位置制御方式<br>・比例制御方式 | |
| | 安全装置、附属品等<br>①　燃焼安全制御装置（着火・停止・燃焼）<br>②　圧力又は温度調節装置（調節器付き）<br>③　対震自動消火装置<br>④　地震感知器*<br>⑤　制御盤（冷温水機盤と共通） | |
| 容量調整装置　★ | ・加熱源制御方式　・溶液制御方式<br>・冷媒制御方式 | |
| 吸収剤及び冷媒<br>★ | 吸収液は臭化リチウム水溶液（腐食防止剤添加）<br>冷媒は純水 | |
| 安全装置　★ | (a)　冷水又は冷媒の過冷却により作動する温度保護<br>　　制御機能<br>(b)　溶液の結晶による故障防止装置（停止時には溶<br>　　液の希釈運転を行う）<br>(c)　再生器内圧力又は再生器の熔液温度が異常に上<br>　　昇したとき作動する保護制御機能 | |
| ケーシング　★ | 構造　　点検用に開閉又は着脱ができる構造<br>　　　　補強を施したもの<br>材質　〔・亜鉛鉄板　・電気亜鉛鉄板<br>　　　　・溶融アルミニウム－亜鉛鉄板　・その他〕<br>厚さ　1.0mm 以上の防錆処理を施した鋼板 | |

［令和4年版］

116

| 項　目 | 設計仕様 | 製造仕様 |
|---|---|---|
| 保　温 | 製造者の標準仕様の明細を記入 | |
| 塗　装 | 製造者の標準仕様の明細を記入 | |
| 能力及び<br>成績係数　★<br>期間成績係数 | 能力、成績係数及び期間成績係数は JIS B 8622(吸収式冷凍機)によるものとし、数値は特記による（特記のない場合は、冷房時はグリーン購入法の基本方針に定める数値とし、暖房時は 0.85 以上とする。）<br>計算式を記入<br><br>$$成績係数 = \frac{標準定格条件における冷凍能力又は暖房能力}{加熱源消費熱量と消費電力（入力値）の和}$$<br><br>標準定格条件とは<br>　冷水入口温度　　　　　12℃　　　冷水出口温度　　　　　　7℃<br>　冷却水入口温度　　　　32℃<br>　温水出口温度　　　　　55℃<br>　能力　　　　　　　　　100% | |
| グリーン購入法<br>　　　　　　★ | グリーン購入法の基本方針の判断の基準<br>　　　　　　　　　　　　　・適用　・適用外 | 適用外の場合理由を記入 |
| 制御及び操作盤<br>各編又は特記に<br>より指定された<br>機器　　　　★<br>機器名<br>〔　　　　〕 | 電気事業法　　　　　　　　　　　　　　　適用<br>電気設備に関する技術基準を定める省令　　適用<br>電気用品安全法　　　　　　　　　　　　　適用 | |
| | ・製造者の標準附属盤内に収納する<br>・特記（・屋内用　・屋外用） | 収納場所（　　　　　　） |
| | (1) 過負荷及び欠相保護装置<br>　過負荷保護装置<br>　・必要（・電動機ごと）<br>　・不要<br>　　・0.2kW 以下の電動機回路及び過電流遮断器の<br>　　　定格電流が 15A（配線用遮断器の場合は 20A）<br>　　　以下の単相電動機回路 | 収納場所（　　　　　　）<br><br><br><br>（容量　　　　A） |

[令和 4 年版]

| 項　目 | 設計仕様 | 製造仕様 |
|---|---|---|
| 制御及び操作盤<br>各編又は特記に<br>により指定された<br>機器　　　★<br>機器名<br>〔　　　　〕 | 欠相保護装置<br>・必要（・電動機ごと　・一括）<br>・不要<br>　・0.2kW 以下の電動機回路及び過電流遮断器の<br>　　定格電流が 15A（配線用遮断器の場合は 20A）<br>　　以下の単相電動機回路<br>　・1 ユニットの装置で電動機自体に有効な保護<br>　　サーモ等の燃焼防止装置がある場合 | （容量　　　　A）<br><br><br><br>焼損防止装置（　　　　） |
| | (2) 表示等<br>・電源表示（・白　・製造者標準色）<br>・運転表示（・赤　・製造者標準色）<br>・停止表示（・緑　・製造者標準色）<br>　　異常停止表示　・有　・無　・省略　・記載<br>・安全回路表示　　　　　　　　　　・有<br>・温度過熱防止装置　　　　　　　　・有<br>・対震自動消火装置　　　　　　　　・有<br>・不着火表示　　　　　　　　　　　・有<br>・保護継電器の動作表示<br>　・保護継電器ごと　　　　　　・有　・無<br>　・表面に一括　　　　　　　　・有　・無<br>・ガス圧異常表示（ガスだきの場合）<br>　　　　　　　　　　　　　　　　　・有<br>・異常警報ブザー　　　　　　　　　・有<br>表示の光源は、原則として発光ダイオード | 無しの場合理由を記入 |
| | (3) 接点及び端子<br>・インターロック用端子　　　　　　・有<br>・各ポンプ起動・停止信号用接点及び端子<br>　　　　　　　　　　　　　　　　　・有<br>・運転状態表示用接点及び端子　　　・有<br>・故障状態表示用接点及び端子　　　・有<br>・運転時間表示用端子（特記）　・有　・無<br>・温水出入口温度用端子（特記）・有　・無<br>・冷水出入口温度用端子（特記）・有　・無<br>・燃料消費量表示用端子（特記）・有　・無 | 無しの場合理由を記入 |

［令和 4 年版］

118

| 項　目 | 設計仕様 | 製造仕様 |
|---|---|---|
| 制御及び操作盤各編又は特記により指定された機器　　★<br>機器名<br>〔　　　　〕 | (4)　運転時間計（特記）　　　　　　　・有　・無<br>　デジタル表示（単位：h）<br>　対象範囲は次のとおり<br>　（溶液ポンプ及び冷媒ポンプの実運転時間：単体<br>　　運転を含む） | 〔　　　桁数〕≧5桁 |
|  | (5)　その他<br>動力制御盤（冷却塔及びポンプの動力制御を含む）<br>運転制御機能（複数台の組合せユニットとして使用<br>　　する場合）　　　　　　　　　・有　・無 |  |
| 冷却塔　　　★ | 本書「冷却塔」の様式を添付 |  |
| ポンプ　　　★ | 本書「チリングユニット」の冷水ポンプの項目を参照 |  |
| 附属品　　　★ | (ア)　銘板*　　　　　　　　　　　　　　　一式 |  |
| 特記仕様 | 照合表以外の要求事項を記載 |  |
|  | 基礎 |  |
| 後日提出する図書 | 完成図　　　　　　　　　　　　　　　　部<br>取扱説明書　　　　　　　　　　　　　　部<br>試験成績書　　　　　　　　　　　　　　部 |  |
| 備考 |  |  |

○印のもの及び無印のものにより製作し、・印のものは適用しない。

使用しない単位・項目は、横線で消し、製造仕様欄には明細を記載する。

［令和4年版］

## 吸収冷温水機ユニット　試験成績書
（記号　　　　　　　　　　　　　　　）

工事件名 _____　　試験日　　　令和　　年　　月　　日

製造者形式 _____　　製造者名 _____

製造者番号 _____

| | | |
|---|---|---|
| | | |

試験結果

| 試験項目 | | | 設計仕様 | 判定基準 | 測定値 | 判　定 | 適　用 |
|---|---|---|---|---|---|---|---|
| 冷凍能力 | 冷水入口温度 | ℃ | | | | | JIS B 8622 による |
| | 冷水出口温度 | ℃ | | | | | |
| | 冷水量 | L/min | | | | | |
| | 冷却水入口温度 | ℃ | | | | | |
| | 冷却水出口温度 | ℃ | | | | | |
| | 冷却水量 | L/min | | | | | |
| | 加熱源消費熱量 | kW | | | | | |
| | 冷凍能力 | kW | | 仕様値以上 | | | |
| 加熱能力 | 温水入口温度 | ℃ | | | | | |
| | 温水出口温度 | ℃ | | | | | |
| | 温水量 | L/min | | | | | |
| | 加熱源消費熱量 | kW | | | | | |
| | 加熱能力 | kW | | 仕様値以上 | | | |
| 電　源 | | φ、V、Hz | | | | | |
| 電動機 | 全電流 | A | | | | | |
| | 全入力 | kW | | | | | |
| | 全定格出力 | kW | | 仕様値以下 | | | |
| 水圧 | 冷水側 | MPa | | 設計圧力（仕様圧力）の1.5倍で水漏れの無きこと | | | |
| | 冷却水側 | MPa | | | | | |
| | 蒸気・温水側 | MPá | | | | | |
| 騒　音 | | dB(A) | 測定値を記入する | | | | |
| 気密（大気圧換算値）漏れ量（・窒素ガス　・ヘリウムガス） | | Pa・mL/s | | 仕様値以下 | | | |
| 備考 | | | | | | | |
| *1．加熱源消費量は真発熱量（低位発熱量）基準とする。 | | | | | | | |

氷蓄熱ユニット

作成要領注意事項


氷蓄熱ユニット　［標準仕様書P143〜145］


1．　表　　　　紙　　承諾図表紙の様式により、宛名・工事件名・作成年月・社名を記載する。
2．　仕　様　表　　承諾図仕様表の様式により当該事項を記載する。
3．　照　合　表　　承諾図照合表の様式により当該事項を記載する。
4．　製　作　図　面
　　　　外　形　図　　図面は機器の外観・外形寸法、基礎ボルト用穴の位置、径及び配管接続
　　　　　　　　　　　の方法・寸法・位置等を記載する。
　　　　　　　　　　　保守空間等必要な事項も図示記載する。
　　　　　　　　　　　また、部品名は原則として「標準仕様書」の用語を用いることとし、仕
　　　　　　　　　　　様表と重複している項目は記載しなくてもよい。
　　　　　　　　　　　機内構成部品図は実線で表現する。
　　　　電気結線図　　機外別盤がある場合にはその部分を区分線にて記載する。
5．　資料 ―1　　　共通事項における承諾図作成要領の項による資料を添付する。
　　　性能能力線図　　能力線図。（冷却・加熱の能力）
　　　　　　　　　　　損失水頭線図。（冷却水・冷温水等）
　　　　　　　　　　　設計値・製造者標準値及び使用可能限界線を線図に記入する。
　　　　騒　　　音　　騒音レベルdBにより測定し、測定点位置及び測定方法を記載する。
　　　　　　　　　　　必要に応じ周波数特性（NC曲線）を添付する。
　　　　振　　　動　　製造者定格条件に於ける取付け脚部の振幅を記載する。
6．　資料 ―2　　　施工上の注意事項等を参考資料として添付する。
　　　　　　　　　　　保温・保冷施工図等を添付する。
　　　　　　　　　　　耐震計算書を添付する。
　　　　　　　　　　　附属品・予備品の内訳及び必要に応じ附属品の図面も添付する。
7．　銘板記載事項　　共通事項における承諾図作成要領の項による当該事項を記載する。


　　　　(1)製　造　者　名　　　　　　　　　製造者の標準名称による。
　　　　(2)形　式　品　番　　　　　　　　　製造者の形式名称とする。
　　　　(3)製造年月又は年　　　　　　　　　西暦を記載する。
　　　　(4)製　造　番　号　　　　　　　　　製造者の標準による。
　　　　(5)蓄　熱　容　量　　　MJ　　　　　製造者値を記載する。
　　　　(6)日量冷却能力　　　　MJ　　　　　製造者値を記載する。
　　　　(7)熱源機冷却能力　　　kW　　　　　製造者値を記載する。
　　　　(8)日量加熱能力　　　　MJ　　　　　ヒートポンプの場合に製造者値を記載する。
　　　　(9)熱源機加熱能力　　　kW　　　　　ヒートポンプの場合に製造者値を記載する。
　　　　(10)加　熱　能　力　　　kW　　　　　ヒートポンプの場合に記載する。

| (11)冷　温　水　量 | L/min | 設計値を記載する。 |
| (12)冷温水出口温度 | ℃ | 設計値を記載する。 |
| (13)冷温水入口温度 | ℃ | 製造者値を記載する。 |
| (14)冷　却　水　量 | L/min | 設計値を記載する。 |
| (15)冷却水入口温度 | ℃ | 設計値を記載する。 |
| (16)冷温水損失水頭 | kPa | 設計水量に於ける製造者値を記載する。 |
| (17)冷却水損失水頭 | kPa | 冷却水量に基づく製造者値を記載する。 |
| (18)冷媒名と冷媒量 | kg | 製造者値を記載する。 |
| (19)外　気　温　度 | ℃ | 設計外気温度を記載する。 |
| 　　（空気熱源のときのみ） | | （夏　　DB、　冬　　DB／WB) |
| (20)電　　　　　源 | φ、V、Hz | 「φ」「相」いずれでもよい。 |
| (21)圧　縮　機　出　力 | kW | 電動機出力を記載する。（製造者値） |
| (22)送　風　機　出　力 | kW | 電動機出力を記載する。（製造者値） |
| (23)ブライン又は | | |
| 　　冷温水ポンプ出力 | kW | 電動機出力を記載する。（製造者値） |
| (24)補　助　ヒ　ー　タ | kW | 容量及び段数を記載する。（製造者値） |
| (25)遮　断　容　量 | VA | 高圧の場合記載する。 |
| (26)蓄熱槽水張り量 | m³ | 製造者値を記載する。 |
| (27)ブライン名と | | |
| 　　　　　封入量 | kg | 製造者値を記載する。 |

設計記号 _____ 台数 _____

製造者形式 _____ 製造者名 _____

| 形式〔・スタティック形（・外融式　・内融式　・カプセル式）　・ダイナミック形〕 |
| 熱源機種類〔・水冷式　・空冷式　・空気熱源ヒートポンプ式　・冷房専用形　・冷暖兼用形〕 |
| 高圧ガス保安法の区分〔・第一種製造者　・第二種製造者　・その他〕　　許可〔・要　・否〕 |
| 　　　　　　　　　　　　　　　　　　　　　　　　　　　　　　　　　届出〔・要　・否〕 |

| 項　目 | | | 単　位 | 設計仕様 | 製造仕様 |
|---|---|---|---|---|---|
| 能力 | 冷却 | 日量冷却能力 | MJ | | |
| | | 熱源機冷却能力 | kW | | |
| | | 蓄熱容量 | MJ | | |
| | 加熱 | 日量加熱能力 | MJ | | |
| | | 熱源機加熱能力 | kW | | |
| | | 蓄熱容量 | MJ | | |
| 法定冷凍トン | | | トン／日 | | |
| 成績係数（COP） | | | — | | |
| 氷生成装置 | | | — | | |
| 容量制御（熱源機冷却・加熱運転時） | | | ％ | | |
| 冷却器 | 冷水温度 | 入口 | ℃ | | |
| | | 出口 | ℃ | | |
| | 冷水量 | | L/min | | |
| | 水圧損失 | | kPa | | |
| 凝縮器（水冷） | 冷却水温度 | 入口 | ℃ | | |
| | | 出口 | ℃ | | |
| | 冷却水量 | | L/min | | |
| | 水圧損失 | | kPa | | |
| 加熱器 | 温水温度 | 入口 | ℃ | | |
| | | 出口 | ℃ | | |
| | 温水量 | | L/min | | |
| | 水圧損失 | | kPa | | |
| 外気条件 | 冷却 | 蓄熱運転時 | ℃(DB) | | |
| | | 冷却運転時 | ℃(DB) | | |
| | 加熱 | 蓄熱運転時 | ℃(DB／WB) | | |
| | | 加熱運転時 | ℃(DB／WB) | | |

| | 項　目 | 単　位 | 設計仕様 | 製造仕様 |
|---|---|---|---|---|
| 電気特性 | 電　源 | φ、V、Hz | | |
| | 蓄熱消費電力量 | kW・h | | |
| | 熱源機冷却消費電力 | kW | | |
| | 熱源機加熱消費電力 | kW | | |
| | 熱源機冷却運転電流 | A | | |
| | 熱源機加熱運転電流 | A | | |
| 氷蓄熱槽 | （材質）<br>・FRP製　・鋼製　・ステンレス製<br>・アルミニウム製　・ポリエチレン製 | | | |
| | （形式）<br>・一体形　・パネル形 | | | |
| | 水張り量 | m³ | | |
| | 保温・保冷（材質、厚さ） | mm | | |
| 運転質量／製品質量 | | kg | ／ | ／ |
| 冷媒の種類 | | | | |
| 備考 | | | | |

〇印のもの及び無印のものにより製作し、・印のものは適用しない。

使用しない単位・項目は、横線で消し、製造仕様欄には明細を記載する。

製造者名　_____

| 項　目 | 設計仕様 | 製造仕様 |
|---|---|---|
| 一般事項 | 圧縮機用電動機出力<br>・11kW を超えるもの<br>・11kW 以下のもの（製造者の標準仕様） | |
| 構　成 | 冷凍機、制御盤、氷生成装置、タンク等 | |
| 冷凍機 | 種類〔・チリングユニット<br>　　　・空気熱源ヒートポンプユニット<br>　　　・スクリュー冷凍機〕 | |
| | チリングユニットの場合：<br>　本書「チリングユニット」の様式を添付<br>空気熱源ヒートポンプユニットの場合：<br>　本書「空気熱源ヒートポンプユニット」の様式<br>　を添付<br>スクリュー冷凍機の場合：<br>　本書「スクリュー冷凍機」の様式を添付 | |
| 誘導電動機の規格及び保護方式電動機 | ・「標準仕様書」各編で指定された機器<br>・特記により指定された機器<br>・製造者の標準仕様 | |
| | (1) 誘導電動機の規格<br>　・100V、200V 単相誘導電動機 JIS C 4203<br>　・200V、400V 三相誘導電動機<br>　　（・JIS C 4210　・JIS C 4212（特記　・有）<br>　　　・JIS C 4213（0.75kW 以上））<br>　・JIS に準ずるもの<br>(2) 誘導電動機の保護方式　JIS C 4034-5<br>　屋外　・IP 44（全閉防まつ形）<br>　　　　・IP 22（防滴保護形）<br>　　　　　（ただし、防水上有効な構造のケーシ<br>　　　　　ングに納められた場合）<br>　屋内・IP 44（全閉防まつ形）<br>　　　・IP 22（防滴保護形）<br>　屋外設置（ケーシング　・有　・無） | |

[令和 4 年版]

127

| 項　　目 | 設計仕様 | 製造仕様 |
|---|---|---|
| 誘導電動機の<br>始動装置方式 | 圧縮機用電動機<br>200V 三相誘導電動機<br>　（ユニット等複数台の電動機を使用する機器の電<br>　動機の出力は、同時に運転する電動機の合計出<br>　力とする。）<br>・11kW 未満（直入始動）<br>・チリングユニット、空気熱源ヒートポンプユニ<br>　ットで200V 圧縮機の合計出力値が11kW 未満（始<br>　動装置不要）<br>・11kW 以上<br>　・入力 4.8kVA/kW 未満（始動装置不要）<br>　・入力 4.8kVA/kW 以上<br>　　・スターデルタ　　　　・順次直入<br>　　・パートワインディング　・その他<br>　・スターデルタ始動器の使用できる構造<br>　（機器に制御盤及び操作盤が附属しない場合）<br>・その他（特記　・有　・無） | （合計出力　　　　kW）<br><br><br><br>（品名　　　　　　）<br><br><br><br>最終始動時入力(kVA)<br>──────────── ＝<br>電動機出力(kW) |
| | 送風機用電動機<br>200V 三相誘導電動機<br>　（ユニット等複数台の電動機を使用する機器の電<br>　動機の出力は、同時に運転する電動機の合計出<br>　力とする。）<br>・11kW 未満（直入始動）<br>・チリングユニット、空気熱源ヒートポンプユニ<br>　ットで200V 圧縮機の合計出力値が11kW 未満（始<br>　動装置不要）<br>・11kW 以上<br>　・入力 4.8kVA/kW 未満（始動装置不要）<br>　・入力 4.8kVA/kW 以上<br>　　・スターデルタ　　　　・順次直入<br>　　・パートワインディング　・その他<br>　・スターデルタ始動器の使用できる構造<br>　（機器に制御盤及び操作盤が附属しない場合）<br>・その他（特記　・有　・無） | （合計出力　　　　kW）<br><br><br><br>（品名　　　　　　）<br><br><br><br>最終始動時入力(kVA)<br>──────────── ＝<br>電動機出力(kW) |

［令和4年版］

128

| 項　目 | 設計仕様 | 製造仕様 |
|---|---|---|
| 誘導電動機の始動装置方式 | ブライン搬送ポンプ用電動機<br>200V 三相誘導電動機<br>　（ユニット等複数台の電動機を使用する機器の電動機の出力は、同時に運転する電動機の合計出力とする。）<br>・11kW 未満（直入始動）<br>・チリングユニット、空気熱源ヒートポンプユニットで200V 圧縮機の合計出力値が11kW 未満（始動装置不要）<br>・11kW 以上<br>　・入力 4.8kVA/kW 未満（始動装置不要）<br>　・入力 4.8kVA/kW 以上<br>　　・スターデルタ　　　　　・順次直入<br>　　・パートワインディング　・その他<br>・スターデルタ始動器の使用できる構造<br>　（機器に制御盤及び操作盤が附属しない場合）<br>・その他（特記　・有　・無） | （合計出力　　　　　kW）<br><br>（品名　　　　　　）<br><br>最終始動時入力(kVA)<br>――――――――――――＝<br>電動機出力(kW) |
| 冷　媒 | 特記による | |
| 氷生成装置 | ・スタティック形<br>〔・内融式　・外融式　・カプセル式〕<br>・ダイナミック形 | |
| タンク | 材質　特記による<br>設計用水平震度　特記による<br>設計用鉛直震度　設計用水平震度の1/2の値<br>保温　・硬質ウレタンフォーム(保温厚 30mm 以上)<br>　　　・ポリスチレンフォーム(保温厚 30mm 以上)<br>接続口（必要な場合）　　　　　　　・有　・無<br>　補給水管、オーバーフロー管、排水管等<br>附属品<br>(ｱ) 鋼製架台（溶融亜鉛めっき（2種35））　一式<br>(ｲ) 点検口　　　　　　　　　　　　　　　一式<br>(ｳ) 外はしご（タンクの高さが 1.5m 以上の場合とし製造者の標準仕様とする）　　　一式 | |

[令和4年版]

129

| 項　目 | 設計仕様 | 製造仕様 |
|---|---|---|
| 保　温 | 製造者の標準仕様の明細を記入 | |
| 塗　装 | 製造者の標準仕様の明細を記入 | |
| 成績係数 | 成績係数はグリーン購入法の基本方針の定めによる<br>数値は特記による<br>計算式を記入 | |
| 制御及び操作盤<br>製造者標準品<br>各編又は特記により指定された機器<br>機器名<br>〔　　　　〕 | 電気事業法　　　　　　　　　　　　　　　　適用<br>電気設備に関する技術基準を定める省令　　適用<br>電気用品安全法　　　　　　　　　　　　　適用 | |
| | ・製造者の標準附属盤内に収納する<br>・特記（・屋内用　・屋外用） | 収納場所（　　　　　　　　） |
| | (1) 過負荷及び欠相保護装置<br>　過負荷保護装置<br>　・必要（・電動機ごと）<br>　・不要<br>　　・0.2kW 以下の電動機回路及び過電流遮断器<br>　　　の定格電流が 15A（配線用遮断器の場合は<br>　　　20A）以下の単相電動機回路<br>　欠相保護装置<br>　・必要（・電動機ごと　・一括）<br>　・不要<br>　　・0.2kW 以下の電動機回路及び過電流遮断器<br>　　　の定格電流が 15A（配線用遮断器の場合は<br>　　　20A）以下の単相電動機回路<br>　　・1 ユニットの装置で電動機自体に有効な保<br>　　　護サーモ等の燃焼防止装置がある場合 | （容量　　　　　　A）<br><br><br><br><br>（容量　　　　　　A）<br><br>焼損防止装置（　　　　　　　　　） |

[令和 4 年版]

130

| 項　目 | 設計仕様 | 製造仕様 |
|---|---|---|
| 制御及び操作盤<br>製造者標準品<br>各編又は特記により指定された機器<br>機器名<br>〔　　　　〕 | (2) 電流計<br>　・必要（圧縮機の電動機合計出力 37kW 以上場合）<br>（・1 台ごと　・一括（1 ユニットの装置の場合））<br>　　・機械式（延長目盛電流計（赤指針付））<br>　　・電子式（デジタル表示等）<br>　・不要<br>　　・0.2kW 以下の電動機回路及び過電流遮断器<br>　　　の定格電流が 15A（配線用遮断器の場合は<br>　　　20A）以下の単相電動機回路 | （最大目盛　　　A）<br><br><br><br><br><br>（容量　　　A） |
| | (3) 進相コンデンサー（特記　・有　・無）<br>　・必要<br>　　・200V 電動機（電気供給規定による）<br>　　・400V 電動機<br>　　・高圧電動機<br>　　　定格出力時における改善後の力率を 0.9 以<br>　　　上となるようにする。(400V 及び高圧電動機<br>　　　の場合)<br>　・不要<br>　　・0.2kW 未満の三相電動機<br>　　・1 ユニットの装置全体で力率が定格出力時<br>　　　0.9 以上に確保できる場合 | （容量　　　$\mu$F）<br>（改善後の力率　　　％）<br><br><br><br><br><br><br>1 ユニット装置全体の力率<br>　　　　　（　　％） |
| | (4) 表示等<br>　・圧縮機の電動機出力の合計値が 30kW を超えるもの<br>　・圧縮機の電動機出力の合計値が 5.5kW 以上<br>　　30kW 以下のもの（特記　・有　・無）<br>　・電源表示（・白　・製造者標準色）<br>　・運転表示（・赤　・製造者標準色）<br>　・停止表示（・緑　・製造者標準色）<br>　　異常停止表示　・有　・無　・省略　・記載<br>　・保護継電器の動作表示<br>　　・保護継電器ごと　　　　　　　　・有　・無<br>　　・表面に一括　　　　　　　　　　・有　・無<br>　表示の光源は、原則として発光ダイオード | 無しの場合理由を記入 |

［令和 4 年版］

| 項　目 | 設計仕様 | 製造仕様 |
|---|---|---|
| 制御及び操作盤<br>製造者標準品<br>各編又は特記により指定された機器<br>機器名<br>〔　　　〕 | (5) 接点及び端子<br>・インターロック用端子　　　　　　・有　・無<br>・遠方発停用端子　　　　　　　　　・有　・無<br>・各ポンプ起動・停止信号用接点及び端子<br>　　（水冷式の場合）　　　　　　　・有　・無<br>・運転状態表示用接点及び端子　　　・有　・無<br>・故障状態表示用接点及び端子　　　・有　・無<br>・運転時間表示用端子（特記）　　　・有　・無<br>・温水出入口温度用端子（特記）<br>　　（ヒートポンプの場合）　　　　・有　・無<br>・冷水出入口温度用端子（特記）　　・有　・無<br>・消費電力表示用端子（特記）　　　・有　・無 | 無しの場合理由を記入 |
| | (6) 運転時間計　　　　　　　　　　・有　・無<br>　　デジタル表示（単位：h）<br>　　対象範囲は次のとおり<br>　　（　　　　　　　　　　　　　　） | 〔　　桁数〕≧5桁 |
| 附属品 | (ｱ) 圧力計　　　　　　　　　　　　　　一式<br>(ｲ) 油圧計（必要のある場合）・有　・無　一式<br>(ｳ) 銘板*　　　　　　　　　　　　　　一式 | 無しの場合理由を記入 |
| 特記仕様 | 照合表以外の要求事項を記載 | |
| | 基礎（参考）　　・標準<br>　　　　　　　　・防振 | |
| 後日提出する図書 | 完成図　　　　　　　　　　　　　　　部<br>取扱説明書　　　　　　　　　　　　　部<br>試験成績書　　　　　　　　　　　　　部 | |
| 備考 | | |

○印のもの及び無印のものにより製作し、・印のものは適用しない。

使用しない単位・項目は、横線で消し、製造仕様欄には明細を記載する。

［令和4年版］

氷蓄熱ユニット（空冷式・空気熱源ヒートポンプ式）　試験成績書

工事件名 _____

_____

製造者形式 _____

製造者番号 _____

水張り量 _____ (m³)

試験日　令和　年　月　日

製造者名 _____

タンク寸法　縦　　横　　高さ（mm）

| | | |
|---|---|---|
| | | |

試験結果

| 試験項目 | | | 設計仕様 | 判定基準 | 測定値 | 判 定 | 適 用 |
|---|---|---|---|---|---|---|---|
| 冷却能力 | 冷水入口温度 | ℃ | | | | | |
| | 冷水出口温度 | ℃ | | | | | |
| | 冷水量 | L/min | | | | | |
| | 外気温度 | ℃DB | | | | | |
| | 蓄熱容量 | MJ | | 仕様値以上 | | | |
| 加熱能力 | 温水入口温度 | ℃ | | | | | |
| | 温水出口温度 | ℃ | | | | | |
| | 温水量 | L/min | | | | | |
| | 外気温度 | ℃DB／℃WB | | | | | |
| | 蓄熱容量 | MJ | | 仕様値以上 | | | |
| 電　源 | | φ、V、Hz | | | | | |
| 電気特性 | 運転電流 | A | | | | | |
| | 消費電力 | kW | | 仕様値以下 | | | |
| 騒音試験 | | dB(A) | 測定値を記入する | | | | |
| 満水試験 | | | 漏れのないこと | | | | |
| 気密試験 | | | 漏れのないこと | | | | 冷凍保安規則関係例示基準による |
| 耐圧試験 | | | 漏れ、変形のないこと | | | | |

備考

＊試験方法は JIS B 8625（空気調和用氷蓄熱ユニット－試験方法）による。

氷蓄熱ユニット（水冷式）　試験成績書
（記号　　　　　　）

工事件名　　　　　　　　　　　　　　　　　　試験日　　令和　　年　　月　　日

　　　　　　　　　　　　　　　　　　　　　　製造者名　　　　　　　　　　　　　

製造者形式　　　　　　　　　　　　　　

製造者番号　　　　　　　　　　　　　　　　　タンク寸法　縦　　横　　高さ（mm）

水張り量　　　　　　　　　　（m³）

| | | |
|---|---|---|
| | | |

試験結果

| 試験項目 | | | 設計仕様 | 判定基準 | 測定値 | 判　定 | 適　用 |
|---|---|---|---|---|---|---|---|
| 冷却能力 | 冷水入口温度 | ℃ | | | | | |
| | 冷水出口温度 | ℃ | | | | | |
| | 冷水量 | L/min | | | | | |
| | 冷却水温度 | ℃ | | | | | |
| | 冷却水出口温度 | ℃ | | | | | |
| | 冷却水量 | L/min | | | | | |
| | 蓄熱容量 | MJ | | 仕様値以上 | | | |
| 電　源 | | φ、V、Hz | | | | | |
| 電気特性 | 運転電流 | A | | | | | |
| | 消費電力 | kW | | 仕様値以下 | | | |
| 騒音試験 | | dB(A) | 測定値を記入する | | | | |
| 満水試験 | | | 漏れのないこと | | | | |
| 気密試験 | | | 漏れのないこと | | | | 冷凍保安規則関係 |
| 耐圧試験 | | | 漏れ、変形のないこと | | | | 例示基準による |
| 備考 | | | | | | | |

*試験方法は JIS B 8625（空気調和用氷蓄熱ユニット－試験方法）による。

冷却塔

作成要領注意事項

冷却塔　［標準仕様書 P145〜146］

1．表　　紙　　承諾図表紙の様式により、宛名・工事件名・作成年月・社名を記載する。
2．仕　様　表　　承諾図仕様表の様式により当該事項を記載する。
3．照　合　表　　承諾図照合表の様式により当該事項を記載する。
　（注）　★印のある項目については「建築材料・設備機材等品質性能評価事業（令和 4 年
　　　　　版）」において評価しているため、当該機材の評価書の写しを添付した場合は、照
　　　　　合表の「製造仕様」の記載を省略できる。
4．製　作　図　面
　　外　形　図　　製造者仕様を記載する。ただし、仕様表と重複している項目は記載しなく
　　　　　　　　　てもよい。
　　　　　　　　　図面は機器の外観・外形寸法及び基礎ボルト用穴の位置・径を記載する。
　　　　　　　　　また、部品名は原則として「標準仕様書」の用語を用いることとし、仕様
　　　　　　　　　表と重複している項目は記載しなくてもよい。
　　内部構造図　　主要部品名称を記載する。代表機種による構造図でもよい。
5．資　料 ―1　　共通事項における承諾図作成要領の項による資料を添付する。
　　性能能力線図　能力線図には設計値を記入する。
　　騒　　　音　　騒音レベル dB により測定し、測定点位置及び測定方法を記載する。
　　　　　　　　　必要に応じ周波数特性（NC 曲線又は NR 曲線）を添付する。
6．資　料 ―2　　施工上の注意事項等を参考資料として添付する。
　　　　　　　　　耐震計算書を添付する。
7．銘板記載事項　共通事項における承諾図作成要領の項による当該事項を記載する。

　　　　(1) 製　造　者　名　　　　　　　　　製造者の標準名称による。
　　　　(2) 形　式　品　番　　　　　　　　　製造者の形式名称とする。
　　　　(3) 製造年月又は年　　　　　　　　　西暦を記載する。
　　　　(4) 製　造　番　号　　　　　　　　　製造者の標準による。
　　　　(5) 冷　却　能　力　　　kW　　　　　設計値を記載する。
　　　　(6) 水　　　　　量　　　L/min　　　設計値を記載する。（ただし、m³/h を併記し
　　　　　　　　　　　　　　　　　　　　　　てもよい。）
　　　　(7) 入　口　水　温　度　　　℃　　　設計値を記載する。
　　　　(8) 出　口　水　温　度　　　℃・　　設計値を記載する。
　　　　(9) 外 気 湿 球 温 度　　　℃　　　設計値を記載する。
　　　　(10) 電　　　　　源　　　φ、V、Hz　「φ」「相」いずれでもよい。
　　　　(11) 電　動　機　出　力　　　kW　　　送風機電動機出力を記載する。

# 冷却塔　仕様表

設計記号 ＿＿＿＿＿＿＿＿　台数 ＿＿＿＿

製造者形式 ＿＿＿＿＿＿＿＿＿＿＿＿＿＿　製造者名 ＿＿＿＿＿＿＿＿＿＿＿＿＿＿＿

| 形式〔・カウンタフロー　・クロスフロー〕 |
| --- |
| 〔・標準形　・低騒音形　・超低騒音形〕 |
| 建基法施行令　第129条の2の6〔・該当　・非該当〕 |
| 建設省告示3411号〔・該当　・非該当〕 |

| 項　目 | | 単位等 | 設計仕様 | 製造仕様 |
| --- | --- | --- | --- | --- |
| 冷却能力 | | kW | | |
| 冷却水温度 | 入口 | ℃ | | |
| | 出口 | ℃ | | |
| 外気湿球温度 | | WB ℃ | | |
| 水　量 | | L/min | | |
| | | m³/h | | |
| 損失水頭 | | kPa | | |
| 騒　音 | | dB(A) | | |
| 電気特性 | 電　源 | φ、V、Hz | | |
| | 出　力 | kW | | |
| | 定格電流 | A | | |
| | 台　数 | 台 | | |
| 運転質量／製品質量 | | kg | ／ | ／ |
| 設計用水平震度 | | G | | |
| クロスフロー配管 | | | ・内部　・外部 | ・内部　・外部 |

備考

騒音の測定位置は日本冷却塔工業会基準の高さ1.5m、冷却塔側壁（ルーバ面）より2mの位置とする。

形式による騒音基準値は別紙資料による。

〇印のもの及び無印のものにより製作し、・印のものは適用しない。

使用しない単位・項目は、横線で消し、製造仕様欄には明細を記載する。

製造者名　　　　　　　　　　　　　　

| 項　目 | | 設計仕様 | 製造仕様 |
|---|---|---|---|
| 構　成 | ★ | 塔本体、水槽、送風機、電動機等 | |
| 塔本体 | ★ | 構造　内部の点検及び清掃ができる構造 | 点検口寸法（　mm×　mm) |
| | | 本体の材質<br>・ガラス繊維強化ポリエステル樹脂<br>・硬質塩化ビニル　・ステンレス鋼材　・鋼材 | |
| | | 水分配装置（水の落下分布が均一なもの)<br>・鋼材　・ステンレス鋼材<br>・アルミニウム鋳物　・合成樹脂 | |
| | | 空気取入口<br>・ガラス繊維強化ポリエステル樹脂<br>・硬質塩化ビニル　・ステンレス鋼材　・鋼材 | |
| | | 充填材　落下水滴を均一に細分させる構造 | 材質： |
| | | 防錆処理<br>鋼板は JIS H 8641(溶融亜鉛めっき)の2種35を施す | |
| 水　槽 | ★ | 材質<br>・ガラス繊維強化ポリエステル樹脂<br>・硬質塩化ビニル　・ステンレス鋼板 | |
| | | 接続口<br>　冷却水、排水管、オーバーフロー管、補給水管等<br>冷却水取出口<br>　渦流による空気を吸込まない構造<br>　ストレーナ〔・ステンレス製　・合成樹脂製〕 | |
| 送風機 | ★ | ・軸流送風機　・斜流送風機 | |
| | | 駆動方式<br>・V ベルト駆動形（ベルトガード付)<br>・電動機直動形<br>ケーシング及びフレームの材質<br>・ガラス繊維強化ポリエステル樹脂<br>・硬質塩化ビニル　・ステンレス鋼材　・鋼材<br>羽根の材質<br>・亜鉛鉄板<br>　表面処理〔・エポキシ樹脂　・塩化ビニル〕<br>・アルミニウム材　・合成樹脂 | |

［令和4年版］

| 項　目 | 設計仕様 | 製造仕様 |
|---|---|---|
| 送風機　　★ | 主軸の材質<br>・JIS G 4051（機械構造用炭素鋼鋼材）の S30C 以上<br>排気口保護網〔・ステンレス鋼製　・鋼製<br>　　　　　　　・合成樹脂製〕 | |
| 誘導電動機の<br>規格及び<br>保護方式　★ | ・「標準仕様書」各編で指定された機器<br>・特記により指定された機器<br>・製造者の標準仕様 | |
| | (1) 誘導電動機の規格<br>　・100V、200V 単相誘導電動機 JIS C 4203<br>　・200V、400V 三相誘導電動機 JIS C 4210<br>　・400V　　　　三相誘導電動機 JIS C 4213<br>　・JIS に準ずるもの | |
| | (2) 誘導電動機の保護方式　JIS C 4034-5<br>　屋外　・IP 44（全閉防まつ形）<br>　　　　・IP 22（防滴保護形）<br>　　　　（ただし、防水上有効な構造のケーシング<br>　　　　　に納められた場合） | |
| 誘導電動機の<br>始動方式　★ | 200V 三相誘導電動機<br>　（ユニット等複数台の電動機を使用する機器の電動<br>　　機の出力は、同時に運転する電動機の合計出力とす<br>　　る。）<br>・11kW 未満（直入始動）<br>・11kW 以上<br>　・入力 4.8kVA/kW 未満（始動装置不要）<br>　・入力 4.8kVA/kW 以上<br>　　・スターデルタ　　　　　・順次直入<br>　　・パートワインディング　・その他<br>　・スターデルタ始動器の使用できる構造<br>　　（機器に制御盤及び操作盤が附属しない場合）<br>・その他（特記　・有　・無） | （合計出力　　　　　kW）<br><br><br><br>最終始動時入力(kVA)<br>―――――――――　＝<br>電動機出力(kW) |
| 薬液注入装置 | 特記（・有　・無）<br>製造者の標準仕様の明細を記入 | |

［令和4年版］

| 項　目 | 設計仕様 | 製造仕様 |
|---|---|---|
| 附属品　　　★ | (1) ボールタップ　　　　　　　　　　　　一式<br>(2) はしご（塔本体の高さが 1.5m 以上の場合）　一式<br>　・鋼製は JIS H 8641（溶融亜鉛めっき）の HDZT49<br>　　を施す<br>　・ステンレス鋼製<br>(3) 銘板*　　　　　　　　　　　　　　　一式 | |
| 特記仕様 | 照合表以外の要求事項を記載 | |
| | 基礎　　　　・コンクリート製<br>　　　　　　・鋼製 | |
| 後日提出する<br>図書 | 完成図　　　　　　　　　　　　　　　　部<br>取扱説明書　　　　　　　　　　　　　　部<br>証明書類　　　　　　　（・有　・無）　部<br>試験成績書　　　　　　　　　　　　　　部 | |
| 備考 | | |

〇印のもの及び無印のものにより製作し、・印のものは適用しない。

使用しない単位・項目は、横線で消し、製造仕様欄には明細を記載する。

［令和 4 年版］

141

## 冷却塔 試験成績書

（記号　　　　　　　　　）

工事件名 _____

_____

形　　式 _____

製造者形式 _____

製造番号 _____

試験日　　　令和　　年　　月　　日

製造者名 _____

|  |  |  |
|---|---|---|
|  |  |  |

試験結果

| 試験項目 | | 設計仕様 | 判定基準 | 測定値 | 判　定 | 適　用 |
|---|---|---|---|---|---|---|
| 冷却能力 | 冷却水入口温度　　　　℃ |  |  |  |  | JIS B 8609 による |
| | 冷却水出口温度　　　　℃ |  |  |  |  | |
| | 外気湿球温度　　　℃CWB |  |  |  |  | |
| | 冷却水量　　　　　L/min |  |  |  |  | |
| | 冷却能力　　　　　　kW |  | 仕様値以上 |  |  | |
| 騒音試験 | dB(A) |  |  |  |  | |

能力線図

水　量　一　定

冷却能力　kW

外気湿球温度　25℃ 26℃ 27℃ 28℃

入口温度　℃

設計値

騒音値

(1) 測定位置は、図に示すように、高さ1.5m 冷却塔外壁（ルーバ面）より2.0m の位置とする。

(2) 設計水量通水時の運転音とする。

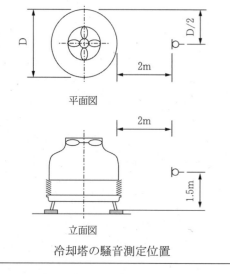

平面図

立面図

冷却塔の騒音測定位置

備考

冷却塔能力線図の例

形式　_____

設計値

| | | |
|---|---|---|
| 冷却水入口温度 | 38 | ℃ |
| 冷却水出口温度 | 32 | ℃ |
| 外気湿球温度 | 27 | ℃ |
| 冷　却　水　量 | 1,300 | L/min |

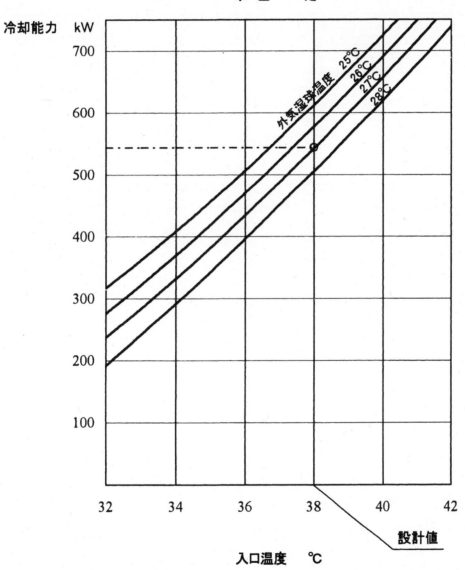

水　量　一　定

冷却能力　kW

入口温度　℃

143

空気調和機

作成要領注意事項

　　・ユニット形空気調和機　　　［標準仕様書 P147〜150］
　　・コンパクト形空気調和機　　［標準仕様書 P150〜153］

1．　表　　　紙　　　承諾図表紙の様式により、宛名・工事件名・作成年月・社名を記載する。
2．　仕　様　表　　　承諾図仕様表の様式により当該事項を記載する。
　　　　　　　　　　　仕様表、外形図に記載していない項目を記載する。
3．　照　合　表　　　承諾図照合表の様式により当該事項を記載する。
　　（注）　★印のある項目については「建築材料・設備機材等品質性能評価事業（令和4年
　　　　　　版）」において評価しているため、当該機材の評価書の写しを添付した場合は、照
　　　　　　合表の「製造仕様」の記載を省略できる。
4．　製 作 図 面
　　　　外　形　図　　図面は機器の外観・外形寸法及び基礎ボルト用穴の位置・径を記載する。
　　　　　　　　　　　また、部品名は原則として「標準仕様書」の用語を用いることとし、仕
　　　　　　　　　　　様表と重複している項目は記載しなくてもよい。
　　　　内部構造図　　機内構成部品図は実線で表現し内容が理解できるものでもよい。
　　　　部　品　図　　加湿器、フィルター等
5．　資料 ―1　　　共通事項における承諾図作成要領の項による資料を添付する。
　　　　性能能力線図　線図内に風量・静圧及び軸動力の仕様点を表現し設計値を記載する。
　　　　騒　　　音　　騒音レベル dB(A)にて、測定点位置及び測定方法を記載する。
　　　　　　　　　　　必要に応じ周波数特性（NC 曲線）を添付する。
　　　　振　　　動　　製造者定格条件に於ける機器本体の架台部の振幅を記載する。
　　　　コイル計算書　計算書式は製造者様式による。
6．　資料 ―2　　　施工上の注意事項等を参考資料として添付する。
　　　　　　　　　　　耐震計算書を添付する。
　　　　　　　　　　　附属品・予備品の内訳、施工上の注意事項等を記載する。
7．　銘板記載事項　　共通事項における承諾図作成要領の項による当該事項を記載する。

　　　　　(1)製 造 者 名　　　　　　　　　　製造者の標準名称による。
　　　　　(2)形 式 品 番　　　　　　　　　　製造者の形式名称とする。
　　　　　(3)製造年月又は年　　　　　　　　　西暦を記載する。
　　　　　(4)製 造 番 号　　　　　　　　　　製造者の標準による。
　　　　　(5)風　　　　量　　　m³/h　　　　 設計値を記載する。
　　　　　(6)機 外 静 圧　　　　Pa　　　　　設計値を記載する。
　　　　　(7)冷 却 能 力　　　　kW　　　　　設計値を記載する。
　　　　　(8)加 熱 能 力　　　　kW　　　　　設計値を記載する。
　　　　　(9)入口空気温湿度　　　℃　　　　　設計値を記載する。（DB／WB）

| | | |
|---|---|---|
| (10)出口空気温湿度 | ℃ | 製造者値を記載する。（DB／WB） |
| (11)冷 温 水 量 | L/min | 設計値を記載する。 |
| (12)冷温水入口温度 | ℃ | 設計値を記載する。 |
| (13)蒸 気 圧 力 | MPa | 蒸気コイルの場合の設計値を記載する。 |
| (14)加 湿 蒸 気 圧 力 | MPa | 蒸気加湿の場合の設計値を記載する。 |
| (15)有 効 加 湿 量 | kg/h | 設計値を記載する。 |
| (16)冷温水損失水頭 | kPa | 設計水量に基づく製造者値を記載する。 |
| (17)コイル通過面風速 | m/s | 設計風量に基づく製造者値を記載する。 |
| (18)送風機回転数 | $min^{-1}$ | 製造者値を記載する。 |
| (19)電　　　　源 | φ、V、Hz | 「φ」「相」いずれでもよい。 |
| (20)電 動 機 出 力 | kW | 送風機用電動機出力を記載する。 |

・ユニット形空気調和機　・コンパクト形空気調和機

設計記号 _____　台数 _____

製造者形式 _____　製造者名 _____

| ユニット〔・立形　・横形〕　　　コンパクト〔・給気用送風機組込形　・還気用送風機組込形〕 |
| :--- |
| コイル　〔・冷水　・温水　・冷温水　・蒸気〕 |

| 項　目 | | | 単位等 | 設計仕様 | 製造仕様 |
| :--- | :--- | :--- | :---: | :--- | :--- |
| 風　量 | | | m³/h | | |
| 外気量 | | | m³/h | | |
| 機外静圧 | | 送風機 | Pa | | |
| | | 還風機 | Pa | | |
| 冷却能力 | | | kW | | |
| 加熱能力 | | | kW | | |
| 水　量 | | | L/min | | |
| 損失水頭 | | | kPa | | |
| コイル | 水用 | 冷水入口温度 | ℃ | | |
| | | 冷水出口温度 | ℃ | | |
| | | 冷水量 | L/min | | |
| | | 冷水損失水頭 | kPa | | |
| | | 温水入口温度 | ℃ | | |
| | | 温水量 | L/min | | |
| | | 温水損失水頭 | kPa | | |
| | 蒸気 | 蒸気圧力 | MPa | | |
| | | 蒸気量 | kg/h | | |
| 加湿器 | 噴霧式蒸気 | 蒸気圧力 | MPa | | |
| | | 蒸気量 | kg/h | | |
| | 水気化式 | 給水量 | L/min | | |
| | | 有効加湿量 | kg/h | | |
| | | 電磁弁 | 単相、V、Hz | | |
| | | | W | | |

・ユニット形空気調和機 ・コンパクト形空気調和機

| 項　目 | | 単位等 | 設計仕様 | 製造仕様 |
|---|---|---|---|---|
| 温度条件 | 冷房時 コイル入口空気温度 | DB℃／WB℃ | | |
| | 冷房時 コイル出口空気温度 | DB℃／WB℃ | | |
| | 再熱 コイル出口空気温度 | DB℃／WB℃ | | |
| | 暖房時 コイル入口空気温度 | DB℃／WB℃ | | |
| | 暖房時 コイル出口空気温度 | DB℃／WB℃ | | |
| | 暖房時 空調機出口空気温度 | DB℃／WB℃ | | |
| 水用コイル通過面風速 | | m／s | ユニット形　2.5m／s 以下　コンパクト形 3.0m／s 以下 | |
| コイル列数 | | 列 | ― | |
| 吐出口風速 | | m／s | | |
| 全静圧 | | Pa | | |
| 電　源 | | φ、V、Hz | | |
| 電動機出力 | | kW | | |
| 製品質量／運転質量 | | kg | ／ | ／ |
| 備考 | | | | |

○印のもの及び無印のものにより製作し、・印のものは適用しない。

使用しない単位・項目は、横線で消し、製造仕様欄には明細を記載する。

・ユニット形空気調和機（潜熱・顕熱分離形）　・コンパクト形空気調和機（潜熱・顕熱分離形）

設計記号＿＿＿＿＿＿＿＿＿＿＿＿　台数＿＿＿＿＿

製造者形式＿＿＿＿＿＿＿＿＿＿＿　製造者名＿＿＿＿＿＿＿＿＿＿＿＿＿

| ユニット〔・立形　・横形〕 |
| コイル　〔・冷水　・温水　・冷温水〕 |

| 項　目 | | 単位等 | 設計仕様 | 製造仕様 |
|---|---|---|---|---|
| 風　量 | | m³/h | | |
| 外気量 | | m³/h | | |
| 機外静圧 | 送風機 | Pa | | |
| | 還風機 | Pa | | |
| 冷却能力 | 顕熱コイル | kW | | |
| | 潜熱コイル | kW | | |
| 加熱能力 | 顕熱コイル | kW | | |
| | 潜熱コイル | kW | | |
| 水　量 | 顕熱コイル | L/min | | |
| | 潜熱コイル | L/min | | |
| 損失水頭 | 顕熱コイル | kPa | | |
| | 潜熱コイル | kPa | | |
| コイル | 水用 | 冷水入口温度 | ℃ | | |
| | | 冷水出口温度 | ℃ | | |
| | | 冷水量 | L/min | | |
| | | 冷水損失水頭 | kPa | | |
| | | 温水入口温度 | ℃ | | |
| | | 温水量 | L/min | | |
| | | 温水損失水頭 | kPa | | |
| | 蒸気 | 蒸気圧力 | MPa | | |
| | | 蒸気量 | kg/h | | |
| 加湿器 | 噴霧式 蒸気 | 蒸気圧力 | MPa | | |
| | | 蒸気量 | kg/h | | |
| | 水気化式 | 給水量 | L/min | | |
| | | 有効加湿量 | kg/h | | |
| | | 電磁弁 | 単相、V、Hz | | |
| | | | W | | |

・ユニット形空気調和機（潜熱・顕熱分離形） ・コンパクト形空気調和機（潜熱・顕熱分離形）

| 項　目 | | | 単位等 | 設計仕様 | 製造仕様 |
|---|---|---|---|---|---|
| 空気温度条件 | 冷房時 | 入口 顕熱コイル | DB℃／WB℃ | | |
| | | 入口 潜熱コイル | DB℃／WB℃ | | |
| | | 出口 顕熱コイル | DB℃／WB℃ | | |
| | | 出口 潜熱コイル | DB℃／WB℃ | | |
| | 暖房時 | 入口 顕熱コイル | DB℃／WB℃ | | |
| | | 入口 潜熱コイル | DB℃／WB℃ | | |
| | | 出口 顕熱コイル | DB℃／WB℃ | | |
| | | 出口 潜熱コイル | DB℃／WB℃ | | |
| | 空調機出口空気温度 | | DB℃／WB℃ | | |
| 水用コイル通過面風速 | | | m／s | ユニット形　2.5m／s 以下　コンパクト形 3.0m／s 以下 | |
| コイル列数 | 顕熱コイル | | 列 | ― | |
| | 潜熱コイル | | 列 | ― | |
| 吐出口風速 | | | m／s | | |
| 全静圧 | | | Pa | | |
| 電　源 | | | φ、V、Hz | | |
| 電動機出力 | | | kW | | |
| 製品質量／運転質量 | | | kg | ／ | ／ |
| 備考 | | | | | |

○印のもの及び無印のものにより製作し、・印のものは適用しない。

使用しない単位・項目は、横線で消し、製造仕様欄には明細を記載する。

コンパクト形空気調和機用

パネル形エアフィルター　仕様表

設計記号　　　　　　　　　　　　　台数

製造者形式　　　　　　　　　　　　　　　製造者名

| 項　目 | | 単　位 | 設計仕様 | | | 製造仕様 | | |
|---|---|---|---|---|---|---|---|---|
| パネル形エアフィルター | 処理風量 | m³/h | | | | | | |
| | 面風速 | m/s | | | | | | |
| | 初期圧力損失 | Pa | 120 以下（2.5m/s 時） | | | | | |
| | 試験終了圧力損失 | Pa | 200 以下（2.5m/s 時） | | | | | |
| | 初期粒子捕集率 | % | JIS Coarse50 以上（2.5m/s 時） | | | | | |
| | 試験粉じん保持量 | g/m² | 500 以上（2.5m/s 時） | | | | | |
| | 質　量 | kg | | | | | | |
| | 寸法・数量 | mm・個 | × | × | 個 | × | × | 個 |
| | | | × | × | 個 | × | × | 個 |
| | | | × | × | 個 | × | × | 個 |
| | 予備ろ材 | mm・個 | × | × | 個 | × | × | 個 |
| | | | × | × | 個 | × | × | 個 |
| | | | × | × | 個 | × | × | 個 |

注　JIS B 9908-1 第 1 部及び JIS B 9908-3 第 3 部による

備考

折込み形エアフィルター（薄形中性能）　仕様表

設計記号 ＿＿＿＿＿＿＿＿＿＿＿　　台数 ＿＿＿＿

製造者形式 ＿＿＿＿＿＿＿＿＿＿＿＿＿＿＿＿　　製造者名 ＿＿＿＿＿＿＿＿＿＿＿＿＿

| 項　目 | | 単　位 | 設計仕様 | | | 製造仕様 | | |
|---|---|---|---|---|---|---|---|---|
| 折込み形エアフィルター（薄形中性能） | 処理風量 | m³/h | | | | | | |
| | 面風速 | m/s | | | | | | |
| | 初期圧力損失 | Pa | 100 以下　（2.5m/s 時） | | | | | |
| | 試験終了圧力損失 | Pa | 300 以下　（2.5m/s 時） | | | | | |
| | 初期粒子捕集率 | % | 50 以上　（JIS ePM10） | | | | | |
| | 試験粉じん保持量 | g/m² | 265 以上　（2.5m/s 時） | | | | | |
| | 質　量 | kg | | | | | | |
| | 寸法・数量 | mm・個 | × | × | 個 | × | × | 個 |
| | | | × | × | 個 | × | × | 個 |
| | | | × | × | 個 | × | × | 個 |
| | 予備ろ材 | mm・個 | × | × | 個 | × | × | 個 |
| | | | × | × | 個 | × | × | 個 |
| | | | × | × | 個 | × | × | 個 |
| プレフィルター | 処理風量 | m³/h | | | | | | |
| | 面風速 | m/s | 3 以下 | | | | | |
| | 初期圧力損失 | Pa | 60 以下　（2.5m/s 時） | | | | | |
| | 試験終了圧力損失 | Pa | 90 以下　（2.5m/s 時） | | | | | |
| | 初期粒子捕集率 | % | JIS Coarse25 以上（2.5m/s 時） | | | | | |
| | 試験粉じん保持量 | g/m² | 200 以上　（2.5m/s 時） | | | | | |
| | 質　量 | kg | | | | | | |
| | 寸法・数量 | mm・個 | × | × | 個 | × | × | 個 |
| | | | × | × | 個 | × | × | 個 |
| | | | × | × | 個 | × | × | 個 |
| | 予備ろ材 | mm・個 | × | × | 個 | × | × | 個 |
| | | | × | × | 個 | × | × | 個 |
| | | | × | × | 個 | × | × | 個 |

注　JIS B 9908-1、JIS B 9908-2、JIS B 9908-3 及び JIS B 9908-4 による

備考

コンパクト形空気調和機用

折込み形エアフィルター（薄形高性能）　仕様表

設計記号 _____　台数 _____

製造者形式 _____　製造者名 _____

| 項　目 | | 単　位 | 設計仕様 | 製造仕様 |
|---|---|---|---|---|
| 折込み形エアフィルター（薄形高性能） | 処理風量 | m³/h | | |
| | 面風速 | m/s | | |
| | 初期圧力損失 | Pa | 130 以下（2.5m/s 時） | |
| | 試験終了圧力損失 | Pa | 300 以下（2.5m/s 時） | |
| | 初期粒子捕集率 | % | 50 以上（JIS ePM2.5） | |
| | 試験粉じん保持量 | g/m² | 225 以上（2.5m/s 時） | |
| | 質　量 | kg | | |
| | 寸法・数量 | mm・個 | ×　×　個 | ×　×　個 |
| | | | ×　×　個 | ×　×　個 |
| | | | ×　×　個 | ×　×　個 |
| | 予備ろ材 | mm・個 | ×　×　個 | ×　×　個 |
| | | | ×　×　個 | ×　×　個 |
| | | | ×　×　個 | ×　×　個 |
| プレフィルター | 処理風量 | m³/h | | |
| | 面風速 | m/s | 3 以下 | |
| | 初期圧力損失 | Pa | 60 以下（2.5m/s 時） | |
| | 試験終了圧力損失 | Pa | 90 以下（2.5m/s 時） | |
| | 初期粒子捕集率 | % | JIS Coarse25 以上（2.5m/s 時） | |
| | 試験粉じん保持量 | g/m² | 200 以上（2.5m/s 時） | |
| | 質　量 | kg | | |
| | 寸法・数量 | mm・個 | ×　×　個 | ×　×　個 |
| | | | ×　×　個 | ×　×　個 |
| | | | ×　×　個 | ×　×　個 |
| | 予備ろ材 | mm・個 | ×　×　個 | ×　×　個 |
| | | | ×　×　個 | ×　×　個 |
| | | | ×　×　個 | ×　×　個 |

注　JIS B 9908-1、JIS B 9908-2、JIS B 9908-3 及び JIS B 9908-4 による

備考

コンパクト形空気調和機用

電気集じん器（パネル形）　仕様表

設計記号 _____ 　　台数 _____

製造者形式 _____ 　　製造者名 _____

| 項　目 | | 単位等 | 設計仕様 | 製造仕様 |
|---|---|---|---|---|
| 処理風量 | | m³/h | | |
| 面風速 | | m/s | | |
| アフターフィルター | 初期圧力損失 | Pa | 120 以下　（2.5m/s 時） | |
| | 試験終了圧力損失 | Pa | 200 以下　（2.5m/s 時） | |
| | 初期粒子捕集率 | % | JIS Coarse50 以上（2.5m/s 時） | |
| | 試験粉じん保持量 | g/㎡ | 500 以上 | |
| 装置の平均粒子捕集率 | | % | 0.5～1.0μm 粒子 90 以上<br>（2.5m/s 時） | |
| 電　源 | | φ、V、Hz | | |
| 消費電力 | | kW | | |
| 質　量 | | kg | | |
| 注　適用測定法　　アフターフィルター　JIS B 9908-1 第 1 部及び JIS B 9908-3 第 3 部<br>　　　　　　　　　装置全体　　　　　JIS B 9908-5 第 5 部 | | | | |
| 備考 | | | | |

〇印のもの及び無印のものにより製作し、・印のものは適用しない。

使用しない単位・項目は、横線で消し、製造仕様欄には明細を記載する。

製造者名＿＿＿＿＿＿＿＿＿＿＿＿＿

| 項　目 | 設計仕様 | 製造仕様 |
|---|---|---|
| ケーシング　★ | サンドイッチ構造<br>外装材質　溶融アルミニウムー亜鉛鉄板<br>厚さ　0.6mm 以上、内外面合計厚さ 1.2mm 以上 | |
| | 骨組み材質<br>・形鋼　・軽量形鋼　・ステンレス折曲げ角材<br>・アルミニウム押出形材 | |
| | 点検口　　　　　　　　　　　　　・有　・無<br>　・各セクション（ファン及びコイル）に、幅 300mm<br>　　以上、高さ 500mm 以上の点検口<br>　・兼用：同一の点検口で各部の点検が可能<br>　・省略：ケーシングが容易に開閉又は取外し可能<br>調和空気に触れる点検口の戸は、断熱戸とする | |
| | のぞき窓及び加湿状態点検用ランプ（操作スイッチ、<br>配線を含む）（加湿器が噴霧式の場合）<br>材質〔・ガラス　・アクリル　・その他〕 | |
| コイル　★ | フィン形状　・フラット形　・ウェーブ形<br>　　　　　　・スリット形　・ルーバー形 | |
| | フィンの材質　・アルミニウム板（AL 成分 99％以上）<br>　　　　　　　・アルミニウム箔（AL 成分 99％以上）<br>フィンの板厚　0.1mm 以上<br>フィンの耐食表面処理<br>　・アクリル系樹脂被膜<br>　・エポキシ系樹脂被膜<br>　・その他 | |
| | 管の材質　JIS H 3300（銅及び銅合金の継目無管）の<br>　　　　　　C1100、C1201、C1220<br>管の肉厚　0.35mm 以上（蒸気の場合は 0.5mm 以上） | |
| | 水用コイルのヘッダー<br>・JIS H 3300（銅及び銅合金の継目無管）<br>・JIS G 5501（ねずみ鋳鉄品） | |

［令和 4 年版］

| 項　目 | 設計仕様 | 製造仕様 |
|---|---|---|
| コイル　　★ | 蒸気用コイルのヘッダー<br>・JIS G 3452（配管用炭素鋼鋼管）<br>・JIS G 3454（圧力配管用炭素鋼鋼管）<br>・JIS G 3444（一般構造用炭素鋼鋼管）<br>・JIS G 5501（ねずみ鋳鉄品）<br>・JIS H 3300（銅及び銅合金の継目無管） | |
| | 水用コイル通過面風速　　2.5m/s 以下<br>水用コイル管内流速　　　2.0m/s 以下 | |
| | 手動エア抜弁（青銅製）　　　　　　　　・有　・無 | |
| 加湿器　　★ | 加湿方式<br>・蒸気噴霧式　・水気化式 | |
| | ・蒸気噴霧式<br>　・JIS G 3448（一般配管用ステンレス鋼鋼管）<br>　・JIS G 3459（配管用ステンレス鋼鋼管）<br>　・二重構造　・凝縮水の飛散防止機能付き<br>・水気化式<br>滴下式とし、エレメント、定流量装置、電磁弁、ストレーナ、給水ヘッダー、ケーシング（ステンレス鋼板（SUS304））等により構成され、エレメントは難燃性又は不燃性とし、自浄機能を有し、取外して洗浄可能な構造 | |
| ドレンパン　★ | ステンレス鋼板（SUS304 又は SUS443J1）（厚さ 1.5mm 以上）<br>排水管接続口　呼び径 32 以上 | |

［令和 4 年版］

158

| 項　目 | 設計仕様 | 製造仕様 |
|---|---|---|
| 送風機　　　★ | 羽根形状〔・多翼形　・後向き羽根形〕<br>・手動式風量調整機構（開度指示付）：インバーター制<br>　御の場合は除く<br>・自動式風量調整機構<br>軸受け　　　　　　　　　　　　　　　　　・有　・無<br>　潤滑油の補充ができる構造<br>主軸の材質<br>　・JIS G 4051(機械構造用炭素鋼鋼材)のS30C 以上<br>羽根車及びケーシングの材質<br>　・鋼板（防錆処理）　・<br>　・溶融アルミニウム－亜鉛鉄板<br>　・アルミニウム材<br>　・その他<br>吐出口の風速<br><br>設計風量(m³/h)　　　　　　　吐出口風速(m/s)<br>・10,000 以下　　　　　　　　15 以下<br>・10,000 を超え 20,000 以下　　16 以下<br>・20,000 を超え 30,000 以下　　17 以下 | |
| 誘導電動機の<br>規格及び<br>保護方式　　★ | ・「標準仕様書」各編で指定された機器<br>・特記により指定された機器<br>・製造者の標準仕様 | |
| | (1) 誘導電動機の規格<br>　・100V、200V 単相誘導電動機 JIS C 4203<br>　・200V、400V 三相誘導電動機<br>　　　（・JIS C 4210　・JIS C 4212<br>　　　　・JIS C 4213 (0.75kW 以上))<br>　・3kV　　　　三相誘導電動機<br>　　　（・JEM 1380(寸法)<br>　　　　・JEM 1381(特性及び騒音レベル))<br>　・6kV　　　　三相誘導電動機　製造者規格標準品<br>　・JIS に準ずるもの | |

［令和 4 年版］

| 項　目 | 設計仕様 | 製造仕様 |
|---|---|---|
| 誘導電動機の<br>規格及び<br>保護方式　★ | (2) 誘導電動機の保護方式　JIS C 4034-5<br>　屋外　・IP 44（全閉防まつ形）<br>　　　　・IP 22（防滴保護形）<br>　　　　（ただし、防水上有効な構造のケーシングに<br>　　　　　納められた場合）<br>　屋内　・IP 44（全閉防まつ形）<br>　　　　・IP 22（防滴保護形）<br>　屋外設置（ケーシング　・有　・無） | |
| 誘導電動機の<br>始動方式　★ | 200V・400V 三相誘導電動機<br>（ユニット等複数台の電動機を使用する機器の電動機<br>　の出力は、同時に運転する電動機の合計出力とす<br>　る。）<br>・11kW 未満（直入始動）<br>・11kW 以上<br>　・入力 4.8kVA/kW 未満（始動装置不要）<br>　・入力 4.8kVA/kW 以上<br>　　・スターデルタ　　　　　・順次直入<br>　　・パートワインディング　・その他<br>　・スターデルタ始動器の使用できる構造<br>　　（機器に制御盤及び操作盤が附属しない場合）<br>・その他（特記　・有　・無） | （合計出力　　　　kW）<br><br>最終始動時入力(kVA)<br>――――――――――＝<br>電動機出力(kW) |
| 保　温　★ | サンドイッチ構造のケーシングの心材<br>・硬質ウレタンフォーム（発泡密度 35kg/m³ 以上、厚さ<br>　18mm 以上） | |
| | ドレンパンの外面<br>・JIS A 9504（人造鉱物繊維保温材）のグラスウール保<br>　温板（40K 以上厚さ 15mm 以上）<br>　・外面：JIS R 3414 ガラスクロス（EP18）<br>　・外面：難燃性材料で表面処理＋鋲・接着剤<br>・難燃性の発泡材（厚さ 10mm 以上） | |
| 塗　装 | 製造者の標準仕様の明細を記入 | |

| 項　目 | 設計仕様 | 製造仕様 |
|---|---|---|
| たわみ継手　★ | ファンセクションとコイルセクションの接続に使用する場合<br>材料　繊維系クロス片面アルミ箔貼で不燃性を有する<br>構造　繊維系クロスを二重にした構造で、内部に<br>　　　　〔・ピアノ線　・その他〕を挿入する等の変形<br>　　　　抑制措置を施したもの | |
| 附属品　★ | (ｱ) 保護金網<br>　　　（吸込側にダクトを接続する場合は不要）<br>　　　　　　　　　　　　　　　・有　・無　　1組<br>(ｲ) 配管接続用フランジ（呼び径65以上）又は<br>　　　配管接続用アダプタ（呼び径50以下）　　一式<br>(ｳ) 送風機吐出側相フランジ　　　　　　　　一式<br>(ｴ) 加湿状態点検用ランプ（噴霧式の場合）<br>　　　　　　　　　　　　　　　・有　・無　　一式<br>(ｵ) 銘板* | |
| 特記仕様 | 照合表以外の要求事項を記載 | |
| 後日提出する<br>図書 | 完成図　　　　　　　　　　　　　　　　　　部<br>取扱説明図　　　　　　　　　　　　　　　　部<br>試験成績書　　　　　　　　　　　　　　　　部 | |
| 備考 | | |

○印のもの及び無印のものにより製作し、・印のものは適用しない。

使用しない単位・項目は、横線で消し、製造仕様欄には明細を記載する。

［令和4年版］

製造者名 _____

| 項　目 | 設計仕様 | 製造仕様 |
|---|---|---|
| ケーシング　★ | サンドイッチ構造<br>外装材質　溶融アルミニウムー亜鉛鉄板<br>厚さ　片面 0.5mm 以上、内外面合計厚さ 1.0mm 以上 | |
| | 骨組み材質<br>・形鋼　・軽量形鋼　・外装を折り曲げたもの<br>・ステンレス折曲げ角材　・アルミニウム押出形材 | |
| | 点検口　　　　　　　　　　　　　　　・有　・無<br>　・各部の点検口<br>　・省略：ケーシングが容易に開閉又は取外し可能 | |
| コイル　★ | フィン形状　・フラット形　・ウェーブ形<br>　　　　　　・スリット形　・ルーバー形 | |
| | フィンの材質　・アルミニウム板（AL 成分 99% 以上）<br>　　　　　　・アルミニウム箔（AL 成分 99% 以上）<br>フィンの耐食表面処理　・アクリル系樹脂被膜<br>　　　　　　・エポキシ系樹脂被膜　・その他 | |
| | 管の材質　JIS H 3300（銅及び銅合金の継目無管）の<br>　　　　　　C1100、C1201、C1220<br>管の肉厚　0.35mm 以上 | |
| | 水用コイルのヘッダー<br>・JIS H 3300（銅及び銅合金の継目無管）<br>・JIS G 5501（ねずみ鋳鉄品） | |
| | 蒸気用コイルのヘッダー<br>・JIS G 3452（配管用炭素鋼鋼管）<br>・JIS G 3454（圧力配管用炭素鋼鋼管）<br>・JIS G 3444（一般構造用炭素鋼鋼管）<br>・JIS G 5501（ねずみ鋳鉄品）<br>・JIS H 3300（銅及び銅合金の継目無管） | |
| | 水用コイル通過面風速　　3.0m/s 以下<br>水用コイル管内流速　　　2.0m/s 以下 | |
| | 手動エア抜弁（青銅製）　　　　　　　・有　・無 | |

［令和 4 年版］

| 項　目 | 設計仕様 | 製造仕様 |
|---|---|---|
| 加湿器　　★ | 加湿方式<br>　・蒸気噴霧式　　・水気化式 | |
| | 蒸気噴霧式<br>　・JIS G 3448(一般配管用ステンレス鋼鋼管)<br>　・JIS G 3459(配管用ステンレス鋼鋼管)<br>　・二重構造　　・凝縮水の飛散防止機能付き<br>水気化式<br>　滴下式とし、エレメント、定流量装置、電磁弁、ストレーナ、給水ヘッダー、ケーシング（ステンレス鋼板(SUS304)）等により構成され、エレメントは難燃性又は不燃性とし、自浄機能を有し、取外して洗浄可能な構造 | |
| ドレンパン　　★ | ステンレス鋼板(SUS304 又は SUS443J1)（厚さ 0.8mm 以上)<br>排水管接続口　呼び径 25 以上 | |
| 送風機　　★ | 羽根形状〔・多翼形　・後向き羽根形〕<br>・手動式風量調整機構（開度指示付）：インバーター制御の場合は除く<br>・自動式風量調整機構<br>軸受け　　　　　　　　　　　　　　・有　・無<br>　潤滑油の補充ができる構造<br>主軸の材質<br>　・JIS G 4051(機械構造用炭素鋼鋼材)の S30C 以上<br>羽根車及びケーシングの材質<br>　・鋼板（防錆処理）<br>　・溶融アルミニウムー亜鉛鉄板<br>　・アルミニウム材<br>　・その他<br>吐出口の風速　20m/s 以下 | |

［令和 4 年版］

163

| 項　目 | 設計仕様 | 製造仕様 |
|---|---|---|
| 誘導電動機の<br>規格及び<br>保護方式　　★ | ・「標準仕様書」各編で指定された機器<br>・特記により指定された機器<br>・製造者の標準仕様 | |
| | (1) 誘導電動機の規格<br>　・100V、200V 単相誘導電動機　JIS C 4203<br>　・200V、400V 三相誘導電動機<br>　　　（・JIS C 4210　・JIS C 4212<br>　　　　・JIS C 4213（0.75kW 以上））<br>　・3kV　　　　　三相誘導電動機<br>　　　（・JEM 1380（寸法）<br>　　　　・JEM 1381（特性及び騒音レベル））<br>　・6kV　　　　　三相誘導電動機　製造者規格標準品<br>　　・JIS に準ずるもの<br>(2) 誘導電動機の保護方式　JIS C 4034-5<br>　屋外　・IP 44（全閉防まつ形）<br>　　　　・IP 22（防滴保護形）<br>　　　　（ただし、防水上有効な構造のケーシングに<br>　　　　　納められた場合）<br>　屋内　・IP 44（全閉防まつ形）<br>　　　　・IP 22（防滴保護形）<br>　屋外設置（ケーシング　・有　・無） | |
| 誘導電動機の<br>始動方式　　★ | 200V・400V 三相誘導電動機<br>（ユニット等複数台の電動機を使用する機器の電動機<br>　の出力は、同時に運転する電動機の合計出力とす<br>　る。）<br>・11kW 未満（直入始動）<br>・11kW 以上<br>　・入力 4.8kVA/kW 未満（始動装置不要）<br>　・入力 4.8kVA/kW 以上<br>　　・スターデルタ　　　　　・順次直入<br>　　・パートワインディング　・その他<br>　・スターデルタ始動器の使用できる構造<br>　　（機器に制御盤及び操作盤が附属しない場合）<br>・その他（特記　・有　・無） | （合計出力　　　　　kW）<br><br><br>最終始動時入力（kVA）<br>――――――――――　＝<br>電動機出力（kW） |

［令和4年版］

| 項　目 | 設計仕様 | 製造仕様 |
|---|---|---|
| エアフィルター★ | メインフィルター<br>・折込み形エアフィルター（薄形・中性能、高性能）<br>・電気集じん器（パネル形）<br>プレフィルター<br>・折込み形エアフィルター用プレフィルター<br>　初期粒子捕集率は 2.5m/s において JIS Coarse25%<br>　以上、試験粉じん保持量は 200g/㎡ 以上とする。<br>　通過面風速は、3.0m/s 以下とする。<br>・電気集じん器用プレフィルター<br>　製造者の標準仕様 | |
| 保　温　　★ | サンドイッチ構造のケーシングの心材<br>・硬質ウレタンフォーム（発泡密度 35kg/㎥ 以上、厚さ<br>　14mm 以上） | |
| | ドレンパンの外面<br>・JIS A 9504（人造鉱物繊維保温材）のグラスウール保<br>　温板（40K 以上厚さ 15mm 以上）<br>　・外面：JIS R 3414（ガラスクロス）の（EP18）<br>　・外面：難燃性材料で表面処理＋鋲・接着剤<br>・難燃性の発泡材（厚さ 10mm 以上） | |
| 塗　装 | 製造者の標準仕様の明細を記入 | |
| 制御及び操作盤<br>製造者標準品<br>各編又は特記に<br>より指定された<br>機器　　　★<br>機器名<br>〔　　　〕 | 電気事業法　　　　　　　　　　　　　　　　　適用<br>電気設備に関する技術基準を定める省令　　　　適用<br>電気用品安全法　　　　　　　　　　　　　　　適用<br>・仕様書適用（特記　・有　・無）<br>・製造者の標準附属盤内に収納する<br>・特記（・屋内用　・屋外用）<br>・インバーター用制御盤（製造者の標準仕様）<br>　　　　　　　　　　　　　　　　　・有　・無 | 収納場所（　　　　　） |

［令和 4 年版］

165

| 項　　目 | 設計仕様 | 製造仕様 |
|---|---|---|
| 制御及び<br>操作盤<br>製造者標準品<br>各編又は特記に<br>より指定された<br>機器　　　★<br>機器名<br>〔　　　　〕 | (1) 過負荷及び欠相保護装置<br>　過負荷保護装置<br>　・必要（・電動機ごと）<br>　・不要<br>　　・0.2kW 以下の電動機回路及び過電流遮断器の定格<br>　　　電流が 15A（配線用遮断器の場合は 20A）以下の<br>　　　単相電動機回路<br>　欠相保護装置<br>　・必要（・電動機ごと　・一括）<br>　・不要<br>　　・0.2kW 以下の電動機回路及び過電流遮断器の定<br>　　　格電流が 15A（配線用遮断器の場合は 20A）以下<br>　　　の単相電動機回路<br>　　・1 ユニットの装置で電動機自体に有効な保護<br>　　　サーモ等の焼損防止装置がある場合 | <br><br><br><br>（容量　　　　A）<br><br><br><br><br><br><br>（容量　　　　A）<br><br><br>焼損防止装置（　　　　） |
| | (2) 表示等<br>　・電源表示（・白　　・製造者標準色）<br>　・運転表示（・赤　　・製造者標準色）<br>　・停止表示（・緑　　・製造者標準色）<br>　　　異常停止表示　　　　・有　・無　・省略　・記載<br>　表示の光源は、原則として発光ダイオード | 無しの場合理由を記入 |
| | (3) 接点及び端子<br>　・インターロック用端子　　　　　　　　　・有<br>　・遠方発停用端子　　　　　　　　　　　　・有<br>　・運転状態表示用接点及び端子　　　　　　・有<br>　・故障状態表示用接点及び端子　　　　　　・有 | 無しの場合理由を記入 |
| 附属品　　　★ | (ア) 保護金網<br>　　（吸込側にダクトを接続する場合は不要）<br>　　　　　　　　　　　　　・有　・無　1組<br>(イ) 配管接続用フランジ（呼び径 65 以上）又は<br>　　配管接続用アダプタ（呼び径 50 以下）　　一式<br>(ウ) 送風機吐出側相フランジ　　　　　　　　一式<br>(エ) 銘板*　　　　　　　　　　　　　　　　一式 | |

［令和 4 年版］

| 項　目 | 設計仕様 | 製造仕様 |
|---|---|---|
| 特記仕様 | 照合表以外の要求事項を記載 | |
| 後日提出する 図書 | 完成図　　　　　　　　　　　　　　　部<br>取扱説明図　　　　　　　　　　　　　部<br>試験成績書　　　　　　　　　　　　　部 | |
| 備考 | | |

○印のもの及び無印のものにより製作し、・印のものは適用しない。

使用しない単位・項目は、横線で消し、製造仕様欄には明細を記載する。

［令和元年版］

・パネル形エアフィルター　　・折込み形エアフィルター（薄形）

製造者名　＿＿＿＿＿＿＿＿＿＿＿＿＿＿＿＿

| 項　目 | | 設計仕様 | 製造仕様 |
|---|---|---|---|
| パネル形エアフィルター | ろ材ユニット ★ | 方式<br>・再生式　・非再生式<br>・交換形（特記　・有　・無） | |
| | | 外枠材質<br>・鋼板（防錆処理）<br>・アルミニウム板<br>・アルミニウム押出形材 | 材質：試験データ等を添付 |
| | | 寸法　　　　mm　×　　　mm | |
| | | 特性<br>(ｱ) 難燃性であること<br>(ｲ) 吸湿性の少ないこと<br>(ｳ) 腐敗及びかびの発生が目視されないこと | |
| | 取付枠　　★ | 材質<br>・鋼板（防錆処理）<br>・溶融アルミニウム－亜鉛鉄板 | |
| 折込み形エアフィルター（薄形） | ろ材ユニット ★ | 形式〔・中性能　・高性能〕 | |
| | | 方式<br>・非再生式<br>・交換形（特記　・有　・無） | |
| | | 外枠材質<br>・鋼板（防錆処理）<br>・アルミニウム板<br>・アルミニウム押出形材<br>・普通合板(JAS の難燃規格適合品)<br>・合成樹脂(JIS C 60695-11-10) | 材質：試験データ等を添付 |
| | | 特性<br>(ｱ) 難燃性であること<br>(ｲ) 吸湿性の少ないこと<br>(ｳ) 腐敗及びかびの発生が目視されないこと | |
| | 取付枠　　★ | 材質<br>・鋼板（防錆処理）<br>・溶融アルミニウム－亜鉛鉄板 | |

［令和 4 年版］

・パネル形エアフィルター　　・折込み形エアフィルター（薄形）

| 項　目 | 設計仕様 | 製造仕様 |
|---|---|---|
| 特記仕様 | 照合表以外の要求事項を記載 | |
| 後日提出する図書 | 完成図　　　　　　　　　　　　　　　部<br>取扱説明書　　　　　　　　　　　　　部<br>試験成績書　　　　　　　　　　　　　部 | |
| 備考 | | |

○印のもの及び無印のものにより製作し、・印のものは適用しない。

使用しない単位・項目は、横線で消し、製造仕様欄には明細を記載する。

［令和4年版］

製造者名 _____

| 項　目 | 設計仕様 | 製造者仕様 |
|---|---|---|
| 一般事項　　★ | 荷電部で帯電したじん埃粒子を集じん部で有効に付着、凝集拡大した後、アフターフィルターにより捕集する構造<br><br><br><br>保守点検ドア用安全スイッチ（表示灯付）<br>　　　　　　　　　　　　　　　　　　　　　・有<br>残留電荷放電装置　　　　　　　　　　　　・有<br>安全スイッチ（表示灯付）の保護金網<br>（吸込側にダクトを接続しない場合）　　　・有 | |
| 荷電部　　　★ | 高電圧に荷電された放電線により電離領域を形成し、じん埃粒子を陽イオンに帯電させる構造 | |
| 集じん部　　★ | 極板間に高電圧電界を形成させ、じん埃粒子を接地極板に付着させるもの。（高電圧電源部には自動復帰式の短絡保護装置を設ける） | |
| アフターフィルター<br>（パネル）　★ | ろ材の方式　・再生式　・非再生式<br>ろ材の特性<br>(ｱ) 難燃性であること<br>(ｲ) 吸湿性の少ないこと<br>(ｳ) 腐敗及びかびの発生が目視されないこと | 材質：<br>試験データ等を添付 |
| プレフィルター★ | 荷電部の入口に設け、粗じんを捕集するもの<br>製造者の標準仕様の明細を記入 | |
| ケーシング　　★ | ・亜鉛鉄板　・電気亜鉛鉄板<br>・溶融アルミニウム－亜鉛鉄板 | |

| 項　　目 | 設計仕様 | 製造仕様 |
|---|---|---|
| 制御及び操作盤<br>各編又は特記に<br>より指定された<br>機器　　　★<br>機器名<br>〔　　　〕 | 電気事業法　　　　　　　　　　　　　　　　適用<br>電気設備に関する技術基準を定める省令　　適用<br>電気用品安全法　　　　　　　　　　　　　適用 | |
| | ・製造者の標準附属盤内に収納する<br>・特記（・屋内用　・屋外用） | 収納場所（　　　　　） |
| | (1) 表示等<br>　・電源表示（・白　・製造者標準色）<br>　・荷電表示　　　　　　　　　　　　　　・有<br>　・異常表示　　　　　　　　　　　　　　・有<br>　表示の光源は、原則として発光ダイオード | 無しの場合理由を記入 |
| | (2) 接点及び端子<br>　・空気調和機連動用接点及び端子　　　　・有<br>　・故障状態表示用接点及び端子　　　　　・有 | 無しの場合理由を記入 |
| 塗　　装 | 製造者の標準仕様の明細を記入 | |
| 特記仕様 | 照合表以外の要求事項を記載 | |
| 後日提出する図書 | 完成図　　　　　　　　　　　　　　　　　　部<br>取扱説明書　　　　　　　　　　　　　　　　部<br>試験成績書　　　　　　　　　　　　　　　　部 | |
| 備考 | | |

〇印のもの及び無印のものにより製作し、・印のものは適用しない。

使用しない単位・項目は、横線で消し、製造仕様欄には明細を記載する。

［令和4年版］

171

試験成績書

・ユニット形空気調和機　・コンパクト形空気調和機

(記号　　　　　　　　　)

工事件名 _____　　試験日　　令和　　年　　月　　日

_____　　製造者名 _____

製造者形式 _____

製造番号 _____

|  |  |  |
|---|---|---|
|  |  |  |

試験結果

<table>
<tr><th colspan="2">試験項目</th><th></th><th>設計仕様</th><th>判定基準</th><th>測定値</th><th>判定</th><th>適用</th></tr>
<tr><td rowspan="5">冷却能力</td><td>入口乾球温度</td><td>DB℃</td><td></td><td></td><td></td><td></td><td></td></tr>
<tr><td>入口湿球温度</td><td>WB℃</td><td></td><td></td><td></td><td></td><td></td></tr>
<tr><td>冷水入口温度</td><td>℃</td><td></td><td></td><td></td><td></td><td></td></tr>
<tr><td>冷水量</td><td>L/min</td><td></td><td></td><td></td><td></td><td></td></tr>
<tr><td>冷却能力</td><td>kW</td><td></td><td>仕様値以上</td><td></td><td></td><td></td></tr>
<tr><td rowspan="4">加熱能力</td><td>入口乾球温度</td><td>DB℃</td><td></td><td></td><td></td><td></td><td></td></tr>
<tr><td>温水入口温度</td><td>℃</td><td></td><td></td><td></td><td></td><td></td></tr>
<tr><td>温水量</td><td>L/min</td><td></td><td></td><td></td><td></td><td></td></tr>
<tr><td>加熱能力</td><td>kW</td><td></td><td>仕様値以上</td><td></td><td></td><td></td></tr>
<tr><td colspan="2">風　量</td><td>m³/h</td><td></td><td>仕様値以上</td><td></td><td></td><td></td></tr>
<tr><td colspan="2">機外静圧</td><td>Pa</td><td></td><td>仕様値以上</td><td></td><td></td><td></td></tr>
<tr><td colspan="2">電　源</td><td>φ、V、Hz</td><td></td><td></td><td></td><td></td><td></td></tr>
<tr><td colspan="2">電　流</td><td>A</td><td></td><td></td><td></td><td></td><td></td></tr>
<tr><td colspan="2">電動機定格出力</td><td>kW</td><td></td><td>仕様値以下</td><td></td><td></td><td></td></tr>
<tr><td colspan="2">振動　ユニット形（コンパクト形）</td><td>μm</td><td>15(10)</td><td>仕様値以下</td><td></td><td></td><td></td></tr>
<tr><td colspan="2">騒　音</td><td>dB(A)</td><td colspan="2">測定値を記入する</td><td></td><td></td><td></td></tr>
<tr><td colspan="8">備考</td></tr>
</table>

172

・ユニット形空気調和機（潜熱・顕熱分離形）　・コンパクト形空気調和機（潜熱・顕熱分離形）
（記号　　　　　　　　　　　）

工事件名 _____

試験日　　　令和　　年　　月　　日

製造者名 _____

製造者形式 _____

製造番号 _____

| | | |
|---|---|---|
| | | |
| | | |

試験結果

| 試験項目 | | | | 設計仕様 | 判定基準 | 測定値 | 判定 | 適用 |
|---|---|---|---|---|---|---|---|---|
| 潜熱（外気負荷用）コイル | 冷却能力 | 入口乾球温度 | DB℃ | | | | | |
| | | 入口湿球温度 | WB℃ | | | | | |
| | | 冷水入口温度 | ℃ | | | | | |
| | | 冷水量 | L/min | | | | | |
| | | 冷却能力 | kW | | 仕様値以上 | | | |
| | 加熱能力 | 入口乾球温度 | DB℃ | | | | | |
| | | 温水入口温度 | ℃ | | | | | |
| | | 温水量 | L/min | | | | | |
| | | 加熱能力 | kW | | 仕様値以上 | | | |
| 顕熱（室内負荷用）コイル | 冷却能力 | 入口乾球温度 | DB℃ | | | | | |
| | | 入口湿球温度 | WB℃ | | | | | |
| | | 冷水入口温度 | ℃ | | | | | |
| | | 冷水量 | L/min | | | | | |
| | | 冷却能力 | kW | | 仕様値以上 | | | |
| | 加熱能力 | 入口乾球温度 | DB℃ | | | | | |
| | | 温水入口温度 | ℃ | | | | | |
| | | 温水量 | L/min | | | | | |
| | | 加熱能力 | kW | | 仕様値以上 | | | |
| 送風量 | | | m³/h | | | | | |
| 還気風量 | | | m³/h | | | | | |
| 外気風量 | | | m³/h | | | | | |
| 機外静圧 | 送風機 | | Pa | | 仕様値以上 | | | |
| | 還風機 | | Pa | | 仕様値以上 | | | |

・ユニット形空気調和機（潜熱・顕熱分離形）　・コンパクト形空気調和機（潜熱・顕熱分離形）

| 試験項目 | | 設計仕様 | 判定基準 | 測定値 | 判定 | 適用 |
|---|---|---|---|---|---|---|
| 電　源　　　　　　　φ、V、Hz | | | | | | |
| 電　流　　　　　　　　　　A | | | | | | |
| 電動機定格出力 | 送風機　　　kW | | 仕様値以下 | | | |
| | 還風機　　　kW | | 仕様値以下 | | | |
| 振動ユニット形（コンパクト形）　μm | | 15(10) | 仕様値以下 | | | |
| 騒　音　　　　　　　dB(A) | | 測定値を記入する | | | | |

備考

騒音・振動　試験成績表

・ユニット形空気調和機用　・コンパクト形空気調和機用

形式 _____　　製造者名 _____

形式試験製造番号 _____　　作成年月日 _____

測定位置図（騒音測定位置は①～、振動測定位置は⑪～で示す。）

ユニット形・コンパクト形　空気調和機　騒音、振動　測定位置の例

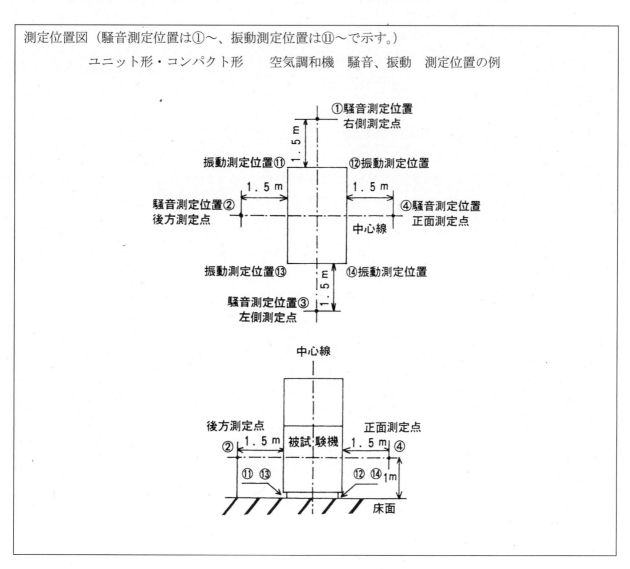

単位：dB(A)

| 騒音試験結果 | 測定位置 | ① | ② | ③ | ④ | | | | | 暗騒音 |
|---|---|---|---|---|---|---|---|---|---|---|
| | 社内試験 | | | | | | | | | |
| | 規定値 | | | | | | | | | |

単位：μm

| 振動試験結果 | 測定位置 | ⑪ | ⑫ | ⑬ | ⑭ | | | | | |
|---|---|---|---|---|---|---|---|---|---|---|
| | 社内試験 | | | | | | | | | |
| | 規定値 | ユニット形15μm以下　　コンパクト形10μm以下とする | | | | | | | | |

175

作成要領注意事項

・デシカント空気調和機　　　　［標準仕様書P153〜154］

1．表　　　紙　　承諾図表紙の様式により、宛名・工事件名・作成年月・社名を記載する。

2．仕　様　表　　承諾図仕様表の様式により当該事項を記載する。
　　　　　　　　　仕様表、外形図に記載していない項目を記載する。

3．照　合　表　　承諾図照合表の様式により当該事項を記載する。

4．製　作　図　面

　　外　形　図　　図面は機器の外観・外形寸法及び基礎ボルト用穴の位置・径を記載する。
　　　　　　　　　また、部品名は原則として「標準仕様書」の用語を用いることとし、仕
　　　　　　　　　様表と重複している項目は記載しなくてもよい。

　　内部構造図　　機内構成部品図は実線で表現し内容が理解できるものでもよい。

　　部　品　図　　加湿器、フィルター等

5．資　料　—1　共通事項における承諾図作成要領の項による資料を添付する。

　　性能能力線図　線図内に風量・静圧及び軸動力の仕様点を表現し設計値を記載する。

　　騒　　　音　　騒音レベルdB(A)にて、測定点位置及び測定方法を記載する。
　　　　　　　　　必要に応じ周波数特性（NC曲線）を添付する。

　　振　　　動　　製造者定格条件に於ける機器本体の架台部の振幅を記載する。

　　コイル計算書　計算書式は製造者様式による。

6．資　料　—2　施工上の注意事項等を参考資料として添付する。
　　　　　　　　　耐震計算書を添付する。
　　　　　　　　　附属品・予備品の内訳、施工上の注意事項等を記載する。

7．銘板記載事項　共通事項における承諾図作成要領の項による当該事項を記載する。

　　　　(1)製　造　者　名　　　　　　　　　製造者の標準名称による。
　　　　(2)形　式　品　番　　　　　　　　　製造者の形式名称とする。
　　　　(3)製造年月又は年　　　　　　　　　西暦を記載する。
　　　　(4)製　造　番　号　　　　　　　　　製造者の標準による。
　　　　(5)風　　　　　量　　m³/h　　　　　設計値を記載する。
　　　　(6)機　外　静　圧　　Pa　　　　　　設計値を記載する。
　　　　(7)冷　却　能　力　　kW　　　　　　設計値を記載する。
　　　　(8)加　熱　能　力　　kW　　　　　　設計値を記載する。
　　　　(9)デシカントローター　%　　　　　設計値を記載する。
　　　　　　効　　　率
　　　　(10)入口空気温湿度　　℃　　　　　 設計値を記載する。(DB／WB)
　　　　(11)出口空気温湿度　　℃　　　　　 製造者値を記載する。(DB／WB)
　　　　(12)冷　温　水　量　　L/min　　　　設計値を記載する。

| (13)冷温水入口温度 | ℃ | 設計値を記載する。 |
| (14)蒸　気　量 | kg/h | 蒸気コイルの場合の設計値を記載する。 |
| (15)蒸　気　圧　力 | MPa | 蒸気コイルの場合の設計値を記載する。 |
| (16)再　生　熱　温　度 | ℃ | 設定値を記載する。 |
| (17)加湿蒸気圧力 | MPa | 蒸気加湿の場合の設計値を記載する。 |
| (18)有　効　加　湿　量 | kg/h | 設計値を記載する。 |
| (19)冷温水損失水頭 | kPa | 設計水量に基づく製造者値を記載する。 |
| (20)コイル通過面風速 | m/s | 設計風量に基づく製造者値を記載する。 |
| (21)送風機回転数 | min⁻¹ | 製造者値を記載する。 |
| (22)電　　　源 | φ、V、Hz | 「φ」「相」いずれでもよい。 |
| (23)電　動　機　出　力 | kW | 送風機用電動機出力を記載する。 |

設計記号 ＿＿＿＿＿＿＿　台数 ＿＿＿＿＿

製造者形式 ＿＿＿＿＿＿＿＿＿＿＿＿＿＿　製造者名 ＿＿＿＿＿＿＿＿＿＿＿＿＿

デシカント〔・立形　・横形〕　　送風機〔・給気用送風機組込形　・排気用送風機組込形〕
コイル　〔・冷水　・温水　・冷温水〕

| 項　目 | | 単位等 | 設計仕様 | 製造仕様 |
|---|---|---|---|---|
| 風　量 | 外気量 | m³/h | | |
| | 排気量 | m³/h | | |
| 機外静圧 | 外気用 | Pa | | |
| | 排気用 | Pa | | |
| 再生熱コイル | 加熱能力 | 再生熱 | kW | | |
| | | 再生熱利用熱量 | kW | | |
| | 水　量 | 再生熱 | L/min | | |
| | 蒸　気 | 蒸気量 | kg/h | | |
| | 損失水頭 | 温水 | kPa | | |
| | | 蒸気 | kPa | | |
| | 水　用 | 再生熱の温度 | ℃ | | |
| | 蒸　気 | 蒸気圧力 | MPa | | |
| 予冷・予熱コイル | 冷却能力 | 予冷 | kW | | |
| | 加熱能力 | 予熱 | kW | | |
| | 水　量 | 予冷 | L/min | | |
| | | 予熱 | L/min | | |
| | 損失水頭 | 予冷 | kPa | | |
| | | 予熱 | kPa | | |
| | 水　用 | 冷水入口温度 | ℃ | | |
| | | 温水入口温度 | ℃ | | |
| 加湿器 | 蒸気噴霧式 | 蒸気圧力 | MPa | | |
| | | 蒸気量 | kg/h | | |
| | 水気化式 | 給水量 | L/min | | |
| | | 有効加湿量 | kg/h | | |
| | | 電磁弁 | 単相、V、Hz | | |
| | | | W | | |

| 項　目 | | | 単位等 | 設計仕様 | 製造仕様 |
|---|---|---|---|---|---|
| デシカントローター 必要効率（潜熱） | 冷房 | | ％ | 55≧ | |
| | 暖房 | | ％ | 25 | |
| 空気温度条件 | 再生熱 | 入口 再生コイル | DB℃ | | |
| | | 出口 再生コイル | DB℃ | | |
| | 予冷時 | 入口 冷温水コイル | DB℃／WB℃ | | |
| | | 出口 冷温水コイル | DB℃／WB℃ | | |
| | 予熱時 | 入口 冷温水コイル | DB℃／WB℃ | | |
| | | 出口 冷温水コイル | DB℃／WB℃ | | |
| | 冷房時 | 入口 デシカントローター | DB℃／WB℃ | | |
| | | 出口 デシカントローター | DB℃／WB℃ | | |
| | 暖房時 | 入口 顕熱コイル | DB℃／WB℃ | | |
| | | 出口 潜熱コイル | DB℃／WB℃ | | |
| | デシカント空調機出口空気温度 | | DB℃／WB℃ | | |
| 水用コイル通過面風速 | | | m/s | 2.5m/s以下 | |
| コイル列数 | 再生熱コイル | | 列 | ― | |
| | 予冷・予熱コイル | | 列 | ― | |
| 吐出口風速 | 外気用 | | m/s | | |
| | 排気用 | | m/s | | |
| 全静圧 | 外気用 | | Pa | | |
| | 排気用 | | Pa | | |
| 電　源 | | | φ、V、Hz | | |
| 電動機出力 | 外気用 | | kW | | |
| | 排気用 | | kW | | |
| 製品質量／運転質量 | | | kg | ／ | ／ |
| 備考 | | | | | |

○印のもの及び無印のものにより製作し、・印のものは適用しない。

使用しない単位・項目は、横線で消し、製造仕様欄には明細を記載する。

製造者名＿＿＿＿＿＿＿＿＿＿＿＿＿＿

| 項　目 | 設計仕様 | 製造仕様 |
|---|---|---|
| ケーシング | サンドイッチ構造<br>外装材質　溶融アルミニウムー亜鉛鉄板<br>厚さ　0.6mm以上、内外面合計厚さ1.2mm以上 | |
| | 骨組み材質<br>・形鋼　・軽量形鋼　・ステンレス折曲げ角材<br>・アルミニウム押出形材 | |
| | 点検口　　　　　　　　　　　　　・有　・無<br>　・各セクション（ファン及びコイル）に、幅300mm<br>　　以上、高さ500mm以上の点検<br>　・兼用：同一の点検口で各部の点検が可能<br>　・省略：ケーシングが容易に開閉又は取外し可能<br>調和空気に触れる点検口の戸は、断熱戸とする | |
| | のぞき窓及び加湿状態点検用ランプ（操作スイッチ、<br>配線を含む）（加湿器が噴霧式の場合）<br>材質〔・ガラス　・アクリル　・その他〕 | |
| デシカントロー<br>ター | 低温再生形<br>　再生空気温度（40〜80℃） | |
| | 吸着剤<br>・シリカゲル　・ゼオライト　・高分子吸着剤 | |
| | 軸受　・潤滑油の補充が出来る構造<br>主軸の材質<br>・JIS G 4051（機械構造用炭素鋼鋼材）のS30C以上<br>骨組みの材質<br>・形鋼　・軽量形鋼　・ステンレス鋼板製 | |
| コイル | フィン形状　・フラット形　・ウェーブ形<br>・スリット形　・ルーバー形 | |
| | フィンの材質　・アルミニウム板（AL成分99％以上）<br>　　　　　　・アルミニウム箔（AL成分99％以上）<br>フィンの板厚　0.1mm以上<br>フィンの耐食表面処理<br>　・アクリル系樹脂被膜<br>　・エポキシ系樹脂被膜<br>　・その他 | |

［令和4年版］

180

製造者名　＿＿＿＿＿＿＿＿＿＿＿＿

| 項　目 | 設計仕様 | 製造仕様 |
|---|---|---|
| コイル | 管の材質　JIS H 3300（銅及び銅合金の継目無管）の<br>　　　　　　C1100、C1201、C1220 | |
| | 管の肉厚　0.35mm 以上（蒸気の場合は 0.5mm 以上）<br>水用コイルのヘッダー<br>・JIS H 3300（銅及び銅合金の継目無管）<br>・JIS G 5501（ねずみ鋳鉄品） | |
| | 蒸気用コイルのヘッダー<br>・JIS G 3452（配管用炭素鋼鋼管）<br>・JIS G 3454（圧力配管用炭素鋼鋼管）<br>・JIS G 3444（一般構造用炭素鋼鋼管）<br>・JIS G 5501（ねずみ鋳鉄品）<br>・JIS H 3300（銅及び銅合金の継目無管） | |
| | 水用コイル通過面風速　　2.5m／s 以下<br>水用コイル管内流速　　　2.0m／s 以下 | |
| | 手動エア抜弁（青銅製）　　　　　　　・有　・無 | |
| 加湿器 | 加湿方式<br>・蒸気噴霧式　・水気化式 | |
| | ・蒸気噴霧式<br>　・JIS G 3448（一般配管用ステンレス鋼鋼管）<br>　・JIS G 3459（配管用ステンレス鋼鋼管）<br>　・二重構造　・凝縮水の飛散防止機能付き<br>・水気化式<br>　滴下式とし、エレメント、定流量装置、電磁弁、ストレーナ、給水ヘッダー、ケーシング（ステンレス鋼板（SUS304））等により構成され、エレメントは難燃性又は不燃性とし、自浄機能を有し、取外して洗浄可能な構造 | |
| ドレンパン | ステンレス鋼板（SUS304 又は SUS443J1）（厚さ 1.5mm以上）<br>排水管接続口　呼び径 32 以上 | |

［令和 4 年版］

製造者名＿＿＿＿＿＿＿＿＿＿

| 項　目 | 設計仕様 | 製造仕様 |
|---|---|---|
| 送風機 | 羽根形状〔・多翼形　・後向き羽根形〕<br>・手動式風量調整機構（開度指示付）<br>・自動式風量調整機構<br>軸受け　　　　　　　　　　　　　　　・有　・無<br>　潤滑油の補充ができる構造<br>主軸の材質<br>　・JIS G 4051（機械構造用炭素鋼鋼材）の S30C 以上<br>羽根車及びケーシングの材質<br>　・亜鉛鉄板　・電気亜鉛鉄板<br>　　・溶融アルミニウム－亜鉛鉄板　・その他<br>　　・アルミニウム材<br>吐出口の風速<br>設計風量（m³/h）　　　　　　吐出口風速（m/s）<br>・10,000 以下　　　　　　　　　15 以下<br>・10,000 を超え 20,000 以下　　16 以下<br>・20,000 を超え 30,000 以下　　17 以下 | |
| 誘導電動機の<br>規格及び<br>保護方式 | ・「標準仕様書」各編で指定された機器<br>・特記により指定された機器<br>・製造者の標準仕様 | |
| | (1) 誘導電動機の規格<br>　・100V、200V 単相誘導電動機 JIS C 4203<br>　・200V、400V 三相誘導電動機<br>　　　（・JIS C 4210　・JIS C 4212<br>　　　　・JIS C 4213（0.75kW 以上））<br>　・3kV　　　　　三相誘導電動機<br>　　　（・JEM 1380（寸法）<br>　　　　・JEM 1381（特性及び騒音レベル））<br>　・6kV　　　　　三相誘導電動機　製造者規格標準品<br>　・JIS に準ずるもの | |

〔令和 4 年版〕

製造者名 _____

| 項　目 | 設計仕様 | 製造仕様 |
|---|---|---|
| 誘導電動機の規格及び保護方式 | (2) 誘導電動機の保護方式　JIS C 4034-5<br>　屋外　・IP 44（全閉防まつ形）<br>　　　　・IP 22（防滴保護形）<br>　　　　（ただし、防水上有効な構造のケーシングに<br>　　　　　納められた場合）<br>　屋内　・IP 44（全閉防まつ形）<br>　　　　・IP 22（防滴保護形）<br>　屋外設置（ケーシング　・有　・無） | |
| 誘導電動機の始動方式 | 200V・400V 三相誘導電動機<br>　（ユニット等複数台の電動機を使用する機器の電動機<br>　　の出力は、同時に運転する電動機の合計出力とす<br>　　る。）<br>・11kW 未満（直入始動）<br>・11kW 以上<br>　・入力 4.8kVA/kW 未満（始動装置不要）<br>　・入力 4.8kVA/kW 以上<br>　　・スターデルタ　　　　　・順次直入<br>　　・パートワインディング　・その他<br>　・スターデルタ始動器の使用できる構造<br>　　（機器に制御盤及び操作盤が附属しない場合）<br>・その他（特記　・有　・無） | （合計出力　　　　　　kW）<br><br><br>最終始動時入力(kVA)<br>————————————— ＝<br>電動機出力(kW) |
| 保　温 | サンドイッチ構造のケーシングの心材<br>・硬質ウレタンフォーム（発泡密度 35kg/m³ 以上、厚さ<br>　18mm 以上） | |
| | ドレンパンの外面<br>・JIS A 9504（人造鉱物繊維保温材）のグラスウール保<br>　温板（40K 以上厚さ 15mm 以上）<br>　・外面：JIS R 3414（ガラスクロス）の（EP18）<br>　・外面：難燃性材料で表面処理＋鋲・接着剤<br>・難燃性の発泡材（厚さ 10mm 以上） | |
| 塗　装 | 製造者の標準仕様の明細を記入 | |

［令和 4 年版］

製造者名_____

| 項　目 | 設計仕様 | 製造仕様 |
|---|---|---|
| たわみ継手 | ファンセクションとコイルセクションの接続に使用する場合<br>材料　繊維系クロス片面アルミ箔貼で不燃性を有する<br>構造　繊維系クロスを二重にした構造で、内部に<br>　　　〔・ピアノ線　・その他〕を挿入する等の変形<br>　　　抑制措置を施したもの | |
| 附属品 | (ｱ) 保護金網<br>　　（吸込側にダクトを接続する場合は不要）<br>　　　　　　　　　　　　　　・有　・無　　1組<br>(ｲ) 配管接続用フランジ（呼び径65以上）又は<br>　　配管接続用アダプタ（呼び径50以下）　　一式<br>(ｳ) 送風機吐出側相フランジ　　　　　　　　一式<br>(ｴ) 加湿状態点検用ランプ（気化式を除く）<br>　　　　　　　　　　　　　　・有　・無　　一式<br>(ｵ) 銘板*　　　　　　　　　　　　　　　　一式 | |
| 特記仕様 | 照合表以外の要求事項を記載 | |
| 後日提出する図書 | 完成図　　　　　　　　　　　　　　　　　　部<br>取扱説明図　　　　　　　　　　　　　　　　部<br>試験成績書　　　　　　　　　　　　　　　　部 | |
| 備考 | | |

○印のもの及び無印のものにより製作し、・印のものは適用しない。

使用しない単位・項目は、横線で消し、製造仕様欄には明細を記載する。

**〔令和4年版〕**

デシカント空気調和機　試験成績書

（記号　　　　　　　　　　　）

工事件名 _____

製造者形式 _____

製造番号 _____

試験日　　令和　　年　　月　　日

製造者名 _____

| | | |
|---|---|---|
| | | |
| | | |

試験結果

| 試験項目 | | | 設計仕様 | 判定基準 | 測定値 | 判定 | 適用 |
|---|---|---|---|---|---|---|---|
| 冷却能力 | 予冷 | 入口乾球温度　　DB℃ | | | | | |
| | | 入口湿球温度　　WB℃ | | | | | |
| | | 冷水入口温度　　　℃ | | | | | |
| | | 冷水量　　　　L/min | | | | | |
| | | 冷却能力　　　　kW | | 仕様値以上 | | | |
| 加熱能力 | 予熱 | 入口乾球温度　　DB℃ | | | | | |
| | | 温水入口温度　　　℃ | | | | | |
| | | 温水量　　　　L/min | | | | | |
| | | 加熱能力　　　　kW | | 仕様値以上 | | | |
| | 再生熱 | 入口乾球温度　　DB℃ | | | | | |
| | | 再生水入口温度　　℃ | | | | | |
| | | 再生水量　　　L/min | | | | | |
| | | 加熱能力　　　　kW | | 仕様値以上 | | | |
| デシカントローター効率(潜熱)＊　　％ | | | | 55％ | | | |
| デシカントローター圧力損失＊　　Pa | | | | 仕様値以下 | | | |
| 外気風量　　　　　　　　　㎥/h | | | | 仕様値以上 | | | |
| 排気風量　　　　　　　　　㎥/h | | | | 仕様値以上 | | | |
| 機外静圧 | 外気側＊＊　　　Pa | | | 仕様値以下 | | | |
| | 排気側＊＊　　　Pa | | | 仕様値以下 | | | |
| 電　源　　　　　　φ、V、Hz | | | | | | | |
| 電　流　　　　　　　　　A | | | | | | | |
| 電動機定格出力　　　　　kW | | | | 仕様値以下 | | | |
| 振　動　　　　　　　　μm | | | 15 | 仕様値以下 | | | |
| 騒　音　　　　　　　dB(A) | | | 測定値を記入する | | | | |

備　考

＊　　面風速が2.5m/sの状態におけるデシカントローター効率及び圧力損失

＊＊　外気風量及び排気風量は、圧力損失の場合の値とする。

形式 _____　　製造者名 _____

形式試験製造番号 _____　　作成年月日 _____

測定位置図（騒音測定位置は①〜、振動測定位置は⑪〜で示す。）

デシカント空気調和機　騒音、振動　測定位置の例

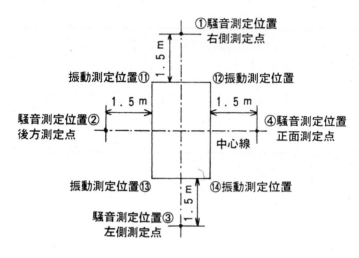

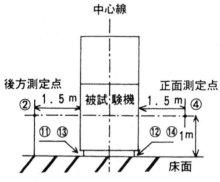

単位：dB(A)

| 騒音試験結果 | 測定位置 | ① | ② | ③ | ④ | | | | | 暗騒音 |
|---|---|---|---|---|---|---|---|---|---|---|
| | 社内試験 | | | | | | | | | |
| | 規定値 | | | | | | | | | |

単位：μm

| 振動試験結果 | 測定位置 | ⑪ | ⑫ | ⑬ | ⑭ | | | | | |
|---|---|---|---|---|---|---|---|---|---|---|
| | 社内試験 | | | | | | | | | |
| | 規定値 | 15μm以下とする | | | | | | | | |

作成要領注意事項

・ファンコイルユニット　　　　　　　［標準仕様書 P154〜157］

1．表　　　紙　　承諾図表紙の様式により、宛名・工事件名・作成年月・社名を記載する。

2．仕　様　表　　承諾図仕様表の様式により当該事項を記載する。

3．照　合　表　　承諾図照合表の様式により当該事項を記載する。

　　（注）　★印のある項目については「建築材料・設備機材等品質性能評価事業（令和 4 年
　　　　　　　版）」において評価しているため、当該機材の評価書の写しを添付した場合は、照
　　　　　　　合表の「製造仕様」の記載を省略できる。

4．製　作　図　面

　　外　形　図　　図面は機器の外観・外形寸法を記載する。

　　　　　　　　　また、部品名は原則として「標準仕様書」の用語を用いることとし、仕様
　　　　　　　　　表と重複している項目は記載しなくてもよい。

　　内部構造図　　代表機種による構造図でもよい。

　　電気結線図　　集中制御盤がある場合には、別図を作成する。

　　形式別台数表　別紙明細通り。

5．資　料　―1　　共通事項における承諾図作成要領の項による資料を添付する。

　　性能能力線図　性能能力線図又は数値表、損失水頭線図。

　　　騒　　　音　　必要に応じ周波数特性（NC 曲線）を添付する。

6．資　料　―2　　施工上の注意事項等を参考資料として添付する。

　　　　　　　　　附属品・予備品の内訳、施工上の注意事項等を記載する。

7．銘板記載事項　共通事項における承諾図作成要領の項による当該事項を記載する。

| | | |
|---|---|---|
| (1)製 造 者 名 | | 製造者の標準名称による。 |
| (2)形 式 品 番 | | 床置・露出形等の形式のほか、製造者の形式名称による。 |
| (3)形 番 | | 設計図書記号とする。 |
| (4)製造年月又は年 | | 西暦を記載する。 |
| (5)製 造 番 号 | | 製造者の標準による。 |
| (6)冷 房 能 力 | | |
| 全 熱 量 | kW | 製造者値を記載する。 |
| 顕 熱 量 | kW | 製造者値を記載する。 |
| (7)暖 房 能 力 | kW | 製造者値を記入する。 |
| (8)風 量 | $m^3/h$ | 定格風量の測定条件及び試験方法は、JIS A 4008 の 8.1 の規定による。 |

(9)吸込空気温湿度 ℃ 設計値を記載する。

冷房時（DB ℃ ％）、

暖房時（DB ℃）

(10)冷温水入口温度 ℃ 設計値を記載する。

(11)電 源 φ、V、Hz 「φ」「相」いずれでもよい。

(12)電 動 機 入 力 VA 製造者値を記載する。

(13)騒 音 レ ベ ル dB(A) 製造者値を記入する。

ファンコイルユニット
形式別台数表

製造者名 _____

| 形　番 | | FCU-3 | | FCU-4 | | FCU-6 | | 備　考 |
|---|---|---|---|---|---|---|---|---|
| 配管勝手 | | 左 | 右 | 左 | 右 | 左 | 右 | |
| 床　置　形 | ・FRV(J) | | | | | | | |
| | ・FRH | | | | | | | |
| | ・FIH | | | | | | | |
| 天井吊り形 | ・CR | | | | | | | |
| | ・CIS | | | | | | | |
| | ・CID | | | | | | | |
| ローボイ形 | ・FRL | | | | | | | |
| | ・FIL | | | | | | | |
| カセット形 | ・CK-1 | | | | | | | |
| | ・CK-2 | | | | | | | |
| | ・CK-3 | | | | | | | |
| | ・CK-4 | | | | | | | |
| 小　計 | | | | | | | | |
| 形　番 | | FCU-8 | | | | | | |
| 配管勝手 | | 左 | 右 | 左 | 右 | 左 | 右 | |
| 床　置　形 | ・FRV(J) | | | | | | | |
| | ・FRH | | | | | | | |
| | ・FIH | | | | | | | |
| 天井吊り形 | ・CR | | | | | | | |
| | ・CIS | | | | | | | |
| | ・CID | | | | | | | |
| ローボイ形 | ・FRL | | | | | | | |
| | ・FIL | | | | | | | |
| カセット形 | ・CK-1 | | | | | | | |
| | ・CK-2 | | | | | | | |
| | ・CK-3 | | | | | | | |
| | ・CK-4 | | | | | | | |
| 小　計 | | | | | | | | |
| 合計台数 | | | | | | | | |

集中制御等特記事項

棟別・系統別等

予備フィルター、予備灯の数量

189

## ファンコイルユニット　仕様表

設計記号 _____　台数 _____

製造者形式 _____　製造者名 _____

・FRV(J)　・FRH　・FIH　・CR　・CIS　・CID　・FRL　・FIL　・CK-1　・CK-2　・CK-3　・CK-4

（空気条件：冷房 DB　℃、　　RH　%、　　；暖房 DB　℃）（入口水温：冷水　℃、　　温水　℃）

| 項　目 | | 単　位 | 設計仕様 | 製造仕様 | 設計仕様 | 製造仕様 | 設計仕様 | 製造仕様 |
|---|---|---|---|---|---|---|---|---|
| 形　番 | | | FCU-3 | | FCU-4 | | FCU-6 | |
| 定格風量 | | m³/h | | | | | | |
| 騒音レベル | | dB(A) | | | | | | |
| 冷房能力 | 顕熱量 | kW | | | | | | |
| | 全熱量 | kW | | | | | | |
| 暖房能力 | | kW | | | | | | |
| 水　量 | | L/min | | | | | | |
| コイル損失水頭 | | kPa | | | | | | |
| 入力値(1φ、100V) | | VA | | | | | | |
| 製品質量 | | kg | | | | | | |

| 項　目 | | 単　位 | 設計仕様 | 製造仕様 | 設計仕様 | 製造仕様 | 設計仕様 | 製造仕様 |
|---|---|---|---|---|---|---|---|---|
| 形　番 | | | FCU-8 | | FCU- | | FCU- | |
| 定格風量 | | m³/h | | | | | | |
| 騒音レベル | | dB(A) | | | | | | |
| 冷房能力 | 顕熱量 | kW | | | | | | |
| | 全熱量 | kW | | | | | | |
| 暖房能力 | | kW | | | | | | |
| 水　量 | | L/min | | | | | | |
| コイル損失水頭 | | kPa | | | | | | |
| 入力値(1φ、100V) | | VA | | | | | | |
| 製品質量 | | kg | | | | | | |

特記仕様

製造者名　_____

| 項　目 | 設計仕様 | 製造仕様 |
|---|---|---|
| 一般事項　★ | 形式　・FRV(J)　・FRH　・FIH　・FRL　・FIL　・CR<br>　　　・CIS　・CID　・CK-1　・CK-2 | |
| ケーシング　★ | 材質〔・鋼板（・塗装　・防錆処理）<br>　　　　・溶融アルミニウム－亜鉛鉄板〕<br>操作ふた〔・合成樹脂製　・その他〕<br>厚さ　0.6mm 以上<br>　　　0.8mm 以上（床置露出形の場合）（後板を含む）<br>　　　0.5mm 以上（カセット形の場合）<br>床置形の固定方法〔・壁　・床〕 | |
| コイル　★ | フィン形状　・フラット形　・ウェーブ形<br>　　　　　　・スリット形　・ルーバー形 | |
| | フィンの材質　・アルミニウム板（AL 成分 99%以上）<br>　　　　　　　・アルミニウム箔（AL 成分 99%以上）<br>フィンの耐食表面処理<br>　　　　　・アクリル系樹脂被膜<br>　　　　　・エポキシ系樹脂被膜　・その他 | |
| | 管の材質　JIS H 3300（銅及び銅合金の継目無管）の<br>　　　　　C1100、C1201、C1220<br>管の肉厚　0.35mm 以上 | |
| | 手動エア抜弁（青銅製）　・有 | |
| 吹出口　★ | 構造　気流方向の調整が可能なもの<br>　　　　ケーシング内に脱落しないもの | |
| エアフィルター | 製造者の標準仕様の明細を記入 | |
| 弁類等　★ | 床置形及びローボイ形の露出形に限る（ケーシング内<br>に収められる構造）<br>　・ボール弁<br>　・流量調整弁　・定流量弁<br>　・接続管（銅管　・可とう性のあるステンレス管） | |

［令和 4 年版］

191

| 項　目 | 設計仕様 | 製造仕様 |
|---|---|---|
| ドレンパン　　★ | 材質　製造者の標準仕様の明細を記入<br>　　　　〔・<br>　　　　・鋼板の場合（内面　・エポキシ樹脂塗装<br>　　　　・ポリエステル樹脂粉体塗装）〕<br>排水管接続口　呼び径 20 以上<br>断熱材（外面）〔・難燃性　・不燃性〕<br>飛散防止処理　　　　　　　　　　　　・有　・無<br>サブドレンパン（特記　・有　・無） | |
| 送風機　　　★ | 羽根形状〔・多翼形　・後向き羽根形〕<br>風量調整（操作スイッチによる）<br>　〔・連続可変　・3 段階　・その他〕 | |
| 風量分配ダクト★ | 材質　・亜鉛鉄板（結露防止措置を施す。）<br>　　　・自己消火性ポリスチレンフォーム<br>　　　・その他<br>各方向の風量がほぼ同量に分配可能な構造とする | |
| 天井パネル．　★ | 材質〔・鋼板　・アルミニウム板　・合成樹脂板〕<br>吹出方向〔・一方向　・二方向〕<br>気流方向の調整ができる構造とする<br>フィルター交換時等に点検パネルを取外す構造の場合<br>は脱落しない構造とする | |
| 電動機 | 製造者の標準仕様の明細を記入 | |
| 保　温　　★ | 単板構造のケーシング内面<br>・JIS A 9504（人造鉱物繊維保温材）のグラスウール保<br>　温板（40K 以上）<br>・表面処理は不燃性又は難燃性の材料<br>　厚さ　JIS A 4008（ファンコイルユニット）に規定さ<br>　　　　れた露付き試験に合格したもの | |
| | ドレンパンの外面〔・難燃性　・不燃性〕 | |

［令和 4 年版］

| 項　目 | 設計仕様 | 製造仕様 |
|---|---|---|
| 塗　装 | 製造者の標準仕様の明細を記入 | |
| 附属品等　　★ | (ｱ) 運転表示灯、操作スイッチ（床置形は配線共）<br>　　　　　　　　　　　　　　　　　　　一式<br>(ｲ) ドレンパン用目皿（天井吊り形、カセット形の場合は除く）　　　　　　　　　1個<br>(ｳ) 床置露出形は、電源用コード(約1.5m)及び接地極付ロック式プラグ、その他は電源用端子台　一式<br>(ｴ) ボール弁、接続管（床置形及びローボイ形の露出形に限る）　　　　　　　　一式<br>(ｵ) 銘板*　　　　　　　　　　　　　　一式 | |
| 特記仕様 | 照合表以外の要求事項を記載 | |
| 後日提出する図書 | 完成図　　　　　　　　　　　　　部<br>取扱説明書　　　　　　　　　　　部<br>試験成績書　　　　　　　　　　　部 | |
| 備考 | | |

○印のもの及び無印のものにより製作し、・印のものは適用しない。

使用しない単位・項目は、横線で消し、製造仕様欄には明細を記載する。

［令和4年版］

## ファンコイルユニット　試験成績書
（記号　　　　　　　　　　　）

工事件名 _____

_____

製造者形式 _____

製造番号 _____

試験日　　令和　　年　　月　　日

製造者名 _____

|  |  |  |
|---|---|---|
|  |  |  |

試験結果

| 試験項目 |  |  | 設計仕様 | 判定基準 | 測定値 | 判定 | 適用 |
|---|---|---|---|---|---|---|---|
| 冷房能力 | 吸込空気乾球温度 | DB℃ |  |  |  |  |  |
|  | 吸込空気相対湿度 | % |  |  |  |  |  |
|  | 冷水入口温度 | ℃ |  |  |  |  |  |
|  | 冷水量 | L/min |  |  |  |  |  |
|  | 顕熱量 | kW |  | 仕様値以上 |  |  |  |
|  | 全熱量 | kW |  | 仕様値以上 |  |  |  |
| 暖房能力 | 吸込空気乾球温度 | ℃ |  |  |  |  |  |
|  | 温水入口温度 | ℃ |  |  |  |  |  |
|  | 温水量 | L/min |  |  |  |  |  |
|  | 全熱量 | kW |  | 仕様値以上 |  |  |  |
| 電　源（単相 100V） |  | Hz |  |  |  |  |  |
| 入　力 |  | VA |  |  |  |  |  |
| 風　量 |  | m³/h |  | 仕様値以上 |  |  |  |
| 損失水頭 |  | kPa |  | 仕様値以下 |  |  |  |
| 騒　音 |  | dB(A) | 測定値を記入する |  |  |  |  |

備考

作成要領注意事項

　　　・パッケージ形空気調和機　　　　　　［標準仕様書 P157〜159］
　　　・マルチパッケージ形空気調和機　　　［標準仕様書 P159〜162］
　　　・ガスエンジンヒートポンプ式空気調和機　［標準仕様書 P162〜165］


1．　表　　　　紙　　承諾図表紙の様式により、宛名・工事件名・作成年月・社名を記載する。
2．　仕　様　表　　承諾図仕様表の様式により当該事項を記載する。
3．　照　合　表　　承諾図照合表の様式により当該事項を記載する。
　　　（注）　★印のある項目については「建築材料・設備機材等品質性能評価事業（令和４年
　　　　　　　版）」において評価しているため、当該機材の評価書の写しを添付した場合は、照
　　　　　　　合表の「製造仕様」の記載を省略できる。
4．　製　作　図　面
　　　　外　形　図　　図面は機器の外観・外形寸法及び基礎ボルト用穴の位置・径を記載する。
　　　　　　　　　　　保守空間等必要な事項を図示記載する。
　　　　　　　　　　　また、部品名は原則として「標準仕様書」の用語を用いることとし、仕
　　　　　　　　　　　様表と重複している項目は記載しなくてもよい。
　　　　内部構造図　　機内構成部品図は実線で表現する。
　　　　電気結線図　　機外別盤がある場合にはその部分を区分線にて表現する。
5．　資　料　―1　　共通事項における承諾図作成要領の項による資料を添付する。
　　　　性能能力線図　　能力線図。（冷房・暖房・加熱の能力）
　　　　　　　　　　　　配管距離による能力減少率関係図。
　　　　　　　　　　　　冷媒配管実長図（配管径を記入）を添付する。
　　　　　　　　　　　　風量・機外静圧・軸動力。（送風機性能曲線）
　　　　　　　　　　　　損失水頭線図。（冷却水・温水加熱器等）
　　　　　　　　　　　　設計値・製造者標準値を線図に記入する。
　　　　騒　　　　音　　騒音レベル dB にて、測定点位置及び測定方法を記載する。
　　　　　　　　　　　　必要に応じ周波数特性（NC 曲線）を添付する。
　　　　振　　　　動　　製造者定格条件に於ける取付け脚部の振幅を記載する。
6．　資　料　―2　　施工上の注意事項等を参考資料として添付する。
　　　　　　　　　　　　耐震計算書を添付する。
　　　　　　　　　　　　附属品・予備品の内訳及び必要に応じ附属品の図面も添付する。
7．　銘板記載事項　　共通事項における承諾図作成要領の項による当該事項を記載する。


　　　　（1)製　造　者　名　　　　　　　製造者の標準名称による。
　　　　（2)形　式　品　番　　　　　　　製造者の形式名称とする。
　　　　（3)製造年月又は年　　　　　　　西暦を記載する。
　　　　（4)製　造　番　号　　　　　　　製造者の標準による。

| | | |
|---|---|---|
| (5) 冷 房 能 力 | kW | ダクト形は設計風量及び吸込空気温湿度などに基づき、直吹形は標準風量及び吸込空気温湿度などに基づいた製造者値を記載する。 |
| (6) 暖 房 能 力 | kW | ダクト形は設計風量及び吸込空気温湿度などに基づき、直吹形は標準風量及び吸込空気温湿度などに基づいた製造者値を記載する。（補助ヒーター動作時） |
| (7) 風 量 | m³/h | ダクト形は設計風量、直吹形は製造者の標準風量とする。室内機のみ記載する。 |
| (8) 機 外 静 圧 | Pa | ダクト形の場合は設計値を記載する。 |
| (9) 吸込空気温湿度 | ℃ | 設計値を記載する。<br>（冷房 DB／WB、暖房 DB／WB） |
| (10) 外 気 温 湿 度 | ℃ | 設計値を記載する。<br>（夏 DB／WB、冬 DB／WB） |
| (11) 有 効 加 湿 量 | kg/h | 設計値を記載する。 |
| (12) 冷媒名と冷媒量 | kg | 製造者値を記載する。 |
| (13) 電 源 | φ、V、Hz | 「φ」「相」いずれでもよい。 |
| (14) 圧 縮 機 出 力 | kW | 圧縮機用電動機出力を記載する。<br>（製造者値） |
| (15) ガスエンジン式の場合圧縮機出力 | kW | 圧縮機用原動機出力を記載する。<br>（製造者値） |
| (16) 屋内送風機出力 | kW | 送風機用電動機出力を記載する。<br>（製造者値） |
| (17) 屋外送風機出力 | kW | 送風機用電動機出力を記載する。<br>（製造者値） |
| (18) 暖房電気ヒーター | kW | 容量及び段数を記載する。（製造者値）<br>（再熱の場合は暖房用と再熱用を分ける） |
| (19) 加湿電気ヒーター | kW | パン形など電気を使用する場合、加湿器の容量を記載する。（製造者値） |
| (20) 補 助 加 熱 器 | | |
| 温水入口温度 | ℃ | 温水コイルの場合に設計値を記載する。 |
| 温 水 量 | L/min | 温水コイルの場合に設計値を記載する。 |
| 温水損失水頭 | kPa | 温水量に基づく製造者値を記載する。 |
| 蒸 気 量 | kg/h | 蒸気コイルの場合に設計値を記載する。 |
| 電 気 ヒ ー タ | kW | ヒートポンプの場合、必要により記載する。容量及び段数を記載する。（製造者値） |

設計記号 _____　台数 _____

製造者形式 _____　製造者名 _____

〔・冷房専用　・ヒートポンプ〕圧縮機位置〔・屋内　・屋外〕

〔・FRV（J）・FRV（D）・FRH　・FIH〕

吹出部〔・ダクト　・プレナムチャンバー　・その他（　　　　　　）〕

吸込部〔・ダクト　・グリル　・前面吸込み　・後面吸込み〕　　　許可〔・要　・否〕

高圧ガス保安法の区分〔・第一種製造者　・第二種製造者　・その他〕　届出〔・要　・否〕

| 項　目 | | | 単位等 | 設計仕様 | 製造仕様 |
|---|---|---|---|---|---|
| 運転条件 | 冷房 | 屋内吸込空気温度 | DB℃／WB℃ | | |
| | | 屋外吸込空気温度 | DB℃／WB℃ | | |
| | 暖房 | 屋内吸込空気温度 | DB℃／WB℃ | | |
| | | 屋外吸込空気温度 | DB℃／WB℃ | | |
| 冷房能力 | | | kW | | |
| 暖房能力 | | | kW | | |
| 成績係数（COP）　冷房/暖房 | | | | | |
| 法定冷凍トン | | | トン/日 | | |
| 容量制御（下限） | | | ％ | | |
| 屋内送風機 | 風　量 | | m³/h | | |
| | 機外静圧 | | Pa | | |
| 屋外送風機風量 | | | m³/h | | |
| 補助加熱器（ヒータ） | 温水 | 温水温度 | 入口 | ℃ | | |
| | | | 出口 | ℃ | | |
| | | 温水量 | | L/min | | |
| | | 損失水頭 | | kPa | | |
| | 蒸気（蒸気圧） | | kPa | | |
| | 蒸気量 | | kg/h | | |
| | 電気ヒーター | | φ、V、Hz | | |
| | | | kW×段 | | |
| 加湿器形式 | ・水 ・蒸気 | 有効加湿量 | kg/h | | |
| | ・電気容量 | | kW | | |
| 進相コンデンサー | | | | ・要　・否 | ・可　・否 |
| リモートコントローラー | | | | ・要　・否 | ・可　・否 |

| 項　目 | | 単位等 | 設計仕様 | 製造仕様 |
|---|---|---|---|---|
| 電気特性 | 電　源 | φ、V、Hz | | |
| | 圧縮機 | φ、V | | |
| | | kW×台 | | |
| | 屋内送風機 | φ、V | | |
| | | kW×台 | | |
| | 屋外送風機 | φ、V | | |
| | | kW×台 | | |
| 製品質量　屋内機／屋外機 | | kg | ／ | ／ |
| 冷媒の種類 | | | | |
| 冷媒量 | | kg | 冷媒封入量を計算 | 屋内機封入量　　　kg<br>屋外機封入量　　　kg |

| 備考 |
|---|
| |

○印のもの及び無印のものにより製作し、・印のものは適用しない。

使用しない単位・項目は、横線で消し、製造仕様欄には明細を記載する。

製造者名＿＿＿＿＿＿＿＿＿＿

| 項　目 | 設計仕様 | 製造仕様 |
|---|---|---|
| 一般事項　★ | ・セパレート形に適用<br>・冷房能力 28kW を超えるもの<br>・冷房能力 14kW 以上 28kW 以下のもの<br>　（制御盤のみを適用）<br>・冷房能力 14kW 未満（製造者の標準仕様）<br>・屋内機の形式は、床置式<br>　形式は、特記（・　　　・　　　・　　　　） | |
| 圧縮機　★ | 種類〔・ロータリー　・スクロール〕<br>形式　密閉形 | |
| | 容量制御機構（始動負荷低減機能付）<br>・冷媒ガスの圧力　・冷媒ガスの温度　・室内温度 | |
| 誘導電動機の<br>始動装置方式　★ | 圧縮機用電動機<br>200V 三相誘導電動機<br>　（ユニット等複数台の電動機を使用する機器の電動機<br>　の出力は、同時に運転する電動機の合計出力とす<br>　る。）<br>・11kW 未満（直入始動）<br>・空気熱源ヒートポンプユニット、パッケージ形空気調<br>　和機等で 200V 圧縮機の合計出力値が 11kW 未満（始<br>　動装置不要）<br>・11kW 以上<br>　・入力 4.8kVA/kW 未満（始動装置不要）<br>　・入力 4.8kVA/kW 以上<br>　　・スターデルタ　　　　　・順次直入<br>　　・パートワインディング　・その他<br>　・スターデルタ始動器の使用できる構造<br>　　（機器に制御盤及び操作盤が附属しない場合）<br>・その他（特記　・有　・無） | （合計出力　　　　kW）<br><br>（品名　　　　　　　）<br><br>最終始動時入力(kVA)<br>――――――――――＝<br>電動機出力(kW) |

［令和 4 年版］

| 項　目 | 設計仕様 | 製造仕様 |
|---|---|---|
| 誘導電動機の<br>始動装置方式　★ | 送風機用電動機<br>200V 三相誘導電動機<br>　（ユニット等複数台の電動機を使用する機器の電動機<br>　　の出力は、同時に運転する電動機の合計出力とす<br>　　る。）<br>・11kW 未満（直入始動）<br>・空気熱源ヒートポンプユニット、パッケージ形空気調<br>　和機等で 200V 圧縮機の合計出力値が 11kW 未満（始<br>　動装置不要）<br>・11kW 以上<br>　・入力 4.8kVA/kW 未満（始動装置不要）<br>　・入力 4.8kVA/kW 以上<br>　　・スターデルタ　　　　　・順次直入<br>　　・パートワインディング　・その他<br>　・スターデルタ始動器の使用できる構造<br>　　（機器に制御盤及び操作盤が附属しない場合）<br>・その他（特記　・有　・無） | （合計出力　　　　　kW）<br><br>（品名　　　　　　　）<br><br>最終始動時入力(kVA)<br>──────────── ＝<br>電動機出力(kW) |
| 送風機　　　　★ | 屋内機の送風機<br>羽根車及びケーシングの材質<br>・鋼板（防錆処理）<br>・溶融アルミニウム－亜鉛鉄板　・アルミニウム材<br>軸の材質<br>・JIS G 4051(機械構造用炭素鋼鋼材)の S30C 以上 | |
| | 屋外機の送風機<br>製造者の標準仕様の明細を記入 | |
| 動力伝達装置　★ | 圧縮機用電動機（電動機直動形）<br>送風機用電動機<br>〔・電動機直動形　・ベルト駆動形〕<br>ベルトカバー　　　　　　　　　・有　・無<br>ケーシング　　　　　　　　　　・有　・無 | |

［令和 4 年版］

| 項目 | 設計仕様 | 製造仕様 |
|---|---|---|
| ケーシング　★ | 屋内機のケーシング<br>製造者の標準仕様の明細を記入（固定方法含む） | |
| | 屋外機のケーシング<br>製造者の標準仕様の明細を記入（固定方法含む） | |
| 保　温　★ | JIS B 8615-1 又は JIS B 8615-2 に規定された露付き試験に合格したもの<br>ケーシング内面<br>・JIS A 9504（人造鉱物繊維保温材）のグラスウール保温板（40K 以上）<br>・表面処理は難燃性の材料 | |
| | ドレンパンの外面〔・不燃性　・難燃性〕 | |
| ドレンパン　★ | 材質<br>・1.0mm 以上の鋼板<br>　（エポキシ樹脂塗装による防錆処理）<br>・0.6mm 以上のステンレス鋼板<br>　外面結露防止　不燃性又は難燃性保温材 | |
| 空気熱源蒸発器兼空冷式凝縮器 ★ | コイルの材質<br>・JIS H 3300（銅及び銅合金の継目無管）<br>・JIS H 4100（アルミニウム及びアルミニウム合金の押出形材）に規定の化学成分を有する材質に溶射による耐食処理を有するもの<br>フィンの材質<br>・JIS H 4000（アルミニウム及びアルミニウム合金の板及び条）に規定する AL 成分99％以上<br>フィンの表面処理<br>・アクリル系樹脂被膜　・エポキシ系樹脂被膜<br>・その他<br>・JIS H 4000（アルミニウム及びアルミニウム合金の板及び条）に規定の化学成分に、成分値を調整することによる耐食処理を有するもの<br>・JIS Z 3263（アルミニウム合金ろう付け及びブレージングシート）に規定の化学成分に、成分値を調整することによる耐食処理を有するもの<br>フィンガード取付<br>自動除霜機能〔・有　・無〕（ヒートポンプの場合） | |

［令和 4 年版］

| 項　目 | 設計仕様 | 製造仕様 |
|---|---|---|
| 加熱器兼冷却器 ★ | コイルの材質<br>　JIS H 3300(銅及び銅合金の継目無管)<br>フィンの材質<br>　JIS H 4000(アルミニウム及びアルミニウム合金の板<br>　及び条)に規定する AL 成分 99%以上<br>フィンの表面処理<br>　露付き防止〔・アクリル系樹脂被膜<br>　　　　　　　・エポキシ系樹脂皮膜　・その他〕<br>耐食表面処理（外気導入を行う場合）<br>フィンガード取付 | |
| 冷暖房切換弁　★<br>(ヒートポンプの場合) | 四方弁　ガス圧式 | |
| エアフィルター ★ | ・冷房能力 112kW 未満（製造者の標準仕様）<br>・冷房能力 112kW 以上<br>ろ材　JIS B 9908-1 第1部及び JIS B 9908-3 第3部に<br>　　　規定する試験法で、面風速 2.5m/s の状態におい<br>　　　て<br>　　　初期圧力損失　　　　　　120Pa 以下<br>　　　試験終了圧力損失　　　　200Pa 以下<br>　　　初期粒子捕集率　　JIS Coarse50%以上<br>　　　試験粉じん保持量　　　500g/㎡以上<br>形式〔・再生式　・非再生式〕<br>寸法　製造者の標準仕様<br>取付枠〔・亜鉛鉄板　・電気亜鉛鉄板<br>　　　・溶融アルミニウム－亜鉛鉄板　・その他〕 | |
| 安全装置　　　★ | (a) 凝縮圧力の過上昇により作動する圧力保護制御機<br>　　能<br>(b) 圧縮機用電動機の過熱により作動する保護制御機<br>　　能又は圧縮機の吐出ガスの過熱により作動する保<br>　　護制御機能<br>(c) 温度過上昇防止装置及び温度ヒューズ（電気ヒー<br>　　ターを取付けた場合） | |
| 冷　媒 | 冷媒の種別は特記による | |

［令和4年版］

| 項　目 | 設計仕様 | 製造仕様 |
|---|---|---|
| 冷媒管 | 冷媒管の管材は特記による<br>特記がない場合<br>・銅管　JIS H 3300（銅及び銅合金の継目無管）<br>　　　　　・硬質　・軟質　・半硬質<br>・鋼管　JIS G 3454（圧力配管用炭素鋼鋼管）<br>　　　　　・STPG 370　黒管　Sch 40<br>・断熱材被覆銅管 JCDA 0009　冷媒用断熱材被覆銅管<br>　　　　　・ポリエチレン保温材（難燃性） | |
| 塗　装 | 製造者の標準仕様の明細を記入 | |
| 成績係数　　　★<br>（COP 又は APF） | グリーン購入法の定めによる<br>数値は特記による<br>計算式を記入 | |
| グリーン購入法 ★ | グリーン購入法の判断の基準　　　　　・適用　・適用外 | 適用外の場合理由を記入 |
| 制御及び操作盤<br>製造者標準品<br>各編又は特記により指定された機器<br>　　　　　　★<br>機器名<br>〔　　　〕 | 電気事業法　　　　　　　　　　　　　　　　　　適用<br>電気設備に関する技術基準を定める省令　　　　　適用<br>電気用品安全法　　　　　　　　　　　　　　　　適用<br><br>・製造者の標準附属盤内に収納する<br>・特記（・屋内用　・屋外用）<br>・インバーター用制御盤（製造者の標準仕様）<br>　　　　　　　　　　　　　　　　　　・有　・無<br>・高調波対策　　　　　　　　　　　　・有　・無 | 収納場所（　　　　　　　　） |
| | (a) 過負荷及び欠相保護装置<br>　過負荷保護装置<br>　・必要（・電動機ごと）<br>　・不要<br>　　・0.2kW 以下の電動機回路及び過電流遮断器の定格電流が 15A（配線用遮断器の場合は 20A）以下の単相電動機回路<br>　欠相保護装置<br>　・必要（・電動機ごと　・一括）<br>　・不要<br>　　・0.2kW 以下の電動機回路及び過電流遮断器の定格電流が 15A（配線用遮断器の場合は 20A）以下の単相電動機回路<br>　　・1 ユニットの装置で電動機自体に有効な保護サーモ等の焼損防止装置がある場合 | （容量　　　　A）<br><br><br><br>（容量　　　　A）<br><br>焼損防止装置（　　　　　　） |

| 項　目 | 設計仕様 | 製造仕様 |
|---|---|---|
| 制御及び操作盤<br>製造者標準品<br>各編又は特記によ<br>り指定された機器<br>　　　　　★<br>機器名<br>〔　　　〕 | (b) 進相コンデンサー（特記　・有　・無）<br><br>　・必要<br>　　・200V 電動機（電気供給規定による）<br>　　・400V 電動機<br>　　・高圧電動機<br>　　　定格出力時における改善後の力率を 0.9 以上とな<br>　　　るようにする。(400V 及び高圧電動機の場合)<br>　・不要<br>　　・0.2kW 未満の三相電動機<br>　　・1 ユニットの装置全体で力率が定格出力時 0.9<br>　　　以上に確保できる場合 | （容量　　　　μF）<br>（改善後の力率　　%）<br><br><br><br><br><br><br><br>1 ユニット装置全体の力率<br>　　　（　　%） |
| | (c) 表示等<br>　・冷房能力 28kW を超えるもの<br>　　・電源表示（・白　・製造者標準色）※<br>　　・運転表示（・赤　・製造者標準色）※<br>　　・停止表示（・緑　・製造者標準色）※<br>　・冷房能力 14kW 以上 28kW 以下のもの<br>　　・運転表示（・赤　・製造者標準色）※<br>　　・停止表示（・緑　・製造者標準色）※<br>　　・保護継電器の動作表示※<br>　　　・保護継電器ごと　　　　　　　・有　・無<br>　　　・表面に一括　　　　　　　　　・有　・無<br>　・※をリモートコントローラーにて表示・有　・無<br>　表示の光源は、原則として発光ダイオード | 無しの場合理由を記入 |
| | (d) 接点及び端子<br>　・インターロック用端子　　　　　　・有<br>　・遠方発停用端子（特記）　　　　　・有　・無<br>　・温度調節器用端子　　　　　　　　・有<br>　・湿度調節器用端子（特記）　　　　・有　・無<br>　・運転時間表示用端子（特記）　　　・有　・無 | 無しの場合理由を記入 |
| | (e) 運転時間計（特記）　　　　　・有　・無<br>　・冷房能力 28kW を超えるもの<br>　　デジタル表示（単位：h）<br>　　対象範囲は次のとおり<br>　　（　　　　　　　　　　　　　　　） | 〔　　桁数〕≧5 桁 |

［令和 4 年版］

| 項　目 | 設計仕様 | 製造仕様 |
|---|---|---|
| リモート<br>コントローラー★ | リモコン（特記　・有　・無）<br>　・運転（冷房能力が 28kw を超える場合）<br>　・停止<br>　・保護継電器の作動表示<br>　・その他<br>　形式〔・屋内機取付け　・ワイヤード〕 | |
| 附属品　　　★ | (ｱ) 圧力計　　　　　　　　　　　　　　　　一式<br>(ｲ) 銘板*　　　　　　　　　　　　　　　　一式 | |
| 特記仕様 | 照合表以外の要求事項を記載 | |
| | 基礎 | |
| 後日提出する図書 | 完成図　　　　　　　　　　　　　　　　　部<br>取扱説明書　　　　　　　　　　　　　　　部<br>試験成績書　　　　　　　　　　　　　　　部 | |
| 備考 | | |

○印のもの及び無印のものにより製作し、・印のものは適用しない。

使用しない単位・項目は、横線で消し、製造仕様欄には明細を記載する。

［令和 4 年版］

パッケージ形空気調和機　能力線図

パッケージ形空気調和機　能力線図

パッケージ形空気調和機（空冷）　試験成績書
（記号　　　　　　　　　　）

工事件名　　　　　　　　　　　　　　　　　　試験日　　　令和　　年　　月　　日

製造者名　　　　　　　　　　　　

製造者形式　　　　　　　　　　　　　　　　　製造番号　　　　　　　　　

| | | |
|---|---|---|
| | | |

試験結果

| 試験項目 | | 設計仕様 | 判定基準 | 測定値 | 判 定 | 適 用 |
|---|---|---|---|---|---|---|
| 冷房能力 | 室内入口空気　DB℃／WB℃ | | | | | |
| | 室内出口空気　DB℃／WB℃ | | | | | |
| | 外気温度　　　DB℃／WB℃ | | | | | |
| | 冷房能力　　　　　　　kW | | 仕様値以上 | | | |
| 暖房能力 | 室内入口空気　DB℃／WB℃ | | | | | |
| | 室内出口空気　DB℃／WB℃ | | | | | |
| | 外気温度　　　DB℃／WB℃ | | | | | |
| | 暖房能力　　　　　　　kW | | 仕様値以上 | | | |
| 風　量　　　　　　　　　　m³/min | | | 仕様値以上 | | | |
| 機外静圧　　　　　　　　　　　Pa | | | 仕様値以上 | | | |
| 電　源　　　　　　　φ、V、Hz | | | | | | |
| 電動機 | 全電流　　　　　　　　　A | | | | | |
| | 全入力　　　　　　　　kVA | | | | | |
| | 全定格出力　　　　　　kW | | 仕様値以下 | | | |
| 振　動 | | 測定値を記入する | | | | |
| 騒　音　　　　　　　　　dB(A) | | 測定値を記入する | | | | |
| 気　密 | | 漏れのないこと | | | | 冷凍保安規則関係例示基準による |
| 耐　圧 | | 漏れ、変形のないこと | | | | |

備考

　冷媒封入量（出荷時）

　　屋内機封入量　　　kg

　　屋外機封入量　　　kg

207

系統名 _____

製造者名 _____

| 高圧ガス保安法の区分〔・第一種製造者　・第二種製造者　・その他〕 | 許可〔・要　・否〕 |
| --- | --- |
| | 届出〔・要　・否〕 |

１．屋外機

設計記号 _____　台数 _____　製造者形式 _____

〔・冷房専用　・冷暖兼用〕

| 項　目 | | | 単位等 | 設計仕様 | 製造仕様 |
| --- | --- | --- | --- | --- | --- |
| 運転条件 | 冷房 | 吸込空気温度 | DB℃／WB℃ | | |
| | 暖房 | 吸込空気温度 | DB℃／WB℃ | | |
| 冷房能力 | | | kW | | |
| 暖房能力 | | | kW | | |
| 成績係数（COP）　　冷房/暖房 | | | | | |
| 法定冷凍トン | | | トン/日 | | |
| 容量制御（下限） | | | ％ | | |
| 電気特性 | 電　源 | | φ、V、Hz | | |
| | 圧縮機 | | φ、V | | |
| | | | kW×台 | | |
| | 送風機 | | φ、V | | |
| | | | kW×台 | | |
| 製品質量 | | | kg | | |
| リモートコントローラー　　要否　　（集中管理　　個別） | | | | | |
| 冷媒の種類 | | | | | |
| 冷媒量 | | | kg | | |
| 備考 | | | | | |

２．屋内機（1／2）

設計記号 ＿＿＿＿＿＿＿＿＿＿　台数 ＿＿＿＿＿　製造者形式 ＿＿＿＿＿＿＿＿＿＿

〔・FRV　・FRH　・FIH　・FRL　・FIL　・WR　・CR　・CIS　・CID　・CK-1　・CK-2　・CK-3　・CK-4〕

吹出部〔・ダクト　・その他（　　　　　　）〕

吸込部〔・ダクト　・グリル　・前面吸込み　・後面吸込み〕

| 項　目 | | | 単位等 | 設計仕様 | 製造仕様 |
|---|---|---|---|---|---|
| 運転条件 | 冷房 | 吸込空気温度 | DB℃／WB℃ | | |
| | 暖房 | 吸込空気温度 | DB℃／WB℃ | | |
| 冷房能力 | | | kW | | |
| 暖房能力 | | | kW | | |
| 容量制御（下限） | | | ％ | | |
| 送風機 | 風　量 | | m³/h | | |
| | 機外静圧 | | Pa | | |
| 加湿器形式 | ・水　・蒸気 | 有効加湿量 | kg/h | | |
| | ・電気容量 | | kW | | |
| 電気特性 | 電　源 | | φ、V、Hz | | |
| | 送風機 | | φ、V | | |
| | | | kW×台 | | |
| 製品質量 | | | kg | | |
| 備考 | | | | | |

2．屋内機（2／2）

設計記号　　　　　　　　　　　台数　　　　　　製造者形式

〔・FRV　・FRH　・FIH　・FRL　・FIL　・WR　・CR　・CRK　・CIS　・CID　・CK-1　・CK-2　・CK-3
　・CK-4　・FIO　・CIO〕
吹出部〔・ダクト　・その他（　　　　　　）〕
吸込部〔・ダクト　・グリル　・前面吸込み　・後面吸込み〕

| 項　目 | | 単位等 | 設計仕様 | 製造仕様 |
|---|---|---|---|---|
| 運転条件 | 冷房 吸込空気温度 | DB℃／WB℃ | | |
| | 暖房 吸込空気温度 | DB℃／WB℃ | | |
| 冷房能力 | | kW | | |
| 暖房能力 | | kW | | |
| 容量制御（下限） | | ％ | | |
| 送風機 | 風　量 | m³/h | | |
| | 機外静圧 | Pa | | |
| 加湿器形式 | ・水 ・蒸気 有効加湿量 | kg/h | | |
| | ・電気容量 | kW | | |
| 電気特性 | 電　源 | φ、V、Hz | | |
| | 送風機 | φ、V | | |
| | | kW×台 | | |
| 製品質量 | | kg | | |
| 備考 | | | | |

○印のもの及び無印のものにより製作し、・印のものは適用しない。

使用しない単位・項目は、横線で消し、製造仕様欄には明細を記載する。

製造者名　_____

| 項　目 | | 設計仕様 | 製造仕様 |
|---|---|---|---|
| 一般事項 | ★ | ・マルチ形に適用<br>・冷房能力 28kW を超えるもの<br>・冷房能力 28kW 以下のもの（製造者の標準仕様） | |
| 圧縮機 | ★ | 種類〔・ロータリー　・スクロール〕<br>形式　密閉形 | |
| | | 容量制御機構（始動負荷低減機能付）<br>・冷媒ガスの圧力　・冷媒ガスの温度　・室内温度 | |
| 誘導電動機の<br>始動装置方式 | ★ | 圧縮機用電動機<br>200V 三相誘導電動機<br>　（ユニット等複数台の電動機を使用する機器の電動機の<br>　　出力は、同時に運転する電動機の合計出力とする。）<br>・11kW 未満（直入始動）<br>・空気熱源ヒートポンプユニット、パッケージ形空気<br>　調和機等で 200V 圧縮機の合計出力値が 11kW 未満（始<br>　動装置不要）<br>・11kW 以上<br>　・入力 4.8kVA/kW 未満（始動装置不要）<br>　・入力 4.8kVA/kW 以上<br>　　・スターデルタ　　　　　・順次直入<br>　　・パートワインディング　・その他<br>　・スターデルタ始動器の使用できる構造<br>　　（機器に制御盤及び操作盤が附属しない場合）<br>・その他（特記　・有　・無） | （合計出力　　　　kW）<br><br>（品名　　　　　　）<br><br>最終始動時入力(kVA)<br>────────── ＝<br>電動機出力(kW) |
| | | 送風機用電動機<br>200V 三相誘導電動機<br>　（ユニット等複数台の電動機を使用する機器の電動機の<br>　　出力は、同時に運転する電動機の合計出力とする。）<br>・11kW 未満（直入始動）<br>・空気熱源ヒートポンプユニット、パッケージ形空気<br>　調和機等で 200V 圧縮機の合計出力値が 11kW 未満（始<br>　動装置不要） | （合計出力　　　　kW）<br><br>（品名　　　　　　） |

［令和 4 年版］

211

| 項　目 | 設計仕様 | 製造仕様 |
|---|---|---|
| 誘導電動機の<br>始動装置方式　★ | ・11kW 以上<br>　・入力 4.8kVA/kW 未満（始動装置不要）<br>　・入力 4.8kVA/kW 以上<br>　　・スターデルタ　　　　・順次直入<br>　　・パートワインディング　・その他<br>　・スターデルタ始動器の使用できる構造<br>　　（機器に制御盤及び操作盤が附属しない場合）<br>・その他（特記　・有　・無） | 最終始動時入力(kVA)<br>――――――――――― ＝<br>電動機出力(kW) |
| 送風機 | 製造者の標準仕様の明細を記入 | |
| 動力伝達装置　★ | 圧縮機用電動機（電動機直動形）<br>送風機用電動機<br>〔・電動機直動形　・ベルト駆動形〕<br>　ベルトカバー　　　　　　　　　・有　・無<br>　ケーシング　　　　　　　　　　・有　・無 | |
| ケーシング | 屋内機・外気処理ユニットのケーシング<br>製造者の標準仕様の明細を記入（固定方法含む） | |
| | 屋外機のケーシング<br>製造者の標準仕様の明細を記入（固定方法含む） | |
| 保　温 | 製造者の標準仕様の明細を記入 | |
| ドレンパン | 製造者の標準仕様の明細を記入 | |
| 空気熱源蒸発器<br>兼空冷式凝縮器　★ | コイルの材質<br>・JIS H 3300（銅及び銅合金の継目無管）<br>・JIS H 4100（アルミニウム及びアルミニウム合金の<br>　押出形材）に規定の化学成分を有する材質に溶射<br>　による耐食処理を有するもの | |

［令和 4 年版］

| 項目 | 設計仕様 | 製造仕様 |
|---|---|---|
| 空気熱源蒸発器兼空冷式凝縮器 ★ | フィンの材質<br>　・JIS H 4000（アルミニウム及びアルミニウム合金の<br>　　板及び条）に規定する AL 成分 99％以上<br>フィンの表面処理<br>　・アクリル系樹脂被膜　・エポキシ系樹脂被膜<br>　・その他<br>　・JIS H 4000（アルミニウム及びアルミニウム合金の<br>　　板及び条）に規定の化学成分に、成分値を調整する<br>　　ことによる耐食処理を有するもの<br>　・JIS Z 3263（アルミニウム合金ろう付け及びブレー<br>　　ジングシート）に規定の化学成分に、成分値を調整<br>　　することによる耐食処理を有するもの<br>フィンガード取付<br>自動除霜機能〔・有　・無〕（ヒートポンプの場合） | |
| 加熱器兼冷却器 ★ | コイルの材質<br>　JIS H 3300（銅及び銅合金の継目無管）<br>フィンの材質<br>　JIS H 4000（アルミニウム及びアルミニウム合金の板<br>　及び条）に規定する AL 成分 99％以上<br>フィンの表面処理<br>　露付き防止〔・アクリル系樹脂被膜<br>　　　　　　　・エポキシ系樹脂被膜　・その他〕<br>　耐食表面処理（外気導入を行う場合）<br>フィンガード取付 | |
| 冷暖房切換弁 ★<br>（ヒートポンプの場合） | 四方弁　ガス圧式 | |
| 天井パネル ★ | 材質〔・鋼板　・アルミニウム板　・合成樹脂板〕<br>吹出方向〔・一方向　・二方向　・三方向　・四方向〕<br>気流方向の調整ができる構造とする<br>フィルター交換時等に点検パネルを取外す構造の場合<br>は脱落しない構造とする | |
| エアフィルター | 製造者の標準仕様の明細を記入 | |

〔令和4年版〕

| 項目 | 設計仕様 | 製造仕様 |
|---|---|---|
| 外気処理ユニット ★ | 形式〔・天井吊（隠ぺい）形　・床置形〕<br>全熱交換エレメント<br>　材質〔・難燃性（JIS Z 2150 又は JIS A 1322）<br>　　　　・その他〕 | |
| 安全装置 ★ | (a) 凝縮圧力の過上昇により作動する圧力保護制御機能<br>(b) 圧縮機用電動機の過熱により作動する保護制御機能又は圧縮機の吐出ガスの過熱により作動する保護制御機能<br>(c) 温度過上昇防止装置及び温度ヒューズ（電気ヒーターを取付けた場合） | |
| 冷　媒 | 冷媒の種別は特記による | |
| 冷媒管 | 冷媒管の管材は特記による<br>特記がない場合<br>・銅管　JIS H 3300(銅及び銅合金の継目無管)<br>　　　　・硬質　・軟質　・半硬質<br>・鋼管　JIS G 3454(圧力配管用炭素鋼鋼管)<br>　　　・STPG 370　黒管　Sch 40<br>・断熱材被覆銅管 JCDA 0009　冷媒用断熱材被覆銅管<br>　　　・ポリエチレン保温材（難燃性）<br><br>分岐用継手又は分岐ヘッダーは、製造者の標準仕様 | |
| 塗　装 | 製造者の標準仕様の明細を記入 | |
| 成績係数 ★<br>（COP 又は APF） | グリーン購入法の定めによる<br>数値は特記による<br>計算式を記入 | |
| グリーン購入法 ★ | グリーン購入法の判断の基準　　　・適用　・適用外 | 適用外の場合理由を記入 |

［令和 4 年版］

| 項　目 | 設計仕様 | 製造仕様 |
|---|---|---|
| 制御及び操作盤<br>製造者標準品<br>各編又は特記により指定された機器<br>★<br>機器名<br>〔　　　　〕 | 電気事業法　　　　　　　　　　　　　　　適用<br>電気設備に関する技術基準を定める省令　　適用<br>電気用品安全法　　　　　　　　　　　　　適用<br><br>・製造者の標準附属盤内に収納する<br><br>・特記（・屋内用　・屋外用）<br><br>・インバーター用制御盤（製造者の標準仕様）<br>　　　　　　　　　　　　　　　・有　・無<br><br>・高調波対策　　　　　　　　　　・有　・無 | <br><br><br><br>収納場所（　　　　　　　） |
| | (a) 過負荷及び欠相保護装置<br>　過負荷保護装置<br>　・必要（・電動機ごと）<br>　・不要<br>　　・0.2kW 以下の電動機回路及び過電流遮断器の定格<br>　　　電流が 15A（配線用遮断器の場合は 20A）以下の<br>　　　単相電動機回路<br>　欠相保護装置<br>　・必要（・電動機ごと　・一括）<br>　・不要<br>　　・0.2kW 以下の電動機回路及び過電流遮断器の定格<br>　　　電流が 15A（配線用遮断器の場合は 20A）以下の<br>　　　単相電動機回路<br>　　・1 ユニットの装置で電動機自体に有効な保護サー<br>　　　モ等の焼損防止装置がある場合 | <br><br><br><br><br>（容量　　　　A）<br><br><br><br><br><br><br>（容量　　　　A）<br><br><br>焼損防止装置（　　　　　） |
| 制御及び操作盤<br>製造者標準品<br>各編又は特記により指定された機器<br>★<br>機器名<br>〔　　　　〕 | (b) 表示等<br>・冷房能力が 28kW を超えるもの<br>　・電源表示（・白　・製造者標準色）※<br>　・運転表示（・赤　・製造者標準色）※<br>　・停止表示（・緑　・製造者標準色）※<br>　・保護継電器の動作表示※<br>　　・保護継電器ごと　　　　　　　・有　・無<br>　　・表面に一括　　　　　　　　　・有　・無<br>　・※をリモートコントローラーにて表示・有　・無<br>　　　表示の光源は、原則として発光ダイオード | 無しの場合理由を記入 |

[令和元年版]

215

| 項　目 | 設計仕様 | 製造仕様 |
|---|---|---|
| 制御及び操作盤<br>製造者標準品<br>各編又は特記により指定された機器　★<br>機器名<br>〔　　　〕 | (c) 接点及び端子<br>・インターロック用端子　　　　　　　　・有<br>・遠方発停用端子（特記）　　　　　・有　・無<br>・温度調節器用端子　　　　　　　　・有<br>・湿度調節器用端子（特記）　　　・有　・無<br>・運転時間表示用端子（特記）　・有　・無 | 無しの場合理由を記入 |
| | (d) 運転時間計（特記）　　　　　・有　・無<br>　デジタル表示（単位：h）<br>　対象範囲は次のとおり<br>　（　　　　　　　　　　　　　　　　　） | 〔　桁数〕≧5桁 |
| リモート<br>コントローラー★ | (a) 集中管理リモコン（複数台の屋内機の管理）<br>・運転・停止　　　　　　　　　　・有　・無<br>・温度設定　　　　　　　　　　　・有　・無<br>・状態監視　　　　　　　　　　　・有　・無<br>・異常表示　　　　　　　　　　　・有　・無<br>・スケジュール設定の一括管理機能　・有　・無<br>・上記以外の機能があれば記載する<br>・液晶画面　　　　　　　　　　　・有　・無<br>・エネルギー管理機能（外部記憶媒体への出力機能<br>　含む）（特記）　　　　　　　　・有　・無<br>(b) 個別リモコン<br>・運転・停止、温度設定ができるもの<br>・その他（特記）　　　　　　　　・有　・無<br>　形式〔・ワイヤード　・ワイヤレス〕 | 無しの場合理由を記入 |
| 附属品　　　★ | 銘板*　　　　　　　　　　　　　　　一式 | |
| 特記仕様 | 照合表以外の要求事項を記載 | |
| | 基礎 | |
| 後日提出する図書 | 完成図　　　　　　　　　　　　　　部<br>取扱説明書　　　　　　　　　　　　部<br>試験成績書　　　　　　　　　　　　部 | |
| 備考 | | |

○印のもの及び無印のものにより製作し、・印のものは適用しない。

使用しない単位・項目は、横線で消し、製造仕様欄には明細を記載する。

［令和4年版］

マルチパッケージ形空気調和機　配管系統図

マルチパッケージ形空気調和機　配線系統図

## マルチパッケージ形空気調和機（空冷）　試験成績書
### （記号　　　　　　　　　　）

工事件名 _____

試験日　　令和　　年　　月　　日

製造者名 _____

製造者形式 _____

製造番号 _____

| | | |
|---|---|---|
| | | |
| | | |

試験結果

| 試験項目 | | 設計仕様 | 判定基準 | 測定値 | 判定 | 適用 |
|---|---|---|---|---|---|---|
| 冷房能力 | 室内入口空気　DB℃／WB℃ | | | | | |
| | 室内出口空気　DB℃／WB℃ | | | | | |
| | 外気温度　　　DB℃／WB℃ | | | | | |
| | 冷房能力　　　　　　kW | | 仕様値以上 | | | |
| 暖房能力 | 室内入口空気　DB℃／WB℃ | | | | | |
| | 室内出口空気　DB℃／WB℃ | | | | | |
| | 外気温度　　　DB℃／WB℃ | | | | | |
| | 暖房能力　　　　　　kW | | 仕様値以上 | | | |
| 風量　　　　　　　m³/min | | | 仕様値以上 | | | |
| 機外静圧　　　　　　　Pa | | | 仕様値以上 | | | |
| 電源　　　　　φ、V、Hz | | | | | | |
| 電動機 | 全電流　　　　　　　A | | | | | |
| | 全入力　　　　　　kVA | | | | | |
| | 全定格出力　　　　kW | | 仕様値以下 | | | |
| 振動 | | 測定値を記入する | | | | |
| 騒音　　　　　　　dB(A) | | 測定値を記入する | | | | |
| 気密 | | 漏れのないこと | | | | 冷凍保安規則関係 |
| 耐圧 | | 漏れ、変形のないこと | | | | 例示基準による |

備考

　冷媒封入量（出荷時）

　　屋内機封入量　　　kg

　　屋外機封入量　　　kg

ガスエンジンヒートポンプ式空気調和機　仕様表　　　　（1/3）

<u>系統名</u>

<u>製造者名</u>

| 高圧ガス保安法の区分〔・第一種製造者　・第二種製造者　・その他〕 | 許可〔・要　・否〕 |
|---|---|
| | 届出〔・要　・否〕 |

１．屋外機

<u>設計記号</u>　　　　　　　<u>台数</u>　　　<u>製造者形式</u>

| 項　目 | | | 単位等 | 設計仕様 | 製造仕様 |
|---|---|---|---|---|---|
| 運転条件 | 冷房 | 吸込空気温度 | DB℃／WB℃ | | |
| | 暖房 | 吸込空気温度 | DB℃／WB℃ | | |
| 冷房能力 | | | kW | | |
| 暖房能力 | | | kW | | |
| 期間成績係数（APFp）　冷房/暖房 | | | | | |
| 法定冷凍トン | | | トン/日 | | |
| 容量制御（下限） | | | ％ | | |
| 電気特性 | 電　源 | | φ、V、Hz | | |
| | 送風機 | | φ、V | | |
| | | | kW×台 | | |
| 製品質量 | | | kg | | |
| リモートコントローラー　　要否　　（集中管理　　個別） | | | | | |
| 冷媒の種類 | | | | | |
| 冷媒量 | | | kg | | |
| 原動機 | 燃料 | 種　別 | | ・都市ガス　　・LPG | |
| | | 消費量 | | | |
| | 原動機出力 | | | | |
| 備考 | | | | | |

２．屋内機（1／2）

　設計記号＿＿＿＿＿＿＿＿＿　　台数＿＿＿＿＿　　製造者形式＿＿＿＿＿＿＿＿＿

〔・FRV　・FRH　・FIH　・FRL　・FIL　・WR　・CR　・CRK　・CIS　・CID　・CK-1　・CK-2　・CK-3
　・CK-4　・FIO　・CIO〕

吹出部〔・ダクト　・その他（　　　　）〕

吸込部〔・ダクト　・グリル　・前面吸込み　・後面吸込み〕

| 項　目 | | | 単位等 | 設計仕様 | 製造仕様 |
|---|---|---|---|---|---|
| 運転条件 | 冷房 | 吸込空気温度 | DB℃／WB℃ | | |
| | 暖房 | 吸込空気温度 | DB℃／WB℃ | | |
| 冷房能力 | | | kW | | |
| 暖房能力 | | | kW | | |
| 容量制御（下限） | | | ％ | | |
| 送風機 | | 風　量 | m³/h | | |
| | | 機外静圧 | Pa | | |
| 加湿器形式 | ・水　・蒸気 | 有効加湿量 | kg/h | | |
| | ・電気容量 | | kW | | |
| 電気特性 | 電　源 | | φ、V、Hz | | |
| | 送風機 | | φ、V | | |
| | | | kW×台 | | |
| 製品質量 | | | kg | | |

備考

２．屋内機（2／2）

設計記号 _____　台数 _____　製造者形式 _____

〔・FRV　・FRH　・FIH　・FRL　・FIL　・WR　・CR　・CIS　・CID　・CK-1　・CK-2　・CK-3　・CK-4〕

吹出部〔・ダクト　・その他（　　　　　　　）〕

吸込部〔・ダクト　・グリル　・前面吸込み　・後面吸込み〕

| 項　目 | | | 単位等 | 設計仕様 | 製造仕様 |
|---|---|---|---|---|---|
| 運転条件 | 冷房 | 吸込空気温度 | DB℃／WB℃ | | |
| | 暖房 | 吸込空気温度 | DB℃／WB℃ | | |
| 冷房能力 | | | kW | | |
| 暖房能力 | | | kW | | |
| 容量制御（下限） | | | ％ | | |
| 送風機 | 風　量 | | m³/h | | |
| | 機外静圧 | | Pa | | |
| 加湿器形式 | ・水　・蒸気 | 有効加湿量 | kg/h | | |
| | ・電気容量 | | kW | | |
| 電気特性 | 電　源 | | φ、V、Hz | | |
| | 送風機 | | φ、V | | |
| | | | kW×台 | | |
| 製品質量 | | | kg | | |
| 備考 | | | | | |

○印のもの及び無印のものにより製作し、・印のものは適用しない。

使用しない単位・項目は、横線で消し、製造仕様欄には明細を記載する。

製造者名＿＿＿＿＿＿＿＿＿＿＿＿

| 項　目 | 設計仕様 | 製造仕様 |
|---|---|---|
| 一般事項　　★ | ・冷房能力 28kW を超えるもの<br>・冷房能力 28kW 以下のもの（製造者の標準仕様）<br>・屋外機運転時の排熱を有効に利用する温水取出機能<br>　　（特記　・有　・無）<br>・屋外機（冷房能力 45kW 以上）に消費電力自給装置等<br>　を備えるもの<br>　　（特記　・有　・無）<br>・屋外機（冷房能力 45kW 以上）に消費電力自給装置及<br>　び蓄電池を備え系統連系するもの<br>　　（特記　・有　・無） | |
| 圧縮機　　　★ | 種類〔・ロータリー　・スクロール〕<br>形式　開放形<br>容量制御機構（自動制御方式）<br>・冷媒ガスの圧力　・冷媒ガスの温度　・室内温度 | |
| 原動機　　　★ | 水冷 4 サイクル式内燃機関<br>燃料〔・都市ガス　・液化石油ガス〕<br>防振装置〔・ゴム　・スプリング〕<br>　・自動閉止弁　直列に 2 個（機器停止時ガス遮断） | |
| 電動機 | 送風機用電動機<br>製造者の標準仕様の明細を記入 | （合計出力　　　　kW） |
| 送風機 | 製造者の標準仕様の明細を記入 | |
| 動力伝達装置 | 製造者の標準仕様の明細を記入 | |
| ケーシング | 製造者の標準仕様の明細を記入（固定方法含む） | |
| 保　温 | 製造者の標準仕様の明細を記入 | |
| ドレンパン | 製造者の標準仕様の明細を記入 | |

［令和 4 年版］

| 項　目 | 設計仕様 | 製造仕様 |
|---|---|---|
| 空気熱源蒸発器<br>兼空冷式凝縮器 ★ | コイルの材質<br>　・JIS H 3300（銅及び銅合金の継目無管）<br>　・JIS H 4100（アルミニウム及びアルミニウム合金の<br>　　押出形材）に規定の化学成分を有する材質に耐食処<br>　　理を有するもの<br>フィンの材質<br>　・JIS H 4000（アルミニウム及びアルミニウム合金の<br>　　板及び条）に規定する AL 成分 99%以上<br>フィンの表面処理<br>　・アクリル系樹脂被膜　・エポキシ系樹脂被膜<br>　・その他<br>　・JIS H 4000（アルミニウム及びアルミニウム合金の<br>　　板及び条）に規定の化学成分に、成分値を調整する<br>　　ことによる耐食処理を有するもの<br>　・JIS Z 3263（アルミニウム合金ろう付け及びブレー<br>　　ジングシート）に規定の化学成分に、成分値を調整<br>　　することによる耐食処理を有するもの<br>フィンガード取付<br>　自動除霜機能　　　　　　　　　　　　・有　・無 | |
| 加熱器兼冷却器 ★ | コイルの材質<br>　JIS H 3300（銅及び銅合金の継目無管）<br>フィンの材質<br>　JIS H 4000（アルミニウム及びアルミニウム合金の板<br>　及び条）に規定する AL 成分 99%以上<br>フィンの表面処理<br>　露付き防止〔・アクリル系樹脂被膜<br>　　　　　　　・エポキシ系樹脂被膜　・その他〕<br>　耐食表面処理（外気導入を行う場合）<br>フィンガード取付 | |
| 冷暖房切換弁　★ | 四方弁〔・電動式　・ガス圧式〕 | |
| 原動機冷却水<br>ポンプ | 製造者の標準仕様の明細を記入 | |

| 項　　目 | 設計仕様 | 製造仕様 |
|---|---|---|
| 天井パネル　　★ | 材質〔・鋼板　・アルミニウム板　・合成樹脂板〕<br>吹出方向〔・一方向　・二方向　・三方向　・四方向〕<br>気流方向の調整ができる構造とする<br>フィルター交換時等に点検パネルを取外す構造の場合<br>は脱落しない構造とする | |
| エアフィルター | 製造者の標準仕様の明細を記入 | |
| 排熱回収用<br>熱交換器 | 製造者の標準仕様の明細を記入 | |
| 排気装置　　★ | 材質　・JIS G 4304（熱間圧延ステンレス鋼板及び鋼帯）<br>　　　　・JIS G 4305（冷間圧延ステンレス鋼板及び鋼帯）<br>　　　　・その他（耐熱性、耐食性、耐久性を有するもの） | |
| 外気処理ユニット<br>　　　　　★ | 形式〔・天井吊（隠ぺい）形　・床置形〕<br>全熱交換エレメント<br>　材質〔・難燃性（JIS Z 2150 又は JIS A 1322）<br>　　　　・その他〕 | |
| 安全装置　　★ | (a) 凝縮圧力の過上昇又は蒸発圧力の過低下により作<br>　　動する圧力保護制御機能<br>(b) 圧縮機の吐出ガスの過熱により作動する保護制御<br>　　機能<br>(c) 原動機冷却水温度の過上昇により作動する保護制<br>　　御機能<br>(d) 原動機の過回転により作動する異常回転防止保護<br>　　制御機能<br>(e) 原動機油圧の過低下又は油面過低下により作動す<br>　　る保護制御機能 | |
| 冷　　媒 | 冷媒の種別は、特記による | |

［令和4年版］

| 項　目 | 設計仕様 | 製造仕様 |
|---|---|---|
| 冷媒管 | 冷媒管の管材は特記による<br>特記がない場合<br>・銅管　JIS H 3300（銅及び銅合金の継目無管）<br>　　　　・硬質　・軟質　・半硬質<br>・鋼管　JIS G 3454（圧力配管用炭素鋼鋼管）<br>　　　　・STPG 370　黒管　Sch 40<br>・断熱材被覆銅管　JCDA 0009　冷媒用断熱材被覆銅管<br>　　　　・ポリエチレン保温材（難燃性）<br><br>分岐用継手又は分岐ヘッダーは、製造者の標準仕様 |  |
| 塗　装 | 製造者の標準仕様の明細を記入 |  |
| 成績係数　　　★<br>（COP 又は APFp） | グリーン購入法の基本方針の定めによる<br>数値は特記による<br>計算式を記入 |  |
| グリーン購入法★ | グリーン購入法の基本方針の判断の基準<br>　　　　　　　　　　　　・適用　・適用外 | 適用外の場合理由を記入 |
| 制御及び操作盤<br>製造者標準品<br>各編又は特記により指定された機器<br>　　　　　　　★<br>機器名<br>〔　　　　〕 | 電気事業法　　　　　　　　　　　　　　　適用<br>電気設備に関する技術基準を定める省令　適用<br>電気用品安全法　　　　　　　　　　　　適用<br><br>・製造者の標準附属盤内に収納する<br>・特記（・屋内用　・屋外用）<br>・インバーター用制御盤（製造者の標準仕様）<br>　　　　　　　　　　　　　・有　・無<br>・高調波対策　　　　　　　　・有　・無 | <br><br><br><br>収納場所（　　　　　　　） |

［令和4年版］

| 項目 | 設計仕様 | 製造仕様 |
|---|---|---|
| 制御及び操作盤 製造者標準品 各編又は特記により指定された機器 ★ 機器名 〔　　　〕 | (1) 過負荷及び欠相保護装置<br><br>　過負荷保護装置<br>　・必要（・電動機ごと）<br>　・不要<br>　　・0.2kW以下の電動機回路及び過電流遮断器の定格電流が15A（配線用遮断器の場合は20A）以下の単相電動機回路<br>　欠相保護装置<br>　・必要（・電動機ごと　・一括）<br>　・不要<br>　　・0.2kW以下の電動機回路及び過電流遮断器の定格電流が15A（配線用遮断器の場合は20A）以下の単相電動機回路<br>　　・1ユニットの装置で電動機自体に有効な保護サーモ等の焼損防止装置がある場合 | <br><br><br><br><br>（容量　　　A）<br><br><br><br><br><br><br>（容量　　　A）<br><br>焼損防止装置（　　　　） |
| | (2) 表示等<br>　・冷房能力が28kWを超えるもの<br>　　（特記　・有　・無）<br>　　・電源表示（・白　・製造者標準色）※<br>　　・運転表示（・赤　・製造者標準色）※<br>　　・停止表示（・緑　・製造者標準色）※<br>　　　異常停止表示　・有　・無　・省略　・記載<br>　・保護継電器の動作表示※<br>　　・保護継電器ごと　　　　　　　・有　・無<br>　　・表面に一括　　　　　　　　　・有　・無<br>　・※をリモートコントローラーにて表示・有　・無<br>　表示の光源は、原則として発光ダイオード | 無しの場合理由を記入 |
| | (3) 接点及び端子<br>　・インターロック用端子　　　　　　・有<br>　・遠方発停用端子（特記）　　　　　・有　・無<br>　・温度調節器用端子　　　　　　　　・有<br>　・湿度調節器用端子（特記）　　　　・有　・無<br>　・運転時間表示用端子（特記）　　　・有　・無 | 無しの場合理由を記入 |

［令和元年版］

227

| 項　目 | 設計仕様 | 製造仕様 |
|---|---|---|
| 制御及び操作盤<br>製造者標準品<br>各編又は特記により指定された機器<br>　　　　　　★<br>機器名<br>　〔　　　〕 | （4）運転時間計（特記）　　　　　　　・有　・無<br>　デジタル表示（単位：h）<br>　対象範囲は次のとおり<br>　　　（　　　　　　　　　　　　　　　）<br> | 〔　　　桁数〕≧5桁 |
| リモート<br>コントローラー★ | （1）集中管理リモコン（複数台の屋内機の管理）<br>　・運転・停止　　　　　　　　　　・有　・無<br>　・温度設定　　　　　　　　　　　・有　・無<br>　・状態監視　　　　　　　　　　　・有　・無<br>　・異常表示　　　　　　　　　　　・有　・無<br>　・スケジュール設定の一括管理機能　・有　・無<br>　※上記以外の機能があれば記載する<br>　・液晶画面　　　　　　　　　　　・有　・無<br>　・エネルギー管理機能（外部記憶媒体への<br>　　出力機能含む）（特記）　　　　・有　・無 | 無しの場合理由を記入 |
| | （2）個別リモコン<br>　・運転・停止、温度設定ができるもの<br>　・その他（特記）　　　　　　　　・有　・無<br>　形式〔・ワイヤード　・ワイヤレス〕 | |
| 附属品　　　　　★ | 銘板*　　　　　　　　　　　　　　　　一式 | |
| 特記仕様 | 照合表以外の要求事項を記載 | |
| | 基礎 | |
| 後日提出する図書 | 完成図　　　　　　　　　　　　　　　部<br>取扱説明書　　　　　　　　　　　　　部<br>試験成績書　　　　　　　　　　　　　部 | |
| 備考 | | |

〇印のもの及び無印のものにより製作し、・印のものは適用しない。

使用しない単位・項目は、横線で消し、製造仕様欄には明細を記載する。

〔令和4年版〕

ガスエンジンヒートポンプ式空気調和機　配管系統図

ガスエンジンヒートポンプ式空気調和機　配管系統図

ガスエンジンヒートポンプ式空気調和機　配線系統図

ガスエンジンヒートポンプ式空気調和機　配線系統図

# ガスエンジンヒートポンプ式空気調和機　試験成績書

（記号　　　　　　　　　　　　　　）

工事件名 _____

_____

製造者形式 _____

試験日　　令和　　年　　月　　日

製造者名 _____

製造番号 _____

| | | |
|---|---|---|
| | | |

試験結果

| 試験項目 | | 設計仕様 | 判定基準 | 測定値 | 判　定 | 適　用 |
|---|---|---|---|---|---|---|
| 冷房能力 | 室内入口空気　DB℃／WB℃ | | | | | |
| | 室内出口空気　DB℃／WB℃ | | | | | |
| | 外気温度　　　DB℃／WB℃ | | | | | |
| | 冷房能力　　　　　　kW | | 仕様値以上 | | | |
| 暖房能力 | 室内入口空気　DB℃／WB℃ | | | | | |
| | 室内出口空気　DB℃／WB℃ | | | | | |
| | 外気温度　　　DB℃／WB℃ | | | | | |
| | 暖房能力　　　　　　kW | | 仕様値以上 | | | |
| 風　量　　　　　　　　m³/min | | | 仕様値以上 | | | |
| 機外静圧　　　　　　　　Pa | | | 仕様値以上 | | | |
| 電　源　　　　　φ、V、Hz | | | | | | |
| 電動機 | 全電流　　　　　　　A | | | | | |
| | 全入力　　　　　　kVA | | | | | |
| | 全定格出力　　　　kW | | 仕様値以下 | | | |
| 原動機燃料消費量　　　　kW | | | | | | |
| 振　動 | | 測定値を記入する | | | | |
| 騒　音　　　　　　　dB(A) | | 測定値を記入する | | | | |
| 気　密 | | 漏れのないこと | | | | 冷凍保安規則関係例示基準による |
| 耐　圧 | | 漏れ、変形のないこと | | | | |

備考

　冷媒封入量（出荷時）

　　屋外機封入量　　　kg

231

空気清浄装置

作成要領注意事項

- ・パネル形エアフィルター 　　　　　　　［標準仕様書 P165］
- ・折込み形エアフィルター（中性能）［標準仕様書 P166～167］
- ・折込み形エアフィルター（高性能）［標準仕様書 P166～167］
- ・折込み形エアフィルター（HEPA）　［標準仕様書 P166～167］

1．表　　　　紙　　承諾図表紙の様式により、宛名・工事件名・作成年月・社名を記載する。

2．仕　様　表　　承諾図仕様表の様式により当該事項を記載する。

3．照　合　表　　承諾図照合表の様式により当該事項を記載する。

　（注）　★印のある項目については「建築材料・設備機材等品質性能評価事業（令和4年版）」において評価しているため、当該機材の評価書の写しを添付した場合は、照合表の「製造仕様」の記載を省略できる。

4．製　作　図　面

　　外　形　図　　図面は機器の外観・外形寸法を記載する。

　　　　　　　　　また、部品名は原則として「標準仕様書」の用語を用いることとし、仕様表と重複している項目は記載しなくてもよい。

5．資　料　―1　　共通事項における承諾図作成要領の項による資料を添付する。

　　　　　　　　　パネル形エアフィルターの場合ろ材の性能証明書を、折込み形エアフィルターの場合ユニットの性能証明書を添付する。

6．資　料　―2　　施工上の注意事項等を参考資料として添付する。

　　　　　　　　　附属品・予備品の内訳、施工図の注意事項を記載する。

7．銘板記載事項　共通事項における承諾図作成要領の項による当該事項を記載する。

　　(1)製　造　者　名　　　　　　　製造者の標準名称による。

　　(2)形　式　品　番　　　　　　　製造者の形式名称とする。

　　(3)製造年月又は年　　　　　　　西暦を記載する。

仕様書

- ・パネル形エアフィルター　　　　　・折込み形エアフィルター（中性能）
- ・折込み形エアフィルター（高性能）　・折込み形エアフィルター（HEPA）

設計記号　　　　　　　　　　　　　台数

製造者形式　　　　　　　　　　　　　　　製造者名

| 項　目 | | 単　位 | 設計仕様 | | | 製造仕様 | | |
|---|---|---|---|---|---|---|---|---|
| 処理風量 | | m³/h | | | | | | |
| 面風速 | | m/s | | | | | | |
| 初期圧力損失 | | Pa | | | | | | |
| 試験終了圧力損失 | | Pa | | | | | | |
| 初期粒子捕集率 | | ％ | | | | | | |
| 試験粉じん保持量 | | g/m² | | | | | | |
| 質　量 | | kg | | | | | | |
| 厚　さ | | mm | ・標準（300mm以下）　・薄型（150mm以下） | | | | | |
| 寸法・数量 | | mm・個 | × | × | 個 | × | × | 個 |
| | | | × | × | 個 | × | × | 個 |
| | | | × | × | 個 | × | × | 個 |
| 予備ろ材 | | mm・個 | × | × | 個 | × | × | 個 |
| | | | × | × | 個 | × | × | 個 |
| | | | × | × | 個 | × | × | 個 |
| プレフィルター（パネル形） | 質　量 | kg | | | | | | |
| | 寸法・数量 | mm・個 | × | × | 個 | × | × | 個 |
| | | | × | × | 個 | × | × | 個 |
| | | | × | × | 個 | × | × | 個 |
| | 予備ろ材 | mm・個 | × | × | 個 | × | × | 個 |
| | | | × | × | 個 | × | × | 個 |
| | | | × | × | 個 | × | × | 個 |

注1　適用測定法

　　パネル形エアフィルター　　　　　　JIS B 9908-1、JIS B 9908-3

　　折込み形エアフィルター（中性能）　JIS B 9908-1、JIS B 9908-2、JIS B 9908-3、JIS B9908-4

　　折込み形エアフィルター（高性能）　JIS B 9908-1、JIS B 9908-2、JIS B 9908-3、JIS B9908-4

　　折込み形エアフィルター（HEPA）　JIS B 9927-5

注2　パネル形、折込み形（中性能、高性能）、折込み形(HEPA)の粒子捕集率は、初期における粒子捕集率とする。

備考

　　○印のもの及び無印のものにより製作し、・印のものは適用しない。

　　使用しない単位・項目は、横線で消し、製造仕様欄には明細を記載する。

・パネル形エアフィルター　　　　　　・折込み形エアフィルター（中性能）

・折込み形エアフィルター（高性能）　・折込み形エアフィルター（HEPA）

製造者名　＿＿＿＿＿＿＿＿＿＿

| 項　目 | | 設計仕様 | 製造仕様 |
|---|---|---|---|
| パネル形エアフィルター | ろ材ユニット　★ | 方式<br>・再生式　・非再生式<br>・交換形（特記　・有　・無） | |
| | | 外枠材質<br>・鋼板（防錆処理）<br>・アルミニウム板<br>・アルミニウム押出形材 | 材質　試験データ等を添付 |
| | | 寸法　　　　mm　×　　　mm | |
| | | 特性<br>(a) 難燃性であること（JACA No.11A）<br>(b) 吸湿性の少ないこと<br>(c) 腐敗及びかびの発生が目視されないこと | |
| | 取付枠　★ | 材質<br>・鋼板（防錆処理）<br>・溶融アルミニウム－亜鉛鉄板　・その他 | |
| 折込み形エアフィルター | ろ材ユニット　★ | 厚さ寸法〔・標準（300mm 以下）<br>　　　　　　・薄型（150mm 以下）〕 | |
| | | 方式<br>・非再生式　・交換形（特記　・有　・無） | |
| | | 外枠材質<br>・鋼板（防錆処理）<br>・アルミニウム板<br>・アルミニウム押出形材<br>・合板（建築基準法に定める難燃材適合品）<br>・合成樹脂(JIS C 60695-11-10) | 材質　試験データ等を添付 |
| | | 特性<br>(a) 難燃性であること（JACA No.11A）<br>(b) 吸湿性の少ないこと<br>(c) 腐敗及びかびの発生が目視されないこと | |
| | 取付枠　★ | 材質<br>・鋼板（防錆処理）<br>・溶融アルミニウム－亜鉛鉄板　・その他 | |

〔令和4年版〕

・パネル形エアフィルター　　　　・折込み形エアフィルター（中性能）

・折込み形エアフィルター（高性能）　　・折込み形エアフィルター（HEPA）

| 項　　目 | 設計仕様 | 製造仕様 |
|---|---|---|
| 特記仕様 | 照合表以外の要求事項を記載 | |
| 後日提出する図書 | 完成図　　　　　　　　　　　　部<br>取扱説明書　　　　　　　　　　部<br>試験成績書　　　　　　　　　　部 | |
| 備考 | | |

〇印のもの及び無印のものにより製作し、・印のものは適用しない。

使用しない単位・項目は、横線で消し、製造仕様欄には明細を記載する。

［令和4年版］

238

エアフィルター　試験成績書

（記号　　　　　　　　　　　　　）

工事件名　_____　　　試験日　　令和　　年　　月　　日

_____　　　製造者名　_____

形式　・パネル　・折込み形　　　　　　性能　・中性能　・高性能　・HEPA

製造者形式　_____　　　系統　_____

| | | |
|---|---|---|
| | | |
| | | |

試験結果

| 試験項目 | | 設計仕様 | 判定基準 | 測定値 | 判　定 | 適　用 |
|---|---|---|---|---|---|---|
| パネル形 | 面風速　　　　　m/s | | | | | |
| | 初期圧力損失　　　Pa | | 仕様値以下 | | | |
| | 試験終了圧力損失　Pa | | 仕様値以下 | | | |
| | 初期粒子捕集率　　% | | 仕様値以上 | | | |
| | 試験粉じん保持量　g/㎡ | 面積は、フィルター本体の前面投影面積 | 仕様値以上 | | | |
| | 試験法　JIS B 9908-1<br>　　　　JIS B 9908-3 | 第1部<br>第3部 | | | | |
| 折込み形 | 面風速　　　　　m/s | | | | | |
| | 初期圧力損失　　　Pa | | 仕様値以下 | | | |
| | 試験終了圧力損失　Pa | | 仕様値以下 | | | |
| | 初期粒子捕集率　　% | | 仕様値以上 | | | |
| | 試験粉じん保持量　g/㎡ | 面積は、フィルター本体の前面投影面積 | 仕様値以上 | | | |
| | 試験法　JIS B 9908-1<br>　　　　JIS B 9908-2<br>　　　　JIS B 9908-3<br>　　　　JIS B 9908-4<br>　　　　JIS B 9927-5 | 第1部<br>第2部<br>第3部<br>第4部 | | | | |

| 備考 |
|---|
| |

239

作成要領注意事項

　・自動巻取形エアフィルター　　［標準仕様書P167］
　・電気集じん器（自動巻取形）　［標準仕様書P168］
　・電気集じん器（パネル形）　　［標準仕様書P169］


1．　表　　　紙　　　承諾図表紙の様式により、宛名・工事件名・作成年月・社名を記載する。
2．　仕　様　表　　　承諾図仕様表の様式により当該事項を記載する。
3．　照　合　表　　　承諾図照合表の様式により当該事項を記載する。
　　（注）　★印のある項目については「建築材料・設備機材等品質性能評価事業（令和 4 年
　　　　　　版）」において評価しているため、当該機材の評価書の写しを添付した場合は、照
　　　　　　合表の「製造仕様」の記載を省略できる。
4．　製　作　図　面
　　　外　形　図　　　図面は機器の外観・外形寸法を記載する。
　　　　　　　　　　　また、部品名は原則として「標準仕様書」の用語を用いることとし、仕
　　　　　　　　　　　様表と重複している項目は記載しなくてもよい。
　　　電気結線図　　　機外盤がある場合にはその部分を区分線にて表現する。
5．　資料 ─1　　　　共通事項における承諾図作成要領の項による資料を添付する。
　　　　　　　　　　　自動巻取形エアフィルターの場合ろ材の性能証明書を、電気集じん器の
　　　　　　　　　　　場合機器本体の性能証明書を添付する。
6．　資料 ─2　　　　施工上の注意事項等を参考資料として添付する。
　　　　　　　　　　　附属品・予備品の内訳、施工図の注意事項を記載する。
7．　銘板記載事項　　共通事項における承諾図作成要領の項による当該事項を記載する。


　　　　　(1)製 造 者 名　　　　　　　　　製造者の標準名称による。
　　　　　(2)形 式 品 番　　　　　　　　　製造者の形式名称とする。
　　　　　(3)製造年月又は年　　　　　　　西暦を記載する。
　　　　　(4)製 造 番 号　　　　　　　　　製造者の標準による。
　　　　　(5)処 理 風 量　　　　m³/h　　　設計値を記載する。
　　　　　(6)電　　　　源　　φ、V、Hz　「φ」「相」いずれでもよい。
　　　　　(7)圧 力 損 失　　　　Pa　　　　初期及び最終圧力損失を記載する。
　　　　　(8)捕　集　率　　　　　%　　　　自動巻取形エアフィルターは、JIS B 9908-1
　　　　　　　　　　　　　　　　　　　　　及び JIS B 9908-3、電気集じん器は、JIS B
　　　　　　　　　　　　　　　　　　　　　9908-5 による。
　　　　　(9)試験粉じん保持量　　　g/m²　ろ材の単位面積当りの数値。
　　　　　(10)ろ 材 長 さ　　　　　m　　　ろ材の全長を記載する。
　　　　　(11)消 費 電 力　　　　　kW　　全消費電力を記載する。
　　　　　(12)巻 取 り 方 式　　　　　　　タイマー式

仕様表

・自動巻取形エアフィルター　・電気集じん器（自動巻取形）

設計記号 _____　台数 _____

製造者形式 _____　製造者名 _____

| 項　目 | 単位等 | 設計仕様 | 製造仕様 |
|---|---|---|---|
| 縦横形式 | | ・立形　・横形 | ・立形　・横形 |
| 処理風量 | m³/h | | |
| 面風速 | m/s | | |
| 初期圧力損失 | Pa | | |
| 試験終了圧力損失 | Pa | | |
| 初期粒子捕集率 | % | | |
| 試験粉じん保持量 | g/m² | | |
| 電　源 | φ、V、Hz | | |
| 消費電力 | kW | | |
| 電動機出力 | kW | | |
| 質　量 | kg | | |
| 寸法 長さ(L) | mm | | |
| 幅(W) | mm | | |
| 高さ(H) | mm | | |
| ろ材数 | 巻 | | |
| 予備ろ材 | 巻 | | |

注1　適用測定法　自動巻取エアフィルター　　JIS B 9908-1、JIS B 9908-3

　　　　　　　　　電気集じん器（自動巻取形）　JIS B 9908-5

注2　自動巻取形の粒子捕集率は、初期粒子捕集率とし、電気集じん器の粒子捕集率は、0.5〜1.0μm

　　　粒子の捕集率とする。

注3　電気集じん器の試験粉じん保持量は、アフターフィルター（自動巻取形）の数値とする。

備考

○印のもの及び無印のものにより製作し、・印のものは適用しない。

使用しない単位・項目は、横線で消し、製造仕様欄には明細を記載する。

241

## 電気集じん器（パネル形）仕様表

設計記号 _____　台数 _____

製造者形式 _____　製造者名 _____

| 項　目 | 単位等 | 設計仕様 | 製造仕様 |
|---|---|---|---|
| 縦横形式 | | ・立形　・横形 | ・立形　・横形 |
| 処理風量 | $m^3/h$ | | |
| 面風速 | m/s | | |
| 初期圧力損失 | Pa | | |
| 試験終了圧力損失 | Pa | | |
| 初期粒子捕集率 | % | | |
| 試験粉じん保持量 | $g/m^2$ | | |
| 電　源 | φ、V、Hz | | |
| 消費電力 | kW | | |
| 質　量 | kg | | |

注1　適用測定法　アフターフィルター　　JIS B 9908-1、JIS B 9908-3

　　　　　　　　　装置全体　　　　　　　JIS B 9908-5

注2　電気集じん器の試験粉じん保持量は、アフターフィルター（パネル形）の数値とする。

備考

　〇印のもの及び無印のものにより製作し、・印のものは適用しない。

　使用しない単位・項目は、横線で消し、製造仕様欄には明細を記載する。

製造者名 ＿＿＿＿＿＿＿＿＿＿＿＿

| 項　目 | 設計仕様 | 製造仕様 |
|---|---|---|
| ろ材　　★ | 方式　・非再生式<br>長さ　・20m<br>特性　(a) 難燃性であること（JACA No.11A）<br>　　　　(b) 吸湿性の少ないこと<br>　　　　(c) 腐敗及びかびの発生が目視されないこと | 材質　試験データ等を添付 |
| ろ材自動巻取<br>機構　　★ | 制御タイマーにより、作動するもの<br>　（微差圧計付） | |
| ケーシング　★ | ・鋼板（防錆処理）<br>・溶融アルミニウムー亜鉛鉄板 | |
| 誘導電動機の<br>規格及び<br>保護方式　★ | ・「標準仕様書」各編で指定された機器<br>・特記により指定された機器<br>・製造者の標準仕様 | |
| | (1) 誘導電動機の規格<br>　・100V、200V 単相誘導電動機 JIS C 4203<br>　・200V　　　　三相誘導電動機 JIS C 4210<br>　・400V　　　　三相誘導電動機 JIS C 4213<br>　　　　　　　　　　　　（0.75kW以上）<br>　・JIS に準ずるもの | |
| | (2) 誘導電動機の保護方式　JIS C 4034-5<br>　屋外　・IP 44（全閉防まつ形）<br>　　　　・IP 22（防滴保護形）<br>　　　　　（ただし、防水上有効な構造のケーシン<br>　　　　　　グに納められた場合）<br>　屋内　・IP 44（全閉防まつ形）<br>　　　　・IP 22（防滴保護形）<br>　屋外設置（ケーシング　・有　・無） | |
| 制御及び<br>操作盤<br>各編又は特記<br>により指定さ<br>れた機器　★<br>機器名<br>〔　　　〕 | 電気事業法　　　　　　　　　　　　　　適用<br>電気設備に関する技術基準を定める省令　適用<br>電気用品安全法　　　　　　　　　　　　適用<br>・製造者の標準附属盤内に収納する<br>・特記（・屋内用　・屋外用） | <br><br><br>収納場所（　　　　　　） |

〔令和 4 年版〕

| 項　目 | 設計仕様 | 製造仕様 |
|---|---|---|
| 制御及び<br>操作盤<br>各編又は特記<br>により指定さ<br>れた機器　★<br>機器名<br>〔　　　〕 | (1) 過負荷及び欠相保護装置<br>　過負荷保護装置<br>　・必要（・電動機ごと）<br>　・不要<br>　　・0.2kW 以下の電動機回路及び過電流遮断器の<br>　　　定格電流が 15A（配線用遮断器の場合は 20A）<br>　　　以下の単相電動機回路<br>　欠相保護装置<br>　・必要（・電動機ごと　・一括）<br>　・不要<br>　　・0.2kW 以下の電動機回路及び過電流遮断器の<br>　　　定格電流が 15A（配線用遮断器の場合は 20A）<br>　　　以下の単相電動機回路<br>　　・1 ユニットの装置で電動機自体に有効な保護<br>　　　サーモ等の焼損防止装置がある場合 | <br><br><br><br>（容量　　　A）<br><br><br><br><br><br><br><br>（容量　　　A）<br><br><br>焼損防止装置（　　　　） |
| | (2) 表示等<br>　・電源表示（・白　・製造者標準色）　　　　・有<br>　・巻取完了表示　　　　　　　　　　　　　　・有<br>　・異常表示　　　　　　　　　　　　　　　　・有<br>　表示の光源は、原則として発光ダイオード | 無しの場合理由を記入 |
| | (3) 接点及び端子<br>　・空気調和機連動用接点及び端子　　　　　　・有<br>　・巻取完了表示用接点及び端子　　　　　　　・有<br>　・故障状態表示用接点及び端子　　　　　　　・有 | 無しの場合理由を記入 |
| 塗　装 | 製造者の標準仕様の明細を記入 | |
| 特記仕様 | 照合表以外の要求事項を記載 | |
| 後日提出する<br>図書 | 完成図　　　　　　　　　　　　　　　　　　　部<br>取扱説明書　　　　　　　　　　　　　　　　　部<br>試験成績書　　　　　　　　　　　　　　　　　部 | |
| 備考 | | |

　　○印のもの及び無印のものにより製作し、・印のものは適用しない。

　　使用しない単位・項目は、横線で消し、製造仕様欄には明細を記載する。

［令和 4 年版］

製造者名 _____

| 項　目 | 設計仕様 | 製造仕様 |
|---|---|---|
| 一般事項　★ | 荷電部で帯電したじん埃粒子を集じん部で有効に付着、凝集拡大した後、アフターフィルターにより捕集する構造<br>保守点検ドア用安全スイッチ（表示灯付）　　・有　・無<br>残留電荷放電装置　　　　　　　　　　　　　・有　・無<br>安全スイッチ（表示灯付）の保護金網<br>（吸込側にダクトを接続しない場合）　　　　・有　・無 | |
| 荷電部　★ | 高電圧に荷電された放電線により電離領域を形成し、じん埃粒子を陽イオンに帯電させる構造 | |
| 集じん部　★ | 極板間に高電圧電界を形成させ、帯電したじん埃粒子を接地極板に付着させるもの（高電圧電源部には自動復帰式の短絡保護装置を設ける） | |
| アフターフィルター　★<br>（自動巻取） | ろ材の方式　・非再生式<br>ろ材の長さ　・20m<br>ろ材の特性　(a) 難燃性であること（JACA No.11A）<br>　　　　　　(b) 吸湿性の少ないこと<br>　　　　　　(c) 腐敗及びかびの発生が目視されないこと | 材質　試験データ等を添付 |
| プレフィルター　★ | 荷電部の入口に設け、粗じんを捕集するもの<br>製造者の標準仕様の明細を記入 | |
| ろ材自動巻取装置　★ | 制御タイマーにより、作動するもの<br>（微差圧計付） | |
| ケーシング　★ | ・鋼板（防錆処理）<br>・溶融アルミニウムー亜鉛鉄板 | |
| 誘導電動機の規格及び保護方式　★ | ・「標準仕様書」各編で指定された機器<br>・特記により指定された機器<br>・製造者の標準仕様 | |
| | (1) 誘導電動機の規格<br>　・100V、200V　単相誘導電動機　JIS C 4203<br>　・200V　　　　三相誘導電動機　JIS C 4210<br>　・400V　　　　三相誘導電動機　JIS C 4213<br>　　　　　　　　　　　　（0.75kW以上） | |

[令和 4 年版]

| 項　目 | 設計仕様 | 製造仕様 |
|---|---|---|
| 誘導電動機の<br>規格及び<br>保護方式　★ | (2) 誘導電動機の保護方式　JIS C 4034-5<br>　屋外　・IP 44（全閉防まつ形）<br>　　　　・IP 22（防滴保護形）<br>　　　　　（ただし、防水上有効な構造のケーシング<br>　　　　　　に納められた場合）<br>　屋内　・IP 44（全閉防まつ形）<br>　　　　・IP 22（防滴保護形）<br>　屋外設置（ケーシング　・有　・無） | |
| 制御及び<br>操作盤<br>各編又は特記<br>により指定さ<br>れた機器　★ | 電気事業法　　　　　　　　　　　　　　　　適用<br>電気設備に関する技術基準を定める省令　　適用<br>電気用品安全法　　　　　　　　　　　　　適用 | |
| | ・製造者の標準附属盤内に収納する<br>・特記（・屋内用　・屋外用） | 収納場所（　　　　　　） |
| 機器名<br>〔　　　　〕 | (1) 過負荷及び欠相保護装置<br>　過負荷保護装置<br>　・必要（・電動機ごと）<br>　・不要<br>　　・0.2kW以下の電動機回路及び過電流遮断器の定<br>　　　格電流が15A（配線用遮断器の場合は20A）以<br>　　　下の単相電動機回路<br>　欠相保護装置<br>　：必要（・電動機ごと　・一括）<br>　・不要<br>　　・0.2kW以下の電動機回路及び過電流遮断器の定<br>　　　格電流が15A（配線用遮断器の場合は20A）以<br>　　　下の単相電動機回路<br>　　・1ユニットの装置で電動機自体に有効な保護サ<br>　　　ーモ等の焼損防止装置がある場合 | （容量　　　A）<br><br><br><br><br>（容量　　　A）<br><br><br>焼損防止装置（　　　　　） |

［令和4年版］

246

| 項　目 | 設計仕様 | 製造仕様 |
|---|---|---|
| 制御及び<br>操作盤<br>各編又は特記<br>により指定さ<br>れた機器　★<br>機器名<br>〔　　　〕 | (2) 表示等<br>・電源表示（・白　・製造者標準色）　　　　・有<br>・荷電表示　　　　　　　　　　　　　　　・有<br>・巻取完了表示　　　　　　　　　　　　　・有<br>・異常表示　　　　　　　　　　　　　　　・有<br>表示の光源は、原則として発光ダイオード | 無しの場合理由を記入 |
| | (3) 接点及び端子<br>・空気調和機連動用接点及び端子　　　　　・有<br>・巻取完了表示用接点及び端子　　　　　　・有<br>・故障状態表示用接点及び端子　　　　　　・有 | 無しの場合理由を記入 |
| 塗　装 | 製造者の標準仕様の明細を記入 | |
| 特記仕様 | 照合表以外の要求事項を記載 | |
| 後日提出する<br>図書 | 完成図　　　　　　　　　　　　　　　　部<br>取扱説明書　　　　　　　　　　　　　　部<br>試験成績書　　　　　　　　　　　　　　部 | |
| 備考 | | |

〇印のもの及び無印のものにより製作し、・印のものは適用しない。

使用しない単位・項目は、横線で消し、製造仕様欄には明細を記載する。

［令和4年版］

製造者名 _____

| 項　目 | 設計仕様 | 製造仕様 |
|---|---|---|
| 一般事項　★ | 荷電部で帯電したじん埃粒子を集じん部で有効に付着、凝集拡大した後、アフターフィルターにより捕集する構造<br>保守点検ドア用安全スイッチ（表示灯付）　・有　・無<br>残留電荷放電装置　　　　　　　　　　　　・有　・無<br>安全スイッチ（表示灯付）の保護金網<br>（吸込側にダクトを接続しない場合）　　・有　・無 | |
| 荷電部　★ | 高電圧に荷電された放電線により電離領域を形成し、じん埃粒子を陽イオンに帯電させる構造 | |
| 集じん部　★ | 極板間に高電圧電界を形成させ、帯電したじん埃粒子を接地極板に付着させるもの（高電圧電源部には自動復帰式の短絡保護装置を設ける） | |
| アフターフィルター　★（パネル） | ろ材の方式　・再生式　・非再生式<br>ろ材の特性　(a) 難燃性であること（JACA No.11A）<br>　　　　　　(b) 吸湿性の少ないこと<br>　　　　　　(c) 腐敗及びかびの発生が目視されないこと | 材質　試験データ等を添付 |
| プレフィルター　★ | 荷電部の入口に設け、粗じんを捕集するもの<br>製造者の標準仕様の明細を記入 | |
| ケーシング　★ | ・鋼板（防錆処理）<br>・溶融アルミニウム－亜鉛鉄板 | |
| 制御及び操作盤<br>各編又は特記により指定された機器　★ | 電気事業法　　　　　　　　　　　　　　　　適用<br>電気設備に関する技術基準を定める省令　　　適用<br>電気用品安全法　　　　　　　　　　　　　　適用 | |
| | ・製造者の標準附属盤内に収納する<br>・特記（・屋内用　・屋外用） | 収納場所（　　　　　　　　） |
| 機器名<br>〔　　　　　〕 | (1) 過負荷及び欠相保護装置<br>　過負荷保護装置<br>　・必要（・電動機ごと）<br>　・不要<br>　　・0.2kW以下の電動機回路及び過電流遮断器の定格電流が15A（配線用遮断器の場合は20A）以下の単相電動機回路 | （容量　　　A） |

［令和4年版］

| 項　目 | 設計仕様 | 製造仕様 |
|---|---|---|
| 制御及び<br>操作盤<br>各編又は特記<br>により指定さ<br>れた機器　★<br>機器名<br>〔　　　〕 | 欠相保護装置<br>・必要（・電動機ごと　・一括）<br>・不要<br>　・0.2kW以下の電動機回路及び過電流遮断器の定<br>　　格電流が15A（配線用遮断器の場合は20A）以<br>　　下の単相電動機回路<br>　・1ユニットの装置で電動機自体に有効な保護サ<br>　　ーモ等の焼損防止装置がある場合 | （容量　　　　A）<br><br><br><br>焼損防止装置（　　　　） |
| | (2) 表示等<br>　・電源表示（・白　・製造者標準色）　　　　・有<br>　・荷電表示　　　　　　　　　　　　　　　・有<br>　・異常表示　　　　　　　　　　　　　　　・有<br>　表示の光源は、原則として発光ダイオード | 無しの場合理由を記入 |
| | (3) 接点及び端子<br>　・空気調和機連動用接点及び端子　　　　　・有<br>　・故障状態表示用接点及び端子　　　　　　・有 | 無しの場合理由を記入 |
| 塗　装 | 製造者の標準仕様の明細を記入 | |
| 特記仕様 | 照合表以外の要求事項を記載 | |
| 後日提出する<br>図書 | 完成図　　　　　　　　　　　　　　　　　　部<br>取扱説明書　　　　　　　　　　　　　　　　部<br>試験成績書　　　　　　　　　　　　　　　　部 | |
| 備考 | | |

〇印のもの及び無印のものにより製作し、・印のものは適用しない。

使用しない単位・項目は、横線で消し、製造仕様欄には明細を記載する。

［令和4年版］

# 自動巻取形エアフィルター　試験成績書
## （記号　　　　　　　　　　　）

工事件名 _____

_____

製造者形式 _____

系統名 _____

試験日　　令和　　年　　月　　日

製造者名 _____

製造番号 _____

| | | |
|---|---|---|
| | | |

試験結果

| 試験項目 | | 設計仕様 | 判定基準 | 測定値 | 判　定 | 適　用 |
|---|---|---|---|---|---|---|
| 電　源 | φ、V、Hz | | | | | |
| 運転電流 | A | | | | | |
| ろ材寸法（幅×長さ） | mm×m | | | | | |
| 通過面積 | m$^2$ | | | | | |
| 面風速 | m/s | | | | | |
| 初期圧力損失 | Pa | | 仕様値以下 | | | |
| 試験終了圧力損失 | Pa | | 仕様値以下 | | | |
| 初期粒子捕集率 | % | | 仕様値以上 | | | |
| 試験粉じん保持量 | g/m$^2$ | | 仕様値以上 | | | |
| 試験法　JIS B 9908-1 | | 第1部 | | | | |
| 　　　　JIS B 9908-3 | | 第3部 | | | | |
| 一次側絶縁抵抗 | MΩ | | | | | |
| 一次側耐電圧 | | | | | | |

備考

電気集じん器（自動巻取形）　試験成績書
（記号　　　　　　　　　　）

工事件名 _____　　試験日　　令和　　年　　月　　日

_____　　製造者名 _____

製造者形式 _____　　製造番号 _____

系統名 _____

| | | |
|---|---|---|
| | | |

試験結果

| 試験項目 | | 設計仕様 | 判定基準 | 測定値 | 判 定 | 適 用 |
|---|---|---|---|---|---|---|
| 電　源 | φ、V、Hz | | | | | |
| 運転電流 | A | | | | | |
| ろ材寸法（幅×長さ） | mm×m | | | | | |
| 通過面積 | m$^2$ | | | | | |
| 面風速 | m/s | | | | | |
| 初期圧力損失 | Pa | | 仕様値以下 | | | |
| 試験終了圧力損失 | Pa | | 仕様値以下 | | | |
| 初期粒子捕集率 | ％ | | 仕様値以上 | | | |
| 試験粉じん保持量 | g/m$^2$ | | 仕様値以上 | | | |
| 試験法　JIS B 9908-5 | | 第5部 | | | | |
| 一次側絶縁抵抗 | MΩ | | | | | |
| 一次側耐電圧 | | | | | | |

備考

電気集じん器（パネル形）　試験成績書
（記号　　　　　　　　　　　　　）

工事件名＿＿＿＿＿＿＿＿＿＿＿＿＿＿＿＿＿

＿＿＿＿＿＿＿＿＿＿＿＿＿＿＿＿＿

製造者形式＿＿＿＿＿＿＿＿＿＿＿＿＿

系統名＿＿＿＿＿＿＿＿＿＿＿＿＿＿＿

試験日　令和　　年　　月　　日

製造者名＿＿＿＿＿＿＿＿＿＿＿＿＿

製造番号＿＿＿＿＿＿＿＿＿＿＿＿＿

| | | |
|---|---|---|
| | | |

試験結果

| 試験項目 | 設計仕様 | 判定基準 | 測定値 | 判定 | 適用 |
|---|---|---|---|---|---|
| 電　源　　　　　φ、V、Hz | | | | | |
| 運転電流　　　　　　A | | | | | |
| ろ材寸法（幅×長さ）　mm×m | | | | | |
| 通過面積　　　　　　m² | | | | | |
| 面風速　　　　　　m/s | | | | | |
| 初期圧力損失　　　Pa | | 仕様値以下 | | | |
| 試験終了圧力損失　Pa | | 仕様値以下 | | | |
| 初期粒子捕集率　　% | | 仕様値以上 | | | |
| 試験粉じん保持量　g/m² | | 仕様値以上 | | | |
| 試験法　JIS B 9908-5 | 第5部 | | | | |
| 一次側絶縁抵抗　　MΩ | | | | | |
| 一次側耐電圧 | | | | | |

備考

# 全熱交換器

作成要領注意事項

　・回転形全熱交換器　　［標準仕様書170］
　・静止形全熱交換器　　［標準仕様書P170～171］
　・全熱交換ユニット　　［標準仕様書P171］


1．　表　　　　紙　　承諾図表紙の様式により、宛名・工事件名・作成年月・社名を記載する。
2．　仕　様　表　　承諾図仕様表の様式により当該事項を記載する。
3．　照　合　表　　承諾図照合表の様式により当該事項を記載する。
　　（注）　★印のある項目については「建築材料・設備機材等品質性能評価事業（令和 4 年
　　　　　　版）」において評価しているため、当該機材の評価書の写しを添付した場合は、照
　　　　　　合表の「製造仕様」の記載を省略できる。
4．　製　作　図　面
　　　　　外　形　図　　図面は機器の外観・外形寸法及び基礎ボルト用穴の位置・径を記載する。
　　　　　　　　　　　　また、部品名は原則として「標準仕様書」の用語を用いることとし、仕様
　　　　　　　　　　　　表と重複している項目は記載しなくてもよい。
　　　　　　　　　　　　ダクト接続の方法・寸法・位置等を記載する。
　　　　　　　　　　　　保守空間等必要な事項を図示記載する。
5．　資　料　—1　　共通事項における承諾図作成要領の項による資料を添付する。
　　　性能能力線図　　性能能力線図又は数値表、静圧損失線図又は数値表を記載する。
　　　効率計算書　　　製造者の様式による効率計算書を添付する。
6．　資　料　—2　　施工上の注意事項等を参考資料として添付する。
　　　　　　　　　　　附属品・予備品の内訳、必要に応じ附属品の図面も添付する。
　　　　　　　　　　　耐震計算書を添付する。
7．　銘板記載事項　　共通事項における承諾図作成要領の項による当該事項を記載する。


　　　　　(1)製　造　者　名　　　　　　　　　　製造者の標準名称による。
　　　　　(2)形　式　品　番　　　　　　　　　　製造者の形式名称とする。
　　　　　(3)製造年月又は年　　　　　　　　　　西暦を記載する。
　　　　　(4)製　造　番　号　　　　　　　　　　製造者の標準による。
　　　　　(5)全　熱　交　換　効　率　　　％　　設計条件における製造者値を記載する。
　　　　　(6)給　気　風　量　　　㎥/h　　　設計値を記載する。
　　　　　(7)排　気　風　量　　　㎥/h　　　設計値を記載する。
　　　　　(8)圧　力　損　失　　　Pa　　　設計条件における製造者値を記載する。
　　　　　(9)電　　　　　源　　φ、V、Hz　　「φ」「相」いずれでもよい。
　　　　　(10)電動機出力又は　　　　　　kW　　製造者値を記載する。
　　　　　　　定格消費電力
　　　　　（静止形全熱交換器単体は除く）

## 仕様表

・回転形全熱交換器　　・静止形全熱交換器　　・全熱交換ユニット

設計記号 ＿＿＿＿＿＿＿＿＿＿　　台数 ＿＿＿＿

製造者形式 ＿＿＿＿＿＿＿＿＿＿＿＿＿＿　　　　製造者名 ＿＿＿＿＿＿＿＿＿＿＿＿＿＿

| 項　目 | | 単位等 | 設計仕様 | 製造仕様 |
|---|---|---|---|---|
| 給気量 | | m³/h | | |
| 排気量 | | m³/h | | |
| 面風速（全熱交換ユニット除く） | | m/s | | |
| 全熱交換効率 | | ％ | | |
| 静圧損失（給気側） | | Pa | | |
| 静圧損失（排気側） | | Pa | | |
| 空気条件 | 還気空気温湿度 | DB℃ | | |
| | | WB℃ | | |
| | 外気空気温湿度 | DB℃ | | |
| | | WB℃ | | |
| | 給気空気温湿度 | DB℃ | | |
| | | WB℃ | | |
| 電　源 | | φ、V、Hz | | |
| 消費電力 | | kW | | |
| 製品質量 | | kg | | |
| 備考 | | | | |

〇印のもの及び無印のものにより製作し、・印のものは適用しない。

使用しない単位・項目は、横線で消し、製造仕様欄には明細を記載する。

・回転形全熱交換器　・静止形全熱交換器

製造者名　　　　　　　　　　　　　　　

| 項　目 | 設計仕様 | 製造仕様 |
|---|---|---|
| 一般事項　　　★ | ・処理風量が 2,000m³/h 以上のもの<br>・処理風量が 2,000m³/h 未満（製造者の標準仕様） | |
| | 全熱交換効率<br>・面風速 2.5m/s で 75％以上（回転形の場合）<br>・面風速 1.0m/s で 70％以上（静止形の場合） | |
| | 騒音及び振動が少ないこと。 | |
| 熱交換エレメント<br>　　　　　★ | 材質〔・難燃性（JIS Z 2150 又は JIS A 1322）<br>　　　・その他〕 | |
| 駆動装置　　　★<br>（回転形の場合） | 構成　減速機、駆動伝達部、電動機等<br>回転数制御装置（特記　・有　・無） | |
| ケーシング　　★ | 骨組材料〔・形鋼　・軽量形鋼〕<br>外装材料〔・鋼板　・亜鉛鉄板<br>　　　　　・電気亜鉛鉄板〕<br>厚さ　1.2mm 以上　・塗装　・防錆処理<br>点検口（電動機内蔵の場合） | |
| 電動機<br>（回転形の場合） | 製造者の標準仕様の明細を記入 | |

[令和 4 年版]

・回転形全熱交換器　・静止形全熱交換器

| 項　目 | 設計仕様 | 製造仕様 |
|---|---|---|
| 塗　装 | 製造者の標準仕様の明細を記入 | |
| 附属品　　　★ | (ｱ) ダクト用相フランジ（必要な場合）　一式<br>(ｲ) 電源用端子台（回転形の場合）　　　一式<br>(ｳ) 銘板*　　　　　　　　　　　　　　一式 | |
| 特記仕様 | 照合表以外の要求事項を記載 | |
| 後日提出する図書 | 完成図　　　　　　　　　　　　　部<br>取扱説明書　　　　　　　　　　　部<br>試験成績書　　　　　　　　　　　部 | |
| 備考 | | |

○印のもの及び無印のものにより製作し、・印のものは適用しない。

使用しない単位・項目は、横線で消し、製造仕様欄には明細を記載する。

［令和4年版］

製造者名　_____

| 項　目 | 設計仕様 | 製造仕様 |
|---|---|---|
| 一般事項　　★ | ・処理風量が 1,000m³/h 未満の天井隠ぺい形<br>　（カセット形は除く）<br>・処理風量が 500m³/h 以上 6,000m³/h 以下の<br>　床置形<br>・自動換気切換機能を有するもの | |
| | 全熱交換効率<br>・58%以上（風量が 1,000m³/h 未満）<br>・60%以上（風量が 1,000m³/h 以上） | |
| | 許容騒音レベル<br>天井隠ぺい形（カセット形は除く）<br>・1,000m³/h 未満は 40dB(A) 以下<br>床置形<br>・1,000m³/h 未満は 45dB(A) 以下<br>・1,000m³/h 以上 2,000m³/h 未満は 50dB(A) 以下<br>・2,000m³/h 以上 3,000m³/h 未満は 67dB(A) 以下<br>・3,000m³/h 以上 6,000m³/h 以下は 70dB(A) 以下<br><br>注　1.　天井隠ぺい形の機外静圧は、200Pa 以<br>　　　　下の場合とする。<br>　　2.　床置形の機外静圧は、300Pa 以下の場<br>　　　　合とする。 | |
| 熱交換エレメント<br>　　　　　★ | 材質〔・難燃性（JIS Z 2150 又は JIS A 1322）<br>　　　・その他〕 | |
| 電動機 | 製造者の標準仕様の明細を記入 | |
| 塗　装 | 製造者の標準仕様の明細を記入 | |
| 附属品　　　★ | (ｱ) 運転表示灯及び操作スイッチ（特記によ<br>　　る）　　　　　　　　　　　　　　1組<br>(ｲ) 電源用端子台　　　　　　　　　　一式<br>(ｳ) 固定金具（必要な場合）　　　　　一式<br>(ｴ) 銘板*　　　　　　　　　　　　　一式 | |

［令和元年版］

| 項　目 | 設計仕様 | 製造仕様 |
|---|---|---|
| 特記仕様 | 照合表以外の要求事項を記載 | |
| 後日提出する図書 | 完成図　　　　　　　　　　　　　　部 | |
| | 取扱説明書　　　　　　　　　　　　部 | |
| | 試験成績書　　　　　　　　　　　　部 | |
| 備考 | | |

〇印のもの及び無印のものにより製作し、・印のものは適用しない。

使用しない単位・項目は、横線で消し、製造仕様欄には明細を記載する。

[令和4年版]

回転形全熱交換器　試験成績表
（記号　　　　　　　　　）

工事件名 ＿＿＿＿＿＿＿＿＿＿＿＿＿＿　　試験日　　令和　　年　　月　　日
＿＿＿＿＿＿＿＿＿＿＿＿＿＿＿＿＿　　製造者名 ＿＿＿＿＿＿＿＿＿＿＿＿＿
製造者形式 ＿＿＿＿＿＿＿＿＿＿＿＿＿　　製造番号 ＿＿＿＿＿＿＿＿＿＿＿＿＿

|  |  |  |
|---|---|---|
|  |  |  |
|  |  |  |

試験結果

| 試験項目 | | 設計仕様 | 判定基準 | 測定値 | 判　定 | 適　用 |
|---|---|---|---|---|---|---|
| 電　源　　　φ、V、Hz | |  | ― | ― | ― | JIS B 8628 による |
| 電動機出力又は 定格消費電力　　　kW | |  |  |  |  | |
| 定格風量　　　　m³/h | |  |  |  |  | |
| 全熱交換効率*　　%  | |  | 仕様値以上 |  |  | |
| 圧力 損失 | 給気側　　Pa |  | 仕様値以下 |  |  | |
|  | 排気側　　Pa |  | 仕様値以下 |  |  | |
| 給気量**　　　　m³/h | |  |  |  |  | |
| 排気量**　　　　m³/h | |  |  |  |  | |

備考

　＊ 面風速が2.5m/sの状態における全熱交換効率

＊＊ 給気量及び排気量は圧力損失値の場合の値とする。

261

静止形全熱交換器　試験成績表
（記号　　　　　　　　　　）

工事件名 _____　　試験日　　令和　　年　　月　　日

_____　　製造者名 _____

製造者形式 _____　　製造番号 _____

|  |  |  |
|---|---|---|
|  |  |  |

試験結果

| 試験項目 |  | 設計仕様 | 判定基準 | 測定値 | 判 定 | 適 用 |
|---|---|---|---|---|---|---|
| 定格風量 | $m^3/h$ |  |  |  |  | JIS B 8628 |
| 全熱交換効率* | % |  | 仕様値以上 |  |  | による |
| 圧力 | 給気側　　Pa |  | 仕様値以下 |  |  |  |
| 損失 | 排気側　　Pa |  | 仕様値以下 |  |  |  |
| 給気量** | $m^3/h$ |  |  |  |  |  |
| 排気量** | $m^3/h$ |  |  |  |  |  |

備考

＊ 面風速が 1.0m/s の状態における全熱交換効率

＊＊ 給気量及び排気量は圧力損失値の場合の値とする。

全熱交換ユニット　試験成績表
（記号　　　　　　　　　　）

工事件名 ＿＿＿＿＿＿＿＿＿＿＿＿＿＿＿＿

＿＿＿＿＿＿＿＿＿＿＿＿＿＿＿＿

製造者形式 ＿＿＿＿＿＿＿＿＿＿＿＿＿＿

試験日　　　令和　　年　　月　　日

製造者名 ＿＿＿＿＿＿＿＿＿＿＿＿＿＿

製造番号 ＿＿＿＿＿＿＿＿＿＿＿＿＿

|  |  |  |
|---|---|---|
|  |  |  |

試験結果

| 試験項目 | 設計仕様 | 判定基準 | 測定値 | 判　定 | 適　用 |
|---|---|---|---|---|---|
| 電　源　　　　φ、V、Hz |  | ― | ― | ― | JIS B 8628による |
| 電動機出力又は 定格消費電力　　　kW |  |  |  |  |  |
| 定格風量　　　　m³/h |  |  |  |  |  |
| 全熱交換効率　　　　% |  | 仕様値以上 |  |  |  |
| 給気量　　　　m³/h |  |  |  |  |  |
| 排気量　　　　m³/h |  |  |  |  |  |
| 騒　音　　　　dB(A) | 測定値を記入する |  |  |  |  |

備考

放熱器等

作成要領注意事項

ファンコンベクター　［標準仕様P172〜173］

1．表　　　紙　　　承諾図表紙の様式により、宛名・工事件名・作成年月・社名を記載する。
2．仕　様　表　　　承諾図仕様表の様式により当該事項を記載する。
3．照　合　表　　　承諾図照合表の様式により当該事項を記載する。
4．製　作　図　面
　　　外　形　図　　　図面は機器の外観・外形寸法及び基礎ボルト用穴の位置・径を記載する。
　　　　　　　　　　　また、部品名は原則として「標準仕様書」の用語を用いることとし、仕
　　　　　　　　　　　様表と重複している項目は記載しなくてもよい。
　　　内部構造図　　　代表機種による構造図でもよい。
　　　電気結線図　　　集中制御盤がある場合には、別図を作成する。
　　形式別台数表　　　形式別台数表を添付する。
5．資　料 ─1　　　共通事項における承諾図作成要領の項による資料を添付する。
　　性能能力線図　　　性能能力線図又は数値表、損失水頭線図。
　　　騒　　　音　　　必要に応じ周波数特性（NC曲線）を添付する。
6．資　料 ─2　　　施工上の注意事項等を参考資料として添付する。
　　　　　　　　　　　バルブ類の図面、固定金具の図面を添付する。
7．銘板記載事項　　　共通事項における承諾図作成要領の項による当該事項を記載する。

|  |  |  |
|---|---|---|
| (1)製　造　者　名 |  | 製造者の標準名称による。 |
| (2)形　式　品　番 |  | 製造者の標準形式による。 |
| (3)形　　　　　番 |  | 設計図書記号とする。 |
| (4)製造年月又は年 |  | 西暦を記載する。 |
| (5)製　造　番　号 |  | 製造者の標準による。 |
| (6)暖　房　能　力 | kW | 製造者値を記載する。 |
| (7)風　　　　　量 | m³/h | 吐出風量の測定条件及び試験方法は、JIS A 4007の規定による。 |
| (8)吸　込　空　気　温　度 | ℃ | 設計値を記載する。（DB℃） |
| (9)温　水　入　口　温　度 | ℃ | 設計値を記載する。 |
| 　　又は蒸気圧力 | kPa |  |
| (10)電　　　　　源 | φ、V、Hz | 「φ」「相」いずれでもよい。 |
| (11)電　動　機　入　力 | VA | 製造者値を記載する。 |
| (12)騒　音　レ　ベ　ル | dB(A) | 製造者値を記入する。 |

## ファンコンベクター　形式別台数表

製造者名　＿＿＿＿＿＿＿＿＿＿＿＿

| 形　番 | | HUF-3 | | HUF-4 | | HUF-6 | | 備　考 |
|---|---|---|---|---|---|---|---|---|
| 配管勝手 | | 左 | 右 | 左 | 右 | 左 | 右 | |
| 床置形 | 露出形 | | | | | | | |
| | 埋込形 | | | | | | | |
| 天井吊り形 | 露出形 | | | | | | | |
| | 埋込形 | | | | | | | |
| ローボイ形 | 露出形 | | | | | | | |
| | 埋込形 | | | | | | | |
| 天井吊りカセット形 | | | | | | | | |
| 小　計 | | | | | | | | |
| 形　番 | | HUF-8 | | | | | | |
| 配管勝手 | | 左 | 右 | 左 | 右 | 左 | 右 | |
| 床置形 | 露出形 | | | | | | | |
| | 埋込形 | | | | | | | |
| 天井吊り形 | 露出形 | | | | | | | |
| | 埋込形 | | | | | | | |
| ローボイ形 | 露出形 | | | | | | | |
| | 埋込形 | | | | | | | |
| 天井吊りカセット形 | | | | | | | | |
| 小　計 | | | | | | | | |
| 合計台数 | | | | | | | | |

| 集中制御等特記事項 |
|---|
| |
| 棟別・系統別等 |
| |
| 予備フィルター、予備灯の数量 |
| |

ファンコンベクター　仕様表

設計記号 ＿＿＿＿＿＿＿＿　台数 ＿＿＿＿＿

製造者形式 ＿＿＿＿＿＿＿＿＿＿＿＿＿　製造者名 ＿＿＿＿＿＿＿＿＿＿＿＿＿

・床置露出形　・床置埋込形　・天井吊り露出形　・天井埋込形　・天井吊りカセット形
・ローボイ露出形　・ローボイ埋込形
（空気条件 DB　℃）（入口水温　℃、　蒸気圧力　kPa）

| 項　目 | 単位等 | 設計 仕様 | 製造 仕様 | 設計 仕様 | 製造 仕様 | 設計 仕様 | 製造 仕様 |
|---|---|---|---|---|---|---|---|
| 形　番 | | HUF-3 | | HUF-4 | | HUF-6 | |
| 吐出風量 | m³/h | | | | | | |
| 騒音レベル | dB(A) | | | | | | |
| 暖房能力 | kW | | | | | | |
| 水　量 | L/min | | | | | | |
| 入力値(1φ、100V) | VA | | | | | | |
| 損失水頭 | kPa | | | | | | |
| 製品質量 | kg | | | | | | |

| 項　目 | 単位等 | 設計 仕様 | 製造 仕様 | 設計 仕様 | 製造 仕様 | 設計 仕様 | 製造 仕様 |
|---|---|---|---|---|---|---|---|
| 形　番 | | HUF-8 | | | | | |
| 定格風量 | m³/h | | | | | | |
| 騒音レベル | dB(A) | | | | | | |
| 暖房能力 | kW | | | | | | |
| 水　量 | L/min | | | | | | |
| 入力値（1φ、100V） | VA | | | | | | |
| 損失水頭 | kPa | | | | | | |
| 製品質量 | kg | | | | | | |

特記仕様

○印のもの及び無印のものにより製作し、・印のものは適用しない。

使用しない単位・項目は、横線で消し、製造仕様欄には明細を記載する。

製造者名＿＿＿＿＿＿＿＿＿＿＿＿＿＿＿＿＿

| 項　目 | 設計仕様 | 製造仕様 |
|---|---|---|
| 一般事項 | ・JIS A 4007（ファンコンベクタ）<br>形式〔・床置露出形　・床置埋込形<br>　　　・天井吊り露出形　・天井埋込形<br>　　　・天井吊りカセット形<br>　　　・ローボーイ露出形　・ローボーイ埋込形〕 | |
| ケーシング | 材　質〔・鋼板（・防錆処理・塗装）<br>　　　　・溶融アルミニウム－亜鉛鉄板〕<br>厚　さ　・0.6mm 以上<br>　　　　・0.8mm 以上（床置露出形の場合）<br>操作ふた〔・合成樹脂製　・その他〕<br>床置形の固定方法〔・壁　・床〕 | |
| コイル | フィン形状　　・フラット形　・ウェーブ形<br>　　　　　　・スリット形　・ルーバー形<br>フィンの材質　・アルミニウム板（AL 成分 99％以上）<br>　　　　　　・アルミニウム箔（AL 成分 99％以上） | |
| | 管の材質　JIS H 3300（銅及び銅合金の継目無管）の<br>　　　　　　C1100、C1201、C1220<br>管の肉厚　・0.35mm 以上（温水の場合）<br>　　　　　・0.5 mm 以上（蒸気の場合）<br>ヘッダー材質（ヘッダー付きの場合）<br>　　　・JIS H 3100（銅及び銅合金の板並びに条）<br>　　　・JIS H 3300（銅及び銅合金の継目無し管）<br>　　　・JIS G 5501（ねずみ鋳鉄品） | |
| | 温水コイル　・手動エア抜弁（青銅製） | |
| 吹出口 | 構造　製造者の標準仕様<br>　　　・気流方向の調整が可能なもの<br>　　　・ケーシング内に脱落しないもの | |
| エアフィルター | 製造者の標準仕様の明細を記入 | |

［令和 4 年版］

| 項　目 | 設計仕様 | 製造仕様 |
|---|---|---|
| 送風機 | 羽根形状　多翼形<br>風量調整（操作スイッチによる）<br>　　〔・連続可変　・3段階〕 | |
| 電動機 | 製造者の標準仕様の明細を記入 | |
| 塗　装 | 製造者の標準仕様の明細を記入 | |
| 附属品 | （ア）運転表示灯、操作スイッチ（床置形は配線共）<br>　　　　　　　　　　　　　　　　　　　一式<br>（イ）・電源用コード（約1.5m）及び<br>　　　　接地極付ロック式プラグ（床置露出形）　一式<br>　　　・電源用端子台（その他）　　　　　一式<br>（ウ）銘板*　　　　　　　　　　　　　一式 | |
| 特記仕様 | 照合表以外の要求事項を記載 | |
| 後日提出する図書 | 完成図　　　　　　　　　　　　　　　部<br>取扱説明書　　　　　　　　　　　　　部<br>試験成績書　　　　　　　　　　　　　部 | |
| 備考 | | |

○印のもの及び無印のものにより製作し、・印のものは適用しない。

使用しない単位・項目は、横線で消し、製造仕様欄には明細を記載する。

［令和4年版］

271

ファンコンベクター　試験成績書

（記号　　　　　　　　　　　　　　）

工事件名 _____

_____

形式 _____

試験日　　令和　　年　　月　　日

製造者名 _____

種類 _____

| | | |
|---|---|---|
| | | |

試験結果

| 形番 | 製造者形式 | 試験項目 | 設計仕様 | 判定基準 | 測定値 | 判定 | 適用 |
|---|---|---|---|---|---|---|---|
| HUF-3 | | 暖房能力　　kW | | 仕様値以上 | | | 入口温水温度℃ |
| | | （通水量）L/min | | | | | 入口空気温度℃・DB |
| | | 風量　　　　m³/h | | 仕様値以上 | | | |
| | | 定格消費電力 W | | 仕様値以下 | | | |
| | | 騒音レベル dB(A) | | 仕様値以下 | | | |
| HUF-4 | | 暖房能力　　kW | | 仕様値以上 | | | 入口温水温度℃ |
| | | （通水量）L/min | | | | | 入口空気温度℃・DB |
| | | 風量　　　　m³/h | | 仕様値以上 | | | |
| | | 定格消費電力 W | | 仕様値以下 | | | |
| | | 騒音レベル dB(A) | | 仕様値以下 | | | |
| HUF-6 | | 暖房能力　　kW | | 仕様値以上 | | | 入口温水温度℃ |
| | | （通水量）L/min | | | | | 入口空気温度℃・DB |
| | | 風量　　　　m³/h | | 仕様値以上 | | | |
| | | 定格消費電力 W | | 仕様値以下 | | | |
| | | 騒音レベル dB(A) | | 仕様値以下 | | | |
| HUF-8 | | 暖房能力　　kW | | 仕様値以上 | | | 入口温水温度℃ |
| | | （通水量）L/min | | | | | 入口空気温度℃・DB |
| | | 風量　　　　m³/h | | 仕様値以上 | | | |
| | | 定格消費電力 W | | 仕様値以下 | | | |
| | | 騒音レベル dB(A) | | 仕様値以下 | | | |

コイル気密耐圧試験

| 形番 | 製造者形式 | 製造番号 | 台数 | 設計仕様 | 判定基準 | 試験値 | 判定 | 備考 |
|---|---|---|---|---|---|---|---|---|
| | | | | | | | | |
| | | | | | | | | |

作成要領注意事項

- コンベクター 　　　　　［標準仕様書 P173］
- パネルラジエーター　　　［標準仕様書 P173］
- ユニットヒーター 　　　［標準仕様書 P173〜174］

1． 表　　　　紙　　　承諾図表紙の様式により、宛名・工事件名・作成年月・社名を記載する。
2． 仕　様　表　　　承諾図仕様表の様式により当該事項を記載する。
3． 照　合　表　　　承諾図照合表の様式により当該事項を記載する。
4． 製　作　図　面
　　　外　形　図　　　図面は機器の外観・外形寸法及び基礎ボルト用穴の位置・径を記載する。
　　　　　　　　　　　　また、部品名は原則として「標準仕様書」の用語を用いることとし、仕様
　　　　　　　　　　　　表と重複している項目は記載しなくてもよい。
　　　形式別台数表　　　形式別台数表を添付する。
5． 資　料　─１　　　共通事項における承諾図作成要領の項による資料を添付する。
　　　性能能力線図　　　性能能力線図又は数値表、損失水頭線図。
6． 資　料　─２　　　施工上の注意事項等を参考資料として添付する。
　　　　　　　　　　　　附属品の内訳、固定金具の図面を添付する。
7． 銘板記載事項　　　共通事項における承諾図作成要領の項による当該事項を記載する。

　　　(1)製　造　者　名　　　　　　　　　製造者の標準名称による。
　　　(2)形　式　品　番　　　　　　　　　製造者の標準形式による。
　　　(3)形　　　　　番　　　　　　　　　設計図書記号とする。
　　　(4)製造年月又は年　　　　　　　　　西暦を記載する。
　　　(5)製　造　番　号　　　　　　　　　製造者の標準による。
　　　(6)暖　房　能　力　　　　　kW　　　製造者値を記載する。

## 仕様表

・コンベクター　・パネルラジエーター　・ユニットヒーター

設計記号　　　　　　　　　　台数

製造者形式　　　　　　　　　　　　　　　製造者名

・壁掛形　・床置形
（空気条件 DB 　℃）（入口水温　　℃、　蒸気圧力　　kPa）

| 項　目 | 単　位 | 設計仕様 | 製造仕様 | 設計仕様 | 製造仕様 |
|---|---|---|---|---|---|
| 形　番 | | | | | |
| 暖房能力 | kW | | | | |
| 水　量 | L/min | | | | |
| 蒸気量 | kg/h | | | | |
| 外形寸法 | mm | | | | |
| 損失水頭 | kPa | | | | |
| 製品質量 | kg | | | | |

| 項　目 | 単　位 | 設計仕様 | 製造仕様 | 設計仕様 | 製造仕様 |
|---|---|---|---|---|---|
| 形　番 | | | | | |
| 暖房能力 | kW | | | | |
| 水　量 | L/min | | | | |
| 蒸気量 | kg/h | | | | |
| 外形寸法 | mm | | | | |
| 損失水頭 | kPa | | | | |
| 製品質量 | kg | | | | |

特記仕様

○印のもの及び無印のものにより製作し、・印のものは適用しない。

使用しない単位・項目は、横線で消し、製造仕様欄には明細を記載する。

製造者名＿＿＿＿＿＿＿＿＿＿＿＿

| 項　目 | 設計仕様 | 製造仕様 |
|---|---|---|
| 一般事項 | ・JIS A 4004(暖房用自然対流・放射形放熱器－種類及び要求事項)<br>・JIS A 1400(暖房用自然対流・放射形放熱器－性能試験方法)<br>形式〔・床置形　・壁掛形〕 | |
| ケーシング | 材　質〔・鋼板（・防錆処理・塗装）<br>　　　　・溶融アルミニウム－亜鉛鉄板〕<br>厚　さ　・0.6mm 以上<br>　　　　・0.8mm 以上（床置露出形の場合）<br>操作ふた〔・合成樹脂製　・その他〕<br>床置形の固定方法〔・壁　・床〕 | |
| コイル | フィン形状　　・フラット形　・ウェーブ形<br>　　　　　　　・スリット形　・ルーバー形<br>フィンの材質　・アルミニウム板（AL 成分99％以上）<br>　　　　　　　・アルミニウム箔（AL 成分99％以上） | |
| | 管の材質　JIS H 3300(銅及び銅合金の継目無管)の<br>　　　　　　　C1100、C1201、C1220<br>管の肉厚　・0.35mm 以上（温水の場合）<br>　　　　　・0.5 mm 以上（蒸気の場合）<br>ヘッダー材質（ヘッダー付きの場合）<br>　　　・JIS H 3100(銅及び銅合金の板並びに条)<br>　　　・JIS H 3300(銅及び銅合金の継目無し管)<br>　　　・JIS G 5501(ねずみ鋳鉄品)<br><br>温水コイル　・手動エア抜弁（青銅製） | |
| 塗　装 | 製造者の標準仕様の明細を記入 | |
| コイル取付金具 | ・鋼板製　・棒鋼製<br>ケーシング側面板に取付ける | |

［令和4年版］

| 項　目 | 設計仕様 | 製造仕様 |
|---|---|---|
| 附属品 | (ｱ) 銘板* 　　　　　　　　　　　　　　　一式 | |
| 特記仕様 | 照合表以外の要求事項を記載 | |
| 後日提出する図書 | 完成図　　　　　　　　　　　　　　　部<br>取扱説明書　　　　　　　　　　　　　部<br>試験成績書　　　　　　　　　　　　　部 | |
| 備考 | | |

〇印のもの及び無印のものにより製作し、・印のものは適用しない。

使用しない単位・項目は、横線で消し、製造仕様欄には明細を記載する。

［令和４年版］

パネルラジエーター　照合表

製造者名＿＿＿＿＿＿＿＿＿

| 項　目 | 設計仕様 | 製造仕様 |
|---|---|---|
| 一般事項 | ・JIS A 4004（暖房用自然対流・放射形放熱器－種類及び要求事項）<br>・JIS A 1400（暖房用自然対流・放射形放熱器－性能試験方法）<br>形式〔・床置形　・壁掛形〕 | |
| エレメント | 材質〔・鋳鉄　・鋼板　・銅　・アルミニウム材〕 | |
| エレメント塗装 | 製造者の標準仕様の明細を記入 | |
| 固定方法 | ・壁　・床 | |
| 附属品 | (ｱ) 銘板*　　　　　　　　　　　　　　一式 | |
| 特記仕様 | 照合表以外の要求事項を記載 | |
| 後日提出する図書 | 完成図　　　　　　　　　　　　　　　部<br>取扱説明書　　　　　　　　　　　　　部<br>試験成績書　　　　　　　　　　　　　部 | |
| 備考 | | |

○印のもの及び無印のものにより製作し、・印のものは適用しない。

使用しない単位・項目は、横線で消し、製造仕様欄には明細を記載する。

［令和4年版］

277

ユニットヒーター　照合表

製造者名　　　　　　　　　　　　　　

| 項　目 | 設計仕様 | 製造仕様 |
|---|---|---|
| 一般事項 | ・HA-012(ユニットヒーター)<br>形式〔・たて形（垂直下吹出形）・横形（水平吹出形）〕 | |
| ケーシング | 材　質〔・鋼板（・防錆処理・塗装）<br>　　　　・溶融アルミニウムー亜鉛鉄板<br>　　　　・アルミニウム板〕 | |
| コイル | フィン形状　　・フラット形　　・ウェーブ形<br>　　　　　　　・スリット形　　・ルーバー形<br>フィンの材質　・アルミニウム板（AL成分99%以上）<br>　　　　　　　・アルミニウム箔（AL成分99%以上） | |
| | 管の材質　JIS H 3300(銅及び銅合金の継目無管)の<br>　　　　　　　C1100、C1201、C1220<br>管の肉厚　・0.35mm以上（温水の場合）<br>　　　　　・0.5 mm以上（蒸気の場合）<br>ヘッダー材質（ヘッダー付きの場合）<br>　　　　　・JIS H 3100(銅及び銅合金の板並びに条)<br>　　　　　・JIS H 3300(銅及び銅合金の継目無し管)<br>　　　　　・JIS G 5501(ねずみ鋳鉄品) | |
| | 温水コイル　　・手動エア抜弁（青銅製） | |
| 送風機 | 形式〔・軸流形　・遠心形〕 | |
| 電動機 | 製造者の標準仕様の明細を記入 | |
| 吹出口 | 製造者の標準仕様の明細を記入 | |
| 附属品 | (ｱ) 電源用コード（約1.5m）及び<br>　　接地極付ロック式プラグ　　　　　　　　一式<br>(ｲ) 銘板*　　　　　　　　　　　　　　　　一式 | |
| 特記事項 | 照合表以外の要求事項を記載 | |
| 後日提出する図書 | 完成図　　　　　　　　　　　　　　　　部<br>取扱説明書　　　　　　　　　　　　　　部<br>試験成績書　　　　　　　　　　　　　　部 | |
| 備考 | | |

〇印のもの及び無印のものにより製作し、・印のものは適用しない。

使用しない単位・項目は、横線で消し、製造仕様欄には明細を記載する。

[令和4年版]

試験成績書

・コンベクター　・パネルラジエーター　・ユニットヒーター

（記号　　　　　　　　　）

工事件名 _____

_____

形式 _____

試験日　　　令和　　年　　月　　日

製造者名 _____

種類 _____

|  |  |  |
|---|---|---|
|  |  |  |

試験結果

| 形番 | 製造者形式 | 試験項目 | 設計仕様 | 判定基準 | 測定値 | 判定 | 適用 |
|---|---|---|---|---|---|---|---|
|  |  | 暖房能力　　kW |  | 仕様値以上 |  |  | 入口温水温度℃ |
|  |  | （通水量）L/min |  |  |  |  | 入口空気温度℃・DB |
|  |  | 通水抵抗　　kPa |  |  |  |  |  |
|  |  | 暖房能力　　kW |  | 仕様値以上 |  |  | 入口温水温度℃ |
|  |  | （通水量）L/min |  |  |  |  | 入口空気温度℃・DB |
|  |  | 通水抵抗　　kPa |  |  |  |  |  |
|  |  | 暖房能力　　kW |  | 仕様値以上 |  |  | 入口温水温度℃ |
|  |  | （通水量）L/min |  |  |  |  | 入口空気温度℃・DB |
|  |  | 通水抵抗　　kPa |  |  |  |  |  |
|  |  | 暖房能力　　kW |  | 仕様値以上 |  |  | 入口温水温度℃ |
|  |  | （通水量）L/min |  |  |  |  | 入口空気温度℃・DB |
|  |  | 通水抵抗　　kPa |  |  |  |  |  |
|  |  | 暖房能力　　kW |  | 仕様値以上 |  |  | 入口温水温度℃ |
|  |  | （通水量）L/min |  |  |  |  | 入口空気温度℃・DB |
|  |  | 通水抵抗　　kPa |  |  |  |  |  |

コイル気密耐圧試験

| 形番 | 製造者形式 | 製造番号 | 台数 | 設計仕様 | 判定基準 | 試験値 | 判定 | 備考 |
|---|---|---|---|---|---|---|---|---|
|  |  |  |  |  |  |  |  |  |
|  |  |  |  |  |  |  |  |  |
|  |  |  |  |  |  |  |  |  |
|  |  |  |  |  |  |  |  |  |

送風機

作成要領注意事項

・遠心送風機　　　　　　　［標準仕様書P176〜177］
・軸流送風機　　　　　　　［標準仕様書P177］
・斜流送風機　　　　　　　［標準仕様書P177］
・消音ボックス付送風機　　［標準仕様書P177］
・排煙機　　　　　　　　　［標準仕様書P178］

1．表　　　　紙　　承諾図表紙の様式により、宛名・工事件名・作成年月・社名を記載する。

2．仕　様　表　　承諾図仕様表の様式により当該事項を記載する。

3．照　合　表　　承諾図照合表の様式により当該事項を記載する。

　（注）　★印のある項目については「建築材料・設備機材等品質性能評価事業（令和4年
　　　　　版）」において評価しているため、当該機材の評価書の写しを添付した場合は、照
　　　　　合表の「製造仕様」の記載を省略できる。

4．製　作　図　面

　外　形　図　　図面は機器の外観・外形寸法及び基礎ボルト用穴の位置・径を記載する。
　　　　　　　　また、部品名は原則として「標準仕様書」の用語を用いることとし、仕
　　　　　　　　様表と重複している項目は記載しなくてもよい。

　内部構造図　　代表機種による構造図でもよい。

5．資　料　ー1　　共通事項における承諾図作成要領の項による資料を添付する。

　性能曲線図　　線図内に風量、静圧、軸動力及び効率の仕様点を表現し、設計値を記載
　　　　　　　　する。

　騒　　　音　　騒音レベルdBにより記載する。必要に応じ周波数特性を添付する。

　そ　の　他　　その他必要な計算書、証明となる書類等。

6．資　料　ー2　　施工上の注意事項等を参考資料として添付する。
　　　　　　　　　耐震計算書を添付する。

7．銘板記載事項　共通事項における承諾図作成要領の項による当該事項を記載する。

　　(1)製　造　者　名　　　　　　　　　製造者の標準名称による。

　　(2)形　　　　式　　　　　　　　　　製造者の標準形式による。

　　(3)呼　び　番　号　　No、mm　　　呼び径。製造者値を記載する。（形式中に
　　　　　　　　　　　　　　　　　　　含んでも良い）

　　(4)製造年月又は年　　　　　　　　　西暦を記載する。

　　(5)製　造　番　号　　　　　　　　　製造者の標準による。

　　(6)風　　　　量　　　$m^3/h$　　　製造者値を記載する。

　　(7)静　　　　圧　　　Pa　　　　　製造者値を記載する。

　　(8)回　　転　　数　　$min^{-1}$　　製造者値を記載する。

　　(9)電　　　　源　　　φ、V、Hz　「φ」「相」いずれでもよい。

　　(10)電　動　機　出　力　　kW　　　製造者値を記載する。

仕様表

・遠心送風機　・軸流送風機　・斜流送風機

・消音ボックス付送風機　・排煙機

設計記号_____　　　台数_____

製造者形式_____　　　製造者名_____

| 項　目 | 単位等 | 設計仕様 | 製造仕様 | 設計仕様 | 製造仕様 |
|---|---|---|---|---|---|
| 形　式 | | ・遠心<br>（・片吸込<br>　・両吸込)<br>・斜流<br>・軸流<br>・消音ボックス付<br>（・遠心　・斜流)<br>・排煙機<br>（・遠心<br>　・斜流　・軸流) | | ・遠心<br>（・片吸込<br>　・両吸込)<br>・斜流<br>・軸流<br>・消音ボックス付<br>（・遠心　・斜流)<br>・排煙機<br>（・遠心<br>　・斜流　・軸流) | |
| 設置方法 | | ・床置形<br>・天井吊形 | | ・床置形<br>・天井吊形 | |
| 呼び番号又は<br>羽根基準外径 | No<br>mm | | | | |
| 風　量 | $m^3/h$<br>$m^3/min$ | | | | |
| 機外静圧 | Pa | | | | |
| 許容騒音値 | dB | | | | |
| 電　源 | φ、V、Hz | | | | |
| 電動機出力 | kW | | | | |
| 電動機極数 | 極 | | | | |
| 基礎 | | ・標準　・防振 | | ・標準　・防振 | |
| 防振材の種類 | | ・ゴム<br>・スプリング | | ・ゴム<br>・スプリング | |
| 振動絶縁効率 | % | | | | |
| 製品質量 | kg | | | | |
| 備考 | | | | | |

〇印のもの及び無印のものにより製作し、・印のものは適用しない。

使用しない単位・項目は、横線で消し、製造仕様欄には明細を記載する。

製造者名　＿＿＿＿＿＿＿＿＿＿＿＿

| 項　　目 | 設計仕様 | 製造仕様 |
|---|---|---|
| 形　式　★ | ・多翼形送風機（JIS B 8331（多翼送風機））<br>・後向き羽根形送風機 | |
| 駆動方式　★ | ・Vベルト駆動形（ベルトガード付）<br>・電動機直動形（呼び番号2未満） | |
| ケーシング　★ | 材質　・鋼板（・塗装<br>　　　　　　　・防錆処理（亜鉛鉄板を含む））<br>成形補強　・溶接　・リベット締め<br>　　　　　　・折込み加工<br>水抜き（特記　・有　・無） | |
| 羽根車　★ | 材質　・鋼板（・塗装<br>　　　　　　　・防錆処理（亜鉛鉄板を含む））<br>　　　　・アルミニウム材 | |
| 軸受け　★ | 潤滑油の補充可（Vベルト駆動形の場合） | |
| 主　軸　★ | 材質　JIS G 4051（機械構造用炭素鋼鋼材）のS30C<br>　　　　以上 | |
| 誘導電動機の<br>規格及び<br>保護方式　★ | ・「標準仕様書」各編で指定された機器<br>・製造者の標準仕様（直動形の場合） | |
| | (1) 誘導電動機の規格<br>　・100V、200V 単相誘導電動機　JIS C 4203<br>　・200V、400V 三相誘導電動機<br>　　　（・JIS C 4210　・JIS C 4212　・JIS C 4213）<br>　・3kV　　　　　三相誘導電動機<br>　　　（・JEM 1380（寸法）<br>　　　　・JEM 1381（特性及び騒音レベル））<br>　・6kV　　　　　三相誘導電動機　製造者規格品<br>　・JISに準ずるもの | |
| | (2) 誘導電動機の保護方式　JIS C 4034-5<br>　屋外　・IP 44（全閉防まつ形）<br>　　　　・IP 22（防滴保護形）<br>　　　　　（ただし、防水上有効な構造のケー<br>　　　　　シングに納められた場合）<br>　屋内　・IP 44（全閉防まつ形）<br>　　　　・IP 22（防滴保護形）<br>　屋外設置（ケーシング　・有　・無） | |

［令和4年版］

| 項　目 | 設計仕様 | 製造仕様 |
|---|---|---|
| 誘導電動機の<br>始動方式　★ | 200V・400V 三相誘導電動機<br>（ユニット等複数台の電動機を使用する機器の電<br>　動機の出力は、同時に運転する電動機の合計出<br>　力とする。）<br>・11kW 未満（直入始動）<br>・11kW 以上<br>　・入力 4.8kVA/kW 未満（始動装置不要）<br>　・入力 4.8kVA/kW 以上<br>　　・スターデルタ　　　　・順次直入<br>　　・パートワインディング　・その他<br>　・スターデルタ始動器の使用できる構造<br>　　（機器に制御盤及び操作盤が附属しない場合）<br>・その他（特記　・有　・無） | （合計出力　　　　　kW）<br><br><br><br>最終始動時入力(kVA)<br>――――――――――――　＝<br>電動機出力(kW) |
| 塗　装 | 製造者の標準仕様の明細を記入 | |
| 附属品　★ | (ｱ) 相フランジ（フランジ接続の場合）　　一式<br>(ｲ) 鋼製共通ベッド（必要な場合）　　　　1組<br>(ｳ) 吸込口金網（必要な場合）　　　　　　1組<br>(ｴ) 銘板*　　　　　　　　　　　　　　　一式 | |
| 特記仕様　★ | 防振材　・スプリング　・防振ゴム<br>　　　　・その他（　　）<br>振動絶縁効率　　　　%以上（特記による） | |
| | 照合表以外の要求事項 | |
| 後日提出する<br>図書 | 完成図　　　　　　　　　　　　　　　　　部<br>取扱説明書　　　　　　　　　　　　　　　部<br>試験成績書　　　　　　　　　　　　　　　部 | |
| 備考 | | |

〇印のもの及び無印のものにより製作し、・印のものは適用しない。

使用しない単位・項目は、横線で消し、製造仕様欄には明細を記載する。

[令和 4 年版]

製造者名　_____

| 項　目 | | 設計仕様 | 製造仕様 |
|---|---|---|---|
| 駆動方式 | ★ | ・Ｖベルト駆動形（ベルトガード付）<br>・電動機直動形 | |
| ケーシング | ★ | 材質　・鋼板（・塗装<br>　　　　　　　・防錆処理（亜鉛鉄板を含む））<br>成形補強　・溶接　・リベット締め<br>　　　　　　　・折込み加工<br>水抜き（特記　・有　・無） | |
| 羽根車 | ★ | 材質　・鋼板（・塗装<br>　　　　　　　・防錆処理（亜鉛鉄板を含む））<br>　　　・アルミニウム材 | |
| 軸受け | ★ | 潤滑油の補充可（Ｖベルト駆動形の場合） | |
| 主　軸 | ★ | 材質　JIS G 4051（機械構造用炭素鋼鋼材）の S30C<br>　　　以上 | |
| 誘導電動機の<br>規格及び<br>保護方式　★ | | ・「標準仕様書」各編で指定された機器<br>・製造者の標準仕様（直動形の場合） | |
| | | (1) 誘導電動機の規格<br>　・100V、200V 単相誘導電動機　JIS C 4203<br>　・200V、400V 三相誘導電動機<br>　　（・JIS C 4210　・JIS C 4212　・JIS C 4213)<br>　・3kV　　　　　三相誘導電動機<br>　　（・JEM 1380（寸法)<br>　　　・JEM 1381（特性及び騒音レベル))<br>　・6kV　　　　　三相誘導電動機　製造者規格品<br>　・JIS に準ずるもの | |
| | | (2) 誘導電動機の保護方式　JIS C 4034-5<br>　屋外　・IP 44（全閉防まつ形)<br>　　　　・IP 22（防滴保護形)<br>　　　　　（ただし、防水上有効な構造のケーシ<br>　　　　　　ングに納められた場合)<br>　屋内　・IP 44（全閉防まつ形)<br>　　　　・IP 22（防滴保護形)<br>　屋外設置（ケーシング　・有　・無） | |

［令和 4 年版］

287

| 項　目 | 設計仕様 | 製造仕様 |
|---|---|---|
| 誘導電動機の<br>始動方式　★ | 200V・400V 三相誘導電動機<br>（ユニット等複数台の電動機を使用する機器の電<br>　動機の出力は、同時に運転する電動機の合計出<br>　力とする。）<br>・11kW 未満（直入始動）<br>・11kW 以上<br>　・入力 4.8kVA/kW 未満（始動装置不要）<br>　・入力 4.8kVA/kW 以上<br>　　・スターデルタ　　　　　・順次直入<br>　　・パートワインディング　・その他<br>　・スターデルタ始動器の使用できる構造<br>　　（機器に制御盤及び操作盤が附属しない場合）<br>・その他（特記　・有　・無） | （合計出力　　　　　kW）<br><br><br><br>最終始動時入力(kVA)<br>────────────── ＝<br>　電動機出力(kW) |
| 塗　装 | 製造者の標準仕様の明細を記入 | |
| 附属品　★ | (ｱ) 相フランジ（フランジ接続の場合）　　一式<br>(ｲ) 電源用端子台　　　　　　　　　　　　一式<br>(ｳ) 銘板*　　　　　　　　　　　　　　　一式 | |
| 特記仕様 | 照合表以外の要求事項を記載 | |
| 後日提出する<br>図書 | 完成図　　　　　　　　　　　　　　　　部<br>取扱説明書　　　　　　　　　　　　　　部<br>試験成績書　　　　　　　　　　　　　　部 | |
| 備考 | | |

○印のもの及び無印のものにより製作し、・印のものは適用しない。

使用しない単位・項目は、横線で消し、製造仕様欄には明細を記載する。

［令和 4 年版］

製造者名 ＿＿＿＿＿＿＿＿＿＿＿＿

| 項　　目 | 設計仕様 | 製造仕様 |
|---|---|---|
| 駆動方式　　★ | ・Ｖベルト駆動形（ベルトガード付）<br>・電動機直動形 | |
| ケーシング　★ | 材質　・鋼板（・塗装<br>　　　　　　　・防錆処理（亜鉛鉄板を含む））<br>成形補強　・溶接　・リベット締め<br>　　　　　　・折込み加工<br>水抜き（特記　・有　・無） | |
| 羽根車　　　★ | 材質　・鋼板（・塗装<br>　　　　　　　・防錆処理（亜鉛鉄板を含む））<br>　　　・アルミニウム材　・合成樹脂 | |
| 軸受け　　　★ | 潤滑油の補充可（Ｖベルト駆動形の場合） | |
| 主　　軸　　★ | 材質　JIS G 4051(機械構造用炭素鋼鋼材)のS30C<br>　　　以上 | |
| 誘導電動機の<br>規格及び<br>保護方式　　★ | ・「標準仕様書」各編で指定された機器<br>・製造者の標準仕様（直動形の場合） | |
| | (1) 誘導電動機の規格<br>　・100V、200V 単相誘導電動機　JIS C 4203<br>　・200V、400V 三相誘導電動機<br>　　　（・JIS C 4210　・JIS C 4212　・JIS C 4213)<br>　・3kV　　　　　三相誘導電動機<br>　　　（・JEM 1380（寸法）<br>　　　　・JEM 1381（特性及び騒音レベル））<br>　・6kV　　　　　三相誘導電動機　製造者規格品<br>　・JISに準ずるもの | |
| | (2) 誘導電動機の保護方式　JIS C 4034-5<br>　屋外　・IP 44（全閉防まつ形）<br>　　　　・IP 22（防滴保護形）<br>　　　　　（ただし、防水上有効な構造のケーシ<br>　　　　　　ングに納められた場合）<br>　屋内　・IP 44（全閉防まつ形）<br>　　　　・IP 22（防滴保護形）<br>　屋外設置（ケーシング　・有　・無） | |

［令和4年版］

| 項　目 | 設計仕様 | 製造仕様 |
|---|---|---|
| 誘導電動機の<br>始動方式　★ | 200V・400V 三相誘導電動機<br>（ユニット等複数台の電動機を使用する機器の電<br>　動機の出力は、同時に運転する電動機の合計出<br>　力とする。）<br>・11kW 未満（直入始動）<br>・11kW 以上<br>　・入力 4.8kVA/kW 未満（始動装置不要）<br>　・入力 4.8kVA/kW 以上<br>　　・スターデルタ　　　　・順次直入<br>　　・パートワインディング　・その他<br>　・スターデルタ始動器の使用できる構造<br>　　（機器に制御盤及び操作盤が附属しない場合）<br>・その他（特記　・有　・無） | （合計出力　　　　kW）<br><br>最終始動時入力(kVA)<br>――――――――――　＝<br>電動機出力(kW) |
| 塗　装 | 製造者の標準仕様の明細を記入 | |
| 附属品　★ | (ｱ) 相フランジ（フランジ接続の場合）　　一式<br>(ｲ) ・電源用端子台　　　　　　　　　　一式<br>　　・電源用コード（約 1m）　　　　　一式<br>(ｳ) 銘板*　　　　　　　　　　　　　　一式 | |
| 特記仕様 | 照合表以外の要求事項を記載 | |
| 後日提出する<br>図書 | 完成図　　　　　　　　　　　　　　　部<br>取扱説明書　　　　　　　　　　　　　部<br>試験成績書　　　　　　　　　　　　　部 | |
| 備考 | | |

○印のもの及び無印のものにより製作し、・印のものは適用しない。

使用しない単位・項目は、横線で消し、製造仕様欄には明細を記載する。

［令和4年版］

消音ボックス付送風機　照合表　　　　　　（1/2）

製造者名　＿＿＿＿＿＿＿＿＿＿＿＿＿＿＿

| 項　目 | 設計仕様 | 製造仕様 |
|---|---|---|
| 消音ボックス★ | 材質　・鋼板（・塗装<br>　　　　　　　　・防錆処理（亜鉛鉄板を含む））<br>厚さ 0.8mm 以上<br>形式〔・箱形　・円筒形〕<br><br>点検口〔・側板の着脱　・その他〕 | |
| 消音内張り　★ | ・JIS A 6301(吸音材料)のグラスウール吸音ボード<br>　　（40K 厚さ 25mm）<br>・その他<br>取付〔・鋲　・座金　・接着剤〕<br>ガラス繊維等の飛散防止処理を施す | |
| 送風機　　　★ | 形式　・多翼形送風機（呼び番号 2 未満）<br>　　　・後向き羽根形送風機（呼び番号 2 未満）<br>　　　・斜流送風機（呼び番号 3 以下） | |
| 駆動方式　　★ | ・V ベルト駆動形（ベルトガード付）<br>・電動機直動形（呼び番号 2 未満の遠心送風機）<br>・電動機直動形（呼び番号 3 以下の斜流送風機） | |
| ケーシング　★ | 材質　・鋼板（・塗装<br>　　　　　　・防錆処理（亜鉛鉄板を含む））<br>　　　・その他 | |
| 羽根車　　　★ | 材質　・鋼板（・塗装<br>　　　　　　・防錆処理（亜鉛鉄板を含む））<br>　　　・アルミニウム材　・合成樹脂 | |
| 軸受け　　　★ | 潤滑油の補充可（V ベルト駆動形の場合） | |
| 主　軸　　　★ | 材質　JIS G 4051(機械構造用炭素鋼鋼材)の S30C<br>　　　以上 | |

［令和 4 年版］

291

| 項　目 | 設計仕様 | 製造仕様 |
|---|---|---|
| 電動機 | 製造者の標準仕様の明細を記入（直動形の場合、極数は特記がなければ4極以上） | |
| 塗　装 | 製造者の標準仕様の明細を記入 | |
| 附属品　　★ | (ア) 相フランジ（フランジ接続の場合）　　　一式<br>(イ) ・電源用端子台　　　　　　　　　　　一式<br>　　 ・電源用コード（約1m）　　　　　　　一式<br>(ウ) 銘板*　　　　　　　　　　　　　　　　一式 | |
| 特記仕様 | 照合表以外の要求事項を記載 | |
| 後日提出する図書 | 完成図　　　　　　　　　　　　　　　　　部<br>取扱説明書　　　　　　　　　　　　　　　部<br>試験成績書　　　　　　　　　　　　　　　部 | |
| 備考 | | |

〇印のもの及び無印のものにより製作し、・印のものは適用しない。

使用しない単位・項目は、横線で消し、製造仕様欄には明細を記載する。

[令和4年版]

製造者名 _____

| 項　目 | 設計仕様 | 製造仕様 |
|---|---|---|
| 形　式　　★ | ・遠心送風機　・斜流送風機　・軸流送風機 | 該当する送風機の照合表添付 |
| 耐熱性能　　★ | ・建築基準法に適合したもの。 | |
| | ・次の耐熱性能を有すること。<br>(ｱ) 吸込温度が 280℃に達する間に異常がなく運転ができ、かつ、吸込温度が 280℃の状態で 30 分間以上異常がなく運転することができること。<br>(ｲ) 吸込温度が280℃から560℃に達する間に異常がなく運転ができ、かつ、吸込温度が560℃の状態で30分間以上著しい損傷がなく運転ができること。<br>(ｳ) (ｱ)及び(ｲ)におけるガスの加熱に用いる温度曲線は、JIS A 1304 に規定する標準加熱曲線とする。 | |
| 駆動装置及び<br>伝達装置　　★ | ・熱気流に接した場合及び排煙機からの放射熱を受けた場合において、機能に支障がない構造。 | |
| 誘導電動機の<br>規格及び<br>保護方式　　★ | ・「標準仕様書」各編で指定された機器<br>・製造者の標準仕様（直動形の場合）<br>(1) 誘導電動機の規格<br>　・100V、200V 単相誘導電動機　JIS C 4203<br>　・200V、400V 三相誘導電動機<br>　　（・JIS C 4210　・JIS C 4212　・JIS C 4213)<br>　・3kV　　　　三相誘導電動機<br>　　（・JEM 1380（寸法）<br>　　　・JEM 1381（特性及び騒音レベル))<br>　・6kV　　　　三相誘導電動機　製造者規格品<br>　・JIS に準ずるもの | |

［令和 4 年版］

| 項　目 | 設計仕様 | 製造仕様 |
|---|---|---|
| 誘導電動機の<br>規格及び<br>保護方式　★ | (2) 誘導電動機の保護方式　JIS C 4034-5<br>　屋外　・IP 44（全閉防まつ形）<br>　　　　・IP 22（防滴保護形）<br>　　　　　（ただし、防水上有効な構造のケーシン<br>　　　　　　グに納められた場合）<br>　屋内　・IP 44（全閉防まつ形）<br>　　　　・IP 22（防滴保護形）<br>　屋外設置（ケーシング　・有　・無） | |
| 誘導電動機の<br>始動方式　★ | 200V・400V 三相誘導電動機<br>（ユニット等複数台の電動機を使用する機器の電<br>　動機の出力は、同時に運転する電動機の合計出<br>　力とする。）<br>・11kW 未満（直入始動）<br>・11kW 以上<br>　・入力 4.8kVA/kW 未満（始動装置不要）<br>　・入力 4.8kVA/kW 以上<br>　　・スターデルタ　　　　　・順次直入<br>　　・パートワインディング　・その他<br>　・スターデルタ始動器の使用できる構造<br>　　（機器に制御盤及び操作盤が附属しない場合）<br>・その他（特記　・有　・無） | （合計出力　　　　kW）<br><br><br><br><br>最終始動時入力(kVA)<br>―――――――――― ＝<br>電動機出力(kW) |
| 塗　装 | 製造者の標準仕様の明細を記入 | |
| 附属品　★ | (ｱ) 相フランジ（フランジ接続の場合）　　一式<br>(ｲ) 鋼製共通ベッド（必要な場合）　　　1組<br>(ｳ) 銘板*　　　　　　　　　　　　　　一式 | |
| 特記仕様 | 照合表以外の要求事項を記載 | |
| 後日提出する<br>図書 | 完成図　　　　　　　　　　　　　　　　部<br>取扱説明書　　　　　　　　　　　　　　部<br>試験成績書　　　　　　　　　　　　　　部 | |
| 備考 | | |

　〇印のもの及び無印のものにより製作し、・印のものは適用しない。

　使用しない単位・項目は、横線で消し、製造仕様欄には明細を記載する。

［令和4年版］

送風機　試験成績書

（記号　　　　　　　）

工事件名 _____　　　試験日　　　令和　　年　　月　　日

_____　　　製造者名 _____

種類 _____　　　製造者形式 _____

製造番号 _____

|  |  |  |
|---|---|---|
|  |  |  |
|  |  |  |

試験結果

| 設計仕様<br>（標準状態<br>空気） | 送風機 | 風量 m³/min | 静圧 Pa | 回転速度 min⁻¹ | 出力 kW | 温度 ℃ | 騒音 dB(A) |  |
|---|---|---|---|---|---|---|---|---|
|  |  |  |  |  |  |  |  |  |
|  | 電動機 | 形式 | 出力 kW | 極数 P | 保護方式 | 電流 A | 電圧 V | 周波数 Hz | 相数 |
|  |  |  |  |  |  |  |  |  |  |

| 計測項目 |  | 1 | 2 | 3 | 4 | 5 |  | 判定 |
|---|---|---|---|---|---|---|---|---|
| 送風機 | 風　量　m³/min |  |  |  |  |  |  |  |
|  | 静　圧　　Pa |  |  |  |  |  |  |  |
|  | 全　圧　　Pa |  |  |  |  |  |  |  |
|  | 全圧効率　% |  |  |  |  |  |  |  |
|  | 軸動力　　kW |  |  |  |  |  |  |  |
|  | 回転速度 min⁻¹ |  |  |  |  |  |  |  |
|  | 騒　音　dB(A) |  |  |  |  |  |  |  |
| 電動機 | 電　流　　A |  |  |  |  |  |  |  |

＊線図上に適正使用範囲を記入（＊規定状態に換算した値を示す）

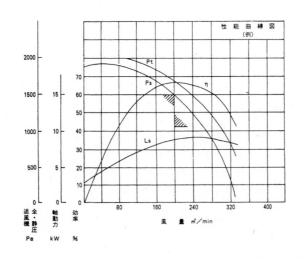

ポンプ

作成要領注意事項

1. 表　　　　紙　　承諾図表紙の様式により、宛名・工事件名・作成年月・社名を記載する。

2. 仕　様　表　　承諾図仕様表の様式により当該事項を記載する。

3. 照　合　表　　承諾図照合表の様式により当該事項を記載する。

   (注)　★印のある項目については「建築材料・設備機材等品質性能評価事業（令和 4 年版）」において評価しているため、当該機材の評価書の写しを添付した場合は、照合表の「製造仕様」の記載を省略できる。

4. 製　作　図　面

   外　形　図　　図面は機器の外観・外形寸法及び基礎ボルト用穴の位置・径を記載する。また、部品名は原則として「標準仕様書」の用語を用いることとし、仕様表と重複している項目は記載しなくてもよい。

   内部構造図　　代表機種による構造図でもよい。

5. 資　料　―1　　共通事項における承諾図作成要領の項による資料を添付する。

   性能能力線図　　全揚程、吐出し量、軸動力及び効率の仕様点を表現し、設計値を記載する。

6. 資　料　―2　　施工上の注意事項等を参考資料として添付する。

   耐震計算書を添付する。

7. 銘板記載事項　共通事項における承諾図作成要領の項による当該事項を記載する。

   (1)製　造　者　名　　　　　　　　　製造者の標準名称による。

   (2)形　　　　式　　　　　　　　　　製造者の標準形式による。

   (3)製造年月又は年　　　　　　　　　西暦を記載する。

   (4)製　造　番　号　　　　　　　　　製造者の標準による。

   (5)口　　　径　　　　mm　　　　　製造者値を記載する。

   (6)吐　出　し　量　　L/min、m³/min　製造者値を記載する。

   (7)全　揚　程　　　　m　　　　　　製造者値を記載する。

   (8)電　　　源　　　φ、V、Hz　　　「φ」「相」いずれでもよい。

   (9)電　動　機　出　力　　　kW　　　製造者値を記載する。

仕様表

・空調用ポンプ　・ボイラー給水ポンプ（・横形　・立形　・渦流形）

<u>製造者名</u>

| 項　目 | 単位等 | 設計仕様 | 製造仕様 | 設計仕様 | 製造仕様 |
|---|---|---|---|---|---|
| 設計記号 | | | | | |
| 製造者形式 | | ― | | ― | |
| 口径（吸込口） | mm | | | | |
| 吐出し量 | L/min | | | | |
| 全揚程 | m | | | | |
| 押込圧力 | MPa | | | | |
| 電　源 | φ、V、Hz | | | | |
| 電動機出力 | kW | | | | |
| 電動機極数 | 極 | | | | |
| フート弁口径<br>（必要な場合） | | | | | |
| 基礎（・標準<br>　　　・防振） | | | | | |
| 台　数 | | | | | |
| 系　統 | | | | | |
| 備考 | | | | | |

○印のもの及び無印のものにより製作し、・印のものは適用しない。

使用しない単位・項目は、横線で消し、製造仕様欄には明細を記載する。

製造者名 _____

| 項　目 | 設計仕様 | 製造仕様 |
|---|---|---|
| 駆動方式　★ | ・電動機直結形　・電動機直動形 | |
| ポンプの種類　★ | ・JIS B 8313（小形渦巻ポンプ）<br>・JIS B 8319（小形多段遠心ポンプ） | |
| 構　成　★ | ケーシング、羽根車、主軸、軸受け、電動機、共通ベース等 | |
| 共通ベース　★ | ・鋳鉄製　・鋼製 | |
| ケーシング　★ | ・JIS G 5501（ねずみ鋳鉄品）の FC200 以上<br>・JIS G 4305（冷間圧延ステンレス鋼板及び鋼帯）の SUS304<br>・JIS G 5121（ステンレス鋼鋳鋼品）の SCS13 | |
| 羽根車　★ | ・JIS H 5120（銅及び銅合金鋳物）の CAC406、CAC901<br>・JIS G 4305（冷間圧延ステンレス鋼板及び鋼帯）の SUS304<br>・JIS G 5121（ステンレス鋼鋳鋼品）の SCS13 | |
| 主　軸　★ | ・JIS G 4303（ステンレス鋼棒）の SUS304、SUS403、SUS420J2<br>・JIS G 4051（機械構造用炭素鋼鋼材）の S30C 以上<br>　（スリーブ形のものに限る） | |
| 軸　封　★ | ・パッキン<br>・メカニカルシール（超硬合金、セラミック又はカーボンの組合せ）<br>（潤滑油が搬送流体に混入しない構造） | |
| 誘導電動機の規格及び保護方式　★ | ・「標準仕様書」各編で指定された機器<br>・製造者の標準仕様 | |
| | (1) 誘導電動機の規格<br>　・100V、200V 単相誘導電動機　JIS C 4203<br>　・200V、400V 三相誘導電動機<br>　　（・JIS C 4210　・JIS C 4212　・JIS C 4213）<br>　・400V　　　三相誘導電動機　製造者規格品<br>　・3kV　　　　三相誘導電動機<br>　　（・JEM 1380（寸法）<br>　　　・JEM 1381（特性及び騒音レベル））<br>　・6kV　　　　三相誘導電動機　製造者規格品<br>　・JIS に準ずるもの | |

［令和 4 年版］

| 項　　目 | 設計仕様 | 製造仕様 |
|---|---|---|
| 誘導電動機の規格及び保護方式　★ | (2) 誘導電動機の保護方式　JIS C 4034-5<br>　屋外　・IP 44（全閉防まつ形）<br>　　　　・IP 22（防滴保護形）<br>　　　　　（ただし、防水上有効な構造のケーシングに納められた場合）<br>　屋内　・IP 44（全閉防まつ形）<br>　　　　・IP 22（防滴保護形）<br>　屋外設置（ケーシング　・有　・無） | |
| 誘導電動機の始動方式　★ | 200V・400V 三相誘導電動機<br>（ユニット等複数台の電動機を使用する機器の電動機の出力は、同時に運転する電動機の合計出力とする。）<br>・11kW 未満（直入始動）<br>・11kW 以上<br>　・入力 4.8kVA/kW 未満（始動装置不要）<br>　・入力 4.8kVA/kW 以上<br>　　・スターデルタ　　　　・順次直入<br>　　・パートワインディング　・その他<br>　・スターデルタ始動器の使用できる構造<br>　　（機器に制御盤及び操作盤が附属しない場合）<br>・その他（特記　・有　・無） | （合計出力　　　　　kW）<br><br>$$\frac{最終始動時入力(kVA)}{電動機出力(kW)} =$$ |
| 塗　　装 | 製造者の標準仕様の明細を記入 | |
| 附属品　★ | 密閉回路又は冷却水用の場合は(ア)、(イ)、(ウ)を除く<br>(ア) フート弁（口径は特記による）　　　　1個<br>　　　（ストレーナ付、ステンレス製鎖付）<br>　　・ステンレス製　・青銅製　・合成樹脂製<br>(イ) 呼び水じょうご（コック又はバルブ付）<br>　　又は呼水栓　　　　　　　　　　　　1組<br>(ウ) サクションカバー（鋳鉄製又は鋼板製）　1組<br>(エ) 圧力計<br>（ⅰ）密閉回路又は冷却水用　圧力計*　　2組<br>（ⅱ）開放回路　　　　　　　圧力計*　　1組<br>　　　　　　　　　　　　　　連成計*　　1組 | （口径　　　　A） |

［令和4年版］

| 項　目 | 設計仕様 | 製造仕様 |
|---|---|---|
| 附属品　　★ | (オ) 空気抜コック又はバルブ（必要のある場合）<br><br>　　　　　　　　　　　　　　　　1組<br>(カ) ドレン抜コック又はバルブ　　一式<br>(キ) 軸継手保護カバー（鋼板製）　1組<br>(ク) 銘板*　　　　　　　　　　　一式 | |
| 特記仕様　　★ | 防振材（防振ゴム、スプリング）<br>防振絶縁効率　　　　％以上<br>　（特記がなければ80％以上）<br><br>照合表以外の要求事項を記載 | |
| 後日提出する<br>図書 | 完成図　　　　　　　　　　　　　部<br>取扱説明書　　　　　　　　　　　部<br>試験成績書　　　　　　　　　　　部 | |
| 備考 | | |

○印のもの及び無印のものにより製作し、・印のものは適用しない。

使用しない単位・項目は、横線で消し、製造仕様欄には明細を記載する。

［令和4年版］

303

ボイラー給水ポンプ（・横形　・立形　・渦流形）　照合表　　　（1/2）

製造者名　　　　　　　　　　　　　　　　

| 項　目 | 設計仕様 | 製造仕様 |
|---|---|---|
| 形　式　　★ | ・横形　・立形　・渦流形　　（特記による） | |
| 駆動方式　　★ | ・電動機直結形　・電動機直動形 | |
| ポンプの種類<br><br>　　　　　★ | ・JIS B 8313(小形渦巻ポンプ)<br>・JIS B 8319(小形多段遠心ポンプ)<br>　（サージングポイントがないこと） | |
| 構　成　　★ | ケーシング、羽根車、主軸、軸受け、電動機、共通<br>ベース等 | |
| 共通ベース　★ | ・鋳鉄製　・鋼製 | |
| ケーシング　★ | ・JIS G 5501(ねずみ鋳鉄品)のFC200以上<br>・JIS G 4305(冷間圧延ステンレス鋼板及び鋼帯)の<br>SUS304<br>・JIS G 5121(ステンレス鋼鋳鋼品)のSCS13 | |
| 羽根車　　★ | ・JIS H 5120(銅及び銅合金鋳物)のCAC406、CAC901<br>・JIS G 4305(冷間圧延ステンレス鋼板及び鋼帯)の<br>SUS304<br>・JIS G 5121(ステンレス鋼鋳鋼品)のSCS13 | |
| 主　軸　　★ | ・JIS G 4303(ステンレス鋼棒)のSUS304、SUS403、<br>SUS420J2<br>・JIS G 4051(機械構造用炭素鋼鋼材)のS30C以上<br>　（スリーブ形のものに限る） | |
| 誘導電動機の<br>規格及び<br>保護方式　★ | ・「標準仕様書」各編で指定された機器<br>・製造者の標準仕様<br>(1) 誘導電動機の規格<br>　・100V、200V 単相誘導電動機 JIS C 4203<br>　・200V、400V 三相誘導電動機<br>　　　（・JIS C 4210　・JIS C4212　・JIS C4213）<br>　・400V　　　三相誘導電動機　製造者規格品<br>　・3kV　　　三相誘導電動機<br>　　　（・JEM 1380（寸法）<br>　　　　・JEM 1381（特性及び騒音レベル））<br>　・6kV　　　三相誘導電動機　製造者規格品<br>　・JISに準ずるもの | |

［令和4年版］

| 項　目 | 設計仕様 | 製造仕様 |
|---|---|---|
| 誘導電動機の<br>規格及び<br>保護方式　★ | (2) 誘導電動機の保護方式　JIS C 4034-5<br>　屋外　・IP 44（全閉防まつ形）<br>　　　　・IP 22（防滴保護形）<br>　　　　　（ただし、防水上有効な構造のケーシン<br>　　　　　　グに納められた場合）<br>　屋内　・IP 44（全閉防まつ形）<br>　　　　・IP 22（防滴保護形）<br>　屋外設置（ケーシング　・有　・無） | |
| 誘導電動機の<br>始動方式　★ | 200V・400V 三相誘導電動機<br>（ユニット等複数台の電動機を使用する機器の電動<br>　機の出力は、同時に運転する電動機の合計出力と<br>　する。）<br>・11kW 未満（直入始動）<br>・11kW 以上<br>　・入力 4.8kVA/kW 未満（始動装置不要）<br>　・入力 4.8kVA/kW 以上<br>　　・スターデルタ　　　　　・順次直入<br>　　・パートワインディング　・その他<br>　・スターデルタ始動器の使用できる構造<br>　　（機器に制御盤及び操作盤が附属しない場合）<br>・その他（特記　・有　・無） | （合計出力　　　　　kW）<br><br><br><br><br>最終始動時入力(kVA)<br>――――――――――＝<br>電動機出力(kW) |
| 塗　装 | 製造者の標準仕様の明細を記入 | |
| 附属品　★ | (ｱ) 圧力計*又は水高計*　　　　　　　1 組<br>(ｲ) ドレン抜きコック又はバルブ　　　一式<br>(ｳ) 軸継手保護カバー（鋼板製）　　　1 組<br>(ｴ) 銘板*　　　　　　　　　　　　　一式 | |
| 特記仕様 | 照合表以外の要求事項を記載 | |
| 後日提出する<br>図書 | 完成図　　　　　　　　　　　　　　・部<br>取扱説明書　　　　　　　　　　　　・部<br>試験成績書　　　　　　　　　　　　・部 | |
| 備考 | | |

〇印のもの及び無印のものにより製作し、・印のものは適用しない。

　使用しない単位・項目は、横線で消し、製造仕様欄には明細を記載する。

［令和 4 年版］

真空給水ポンプユニット（・真空ポンプ方式　・エゼクター方式）　仕様表

形式（・単式　・複式）

製造者名 _____

| 項　目 | 単位等 | 設計仕様 | 製造仕様 | 設計仕様 | 製造仕様 |
|---|---|---|---|---|---|
| 設計記号 | | | | | |
| 製造者形式 | | ― | | ― | |
| EDR | m$^2$ | | | | |
| 吐出し量 | L/min | | | | |
| 吐出圧力 | MPa | | | | |
| 制御方法<br>（還水タンクの<br>・有　・無） | | | | | |
| 制御方法<br>（還水槽の<br>・有　・無） | | | | | |
| 電　源 | φ、V、Hz | | | | |
| 電動機出力 | kW | | | | |
| 電動機極数 | 極 | | | | |
| 補給水電磁弁 | | ・要　・否 | ・可　・否 | ・要　・否 | ・可　・否 |
| 排水ポンプ | | ・要　・否 | ・可　・否 | ・要　・否 | ・可　・否 |
| 基礎（・標準<br>・防振） | | | | | |
| 台　数 | | | | | |
| 備考 | | | | | |

〇印のもの及び無印のものにより製作し、・印のものは適用しない。

使用しない単位・項目は、横線で消し、製造仕様欄には明細を記載する。

製造者名　_____

| 項　目 | 設計仕様 | 製造仕様 |
|---|---|---|
| 構　成 | 給水ポンプ、排水ポンプ（還水タンクがない場合）、真空ポンプ、レシーバータンク、補給水電磁弁（還水タンクがない場合）、制御盤等 | |
| 形　式 | ・複式（給水ポンプ2台）　・単式（給水ポンプ1台） | |
| 制御方式 | ・還水タンクがない場合（ボイラー水位制御）<br>・還水タンクがある場合 | |
| 給水ポンプ及び排水ポンプ | ライン形遠心ポンプとし、製造者の標準仕様<br>製造者の標準仕様の明細を記入 | |
| 真空ポンプ | 製造者の標準仕様の明細を記入 | |
| レシーバータンク | JIS G 5501(ねずみ鋳鉄品) | |
| 電動機 | 製造者の標準仕様の明細を記入 | |
| 制御及び操作盤<br>製造者標準品<br>各編又は特記により指定された機器<br>機器名<br>〔　　　〕 | 電気事業法　　　　　　　　　　　　　　　　適用<br>電気設備に関する技術基準を定める省令　　適用<br>電気用品安全法　　　　　　　　　　　　　適用 | |
| | ・原則として製造者の標準附属盤内に収納する<br>・特記（・屋内用　・屋外用） | 収納場所（　　　　　　） |
| | (1) 負荷保護装置<br>　・必要（電動機ごと）<br>　・不要<br>　　・0.2kW 以下の電動機回路及び過電流遮断器の<br>　　　定格電流が 15A（配線用遮断器の場合は 20A）<br>　　　以下の単相電動機回路 | （容量　　　A） |
| | 欠相保護装置<br>　・必要（・電動機ごと　・一括）<br>　・不要<br>　　・0.2kW 以下の電動機回路及び過電流遮断器の定<br>　　　格電流が 15A（配線用遮断器の場合は 20A）以<br>　　　下の単相電動機回路 | （容量　　　A） |
| | 　　・1 ユニットの装置で電動機自体に有効な保護<br>　　　サーモ等の焼損防止装置がある場合 | 焼損防止装置（　　　） |

［令和4年版］

307

| 項　目 | 設計仕様 | 製造仕様 |
|---|---|---|
| 制御及び操作盤<br>製造者標準品<br>各編又は特記に<br>より指定された<br>機器<br>機器名<br>〔　　　　〕 | (2) 表示等<br>　・電源表示（・白　　・製造者標準色）<br>　・運転表示（・赤　　・製造者標準色）<br>　・停止表示（・緑　　・製造者標準色）<br>　・異常表示<br>　表示の光源は、原則として発光ダイオード | |
| | (3) 接点及び端子<br>　・故障状態表示用接点及び端子　　　　・有 | 無しの場合理由を記入 |
| 塗　装 | 製造者の標準仕様の明細を記入 | |
| 附属品 | (ｱ) 真空開閉器　　　　　　　　　　　　　1組<br>(ｲ) 水位開閉器　　　　　　　　　　　　一式<br>(ｳ) ストレーナ*　　　　　　　　　　　　1個<br>(ｴ) 気水分離器及び水戻し装置　　　　　一式<br>(ｵ) 水面計*　　　　　　　　　　　　　　1組<br>(ｶ) 連成計*　　　　　　　　　　　　　　1組<br>(ｷ) 仕切弁*及び逆止弁*（水ポンプ用）　一式<br>(ｸ) 補給水電磁弁（還水タンクがある場合は不要）<br>　　　　　　　　　　　　　　　　　　　一式<br>(ｹ) ドレン抜コック又はバルブ　　　　　一式<br>(ｺ) 軸継手保護カバー（鋼板製）　　　　一式<br>(ｻ) 銘板*　　　　　　　　　　　　　　　一式 | |
| 特記仕様 | 照合表以外の要求事項を記載 | |
| 後日提出する<br>図書 | 完成図　　　　　　　　　　　　　　　　　部<br>取扱説明書　　　　　　　　　　　　　　　部<br>試験成績書　　　　　　　　　　　　　　　部 | |
| 備考 | | |

○印のもの及び無印のものにより製作し、・印のものは適用しない。

使用しない単位・項目は、横線で消し、製造仕様欄には明細を記載する。

［令和4年版］

製造者名＿＿＿＿＿＿＿＿＿＿＿＿＿

| 項　目 | 設計仕様 | 製造仕様 |
|---|---|---|
| 構　成 | 循環ポンプ、エゼクターノズル、給水電動弁、補給水電動弁（還水タンクがない場合）、レシーバータンク、制御盤等 | |
| 形　式 | ・複式（循環ポンプ2台）　・単式（循環ポンプ1台） | |
| 制御方式 | ・還水タンクがない場合（ボイラー水位制御）<br>・還水タンクがある場合 | 複式の場合、運転方法を記入 |
| 循環ポンプ | ライン形遠心ポンプとし、製造者の標準仕様とする<br>製造者の標準仕様の明細を記入 | |
| エゼクターノズル | ・JIS G 4303(ステンレス鋼棒)<br>・JIS G 5502(球状黒鉛鋳鉄)<br>・JIS G 5121(ステンレス鋼鋳鋼品) | |
| レシーバータンク | ・鋼板<br>・JIS G 3452(配管用炭素鋼鋼管) | |
| タンク内面防錆 | 耐熱塗装（100℃に耐えられるもの） | |
| 電動機 | 製造者の標準仕様の明細を記入 | |
| 制御及び操作盤<br>製造者標準品<br>各編又は特記により指定された機器<br><br>機器名<br>〔　　　　〕 | 電気事業法　　　　　　　　　　　　　　　　　　適用<br>電気設備に関する技術基準を定める省令　　　　　適用<br>電気用品安全法　　　　　　　　　　　　　　　　適用<br>・原則として製造者の標準附属盤内に収納する<br>・特記（・屋内用　・屋外用）<br>(1) 過負荷及び欠相保護装置<br>　過負荷保護装置<br>　・必要（電動機ごと）<br>　・不要<br>　　・0.2kW 以下の電動機回路及び過電流遮断器の<br>　　　定格電流が 15A（配線用遮断器の場合は 20A)<br>　　　以下の単相電動機回路<br>　欠相保護装置<br>　・必要（・電動機ごと　・一括）<br>　・不要<br>　　・0.2kW 以下の電動機回路及び過電流遮断器の<br>　　　定格電流が 15A（配線用遮断器の場合は 20A)<br>　　　以下の単相電動機回路 | 収納場所（　　　　　　）<br><br><br>（容量　　　A)<br><br><br><br>（容量　　　A) |

[令和4年版]

| 項　目 | 設計仕様 | 製造仕様 |
|---|---|---|
| 制御及び操作盤<br>製造者標準品 | ・1ユニットの装置で電動機自体に有効な保護サーモ等の焼損防止装置がある場合 | 焼損防止装置（　　　　） |
| 各編又は特記により指定された機器　、<br>機器名<br>〔　　　　〕 | (2) 表示等<br>・電源表示（・白　・製造者標準色）<br>・運転表示（・赤　・製造者標準色）<br>・停止表示（・緑　・製造者標準色）<br>・異常表示<br>表示の光源は、原則として発光ダイオード | |
| | (3) 接点及び端子<br>・故障状態表示用接点及び端子　　　　・有 | 無しの場合理由を記入 |
| 塗　装 | 製造者の標準仕様の明細を記入 | |
| 附属品 | (ｱ) 真空開閉器　　　　　　　　　　　　1組<br>(ｲ) 水位開閉器　　　　　　　　　　　一式<br>(ｳ) 水面計*　　　　　　　　　　　　　1組<br>(ｴ) 連成計*　　　　　　　　　　　　　1組<br>(ｵ) エゼクターノズルの吸引部に仕切弁*<br>　　ストレーナ*及び逆止弁*　　　　一式<br>(ｶ) 給水電動弁、仕切弁、逆止弁　　　1組<br>(ｷ) 補給水電磁弁（還水タンクがある場合は不要）<br>　　　　　　　　　　　　　　　　　一式<br>(ｸ) 銘板*　　　　　　　　　　　　　一式 | |
| 特記仕様 | 照合表以外の要求事項を記載 | |
| 後日提出する図書 | 完成図　　　　　　　　　　　　　　　部<br>取扱説明書　　　　　　　　　　　　　部<br>試験成績書　　　　　　　　　　　　　部 | |
| 備考 | | |

○印のもの及び無印のものにより製作し、・印のものは適用しない。

使用しない単位・項目は、横線で消し、製造仕様欄には明細を記載する。

［令和4年版］

310

オイルポンプ　仕様表

形式（・渦流　・歯車)　　　用途（・灯油　・A重油（1種1号))

<u>製造者名　　　　　　　　　　　</u>

| 項　目 | 単位等 | 設計仕様 | 製造仕様 | 設計仕様 | 製造仕様 |
|---|---|---|---|---|---|
| 設計記号 | | | | | |
| 製造者形式 | | ― | | ― | |
| 口径（吸込口) | mm | | | | |
| 吐出し量 | L/min | | | | |
| 全揚程 | m | | | | |
| 吸込圧力<br>（歯車形の場合) | Pa | | | | |
| 電　源 | φ、V、Hz | | | | |
| 電動機出力 | kW | | | | |
| 電動機極数 | 極 | | | | |
| 基礎（・標準<br>　　・防振) | | | | | |
| 台　数 | | | | | |
| 備考 | | | | | |

〇印のもの及び無印のものにより製作し、・印のものは適用しない。

使用しない単位・項目は、横線で消し、製造仕様欄には明細を記載する。

オイルポンプ　照合表

製造者名 _____

| 項　目 | 設計仕様 | 製造仕様 |
|---|---|---|
| 形　式 | ・渦流ポンプ　　　　　（特記による）<br>・歯車ポンプ | |
| 附属品 | (ｱ) 圧力計*　　　　　　　　　　　　　　1組<br>(ｲ) 連成計*　　　　　　　　　　　　　　1組<br>(ｳ) 軸継手保護カバー又はベルト保護カバー　1組<br>(ｴ) 銘板*　　　　　　　　　　　　　　一式 | |
| 電動機 | 製造者の標準仕様の明細を記入 | |
| 塗　装 | 製造者の標準仕様の明細を記入 | |
| 特記仕様 | 照合表以外の要求事項を記載 | |
| 後日提出する図書 | 完成図　　　　　　　　　　　　　　　部<br>取扱説明書　　　　　　　　　　　　　部<br>試験成績書　　　　　　　　　　　　　部 | |
| 備考 | | |

〇印のもの及び無印のものにより製作し、・印のものは適用しない。

使用しない単位・項目は、横線で消し、製造仕様欄には明細を記載する。

［令和4年版］

312

仕様表

・揚水用ポンプ（横形・立形）　・小形給水ポンプユニット

・水道用直結加圧形ポンプユニット　・給湯用循環ポンプ

・消火ポンプユニット

製造者名 _____

| 項　目 | 単位等 | 設計仕様 | 製造仕様 | 設計仕様 | 製造仕様 |
|---|---|---|---|---|---|
| 設計記号 | | | | | |
| 製造者形式 | | ― | | ― | |
| 口径（吸込口） | mm | | | | |
| 吐出し量 | L/min | | | | |
| 全揚程 | m | | | | |
| 電　源 | φ、V、Hz | | | | |
| 電動機出力 | kW | | | | |
| 電動機極数 | 極 | | | | |
| フート弁口径（必要な場合） | | | | | |
| 基礎（・標準・防振） | | | | | |
| 台　数 | | | | | |
| 系　統 | | | | | |
| 備考 | | | | | |

〇印のもの及び無印のものにより製作し、・印のものは適用しない。

使用しない単位・項目は、横線で消し、製造仕様欄には明細を記載する。

製造者名　　　　　　　　　　　　　　　　　

| 項　目 | 設計仕様 | 製造仕様 |
|---|---|---|
| 駆動方式　★ | ・電動機直結形<br>・電動機直動形（ポンプ本体と分離できる構造） | |
| ポンプの種類　★ | ・JIS B 8313(小形渦巻ポンプ)<br>・JIS B 8319(小形多段遠心ポンプ)<br>・JIS B 8322(両吸込渦巻ポンプ) | |
| 構　成　★ | ケーシング、羽根車、主軸、軸受け、電動機、共通ベース等 | |
| 共通ベース　★ | ・鋳鉄製　・鋼製 | |
| ケーシング　★ | ・JIS G 5501(ねずみ鋳鉄品)の FC200 以上<br>　（接液部にナイロンコーティングを施したもの）<br>・JIS G 4305(冷間圧延ステンレス鋼板及び鋼帯)の SUS304<br>・JIS G 5121(ステンレス鋼鋳鋼品)の SCS13 | |
| 羽根車　★ | ・JIS H 5120(銅及び銅合金鋳物)の CAC406（鉛除去表面処理されたもの）、CAC901<br>・JIS G 4305(冷間圧延ステンレス鋼板及び鋼帯)の SUS304<br>・JIS G 5121(ステンレス鋼鋳鋼品)の SCS13 | |
| 主　軸　★ | ・JIS G 4303(ステンレス鋼棒)の SUS304、SUS403、SUS420J2<br>・JIS G 4051(機械構造用炭素鋼鋼材)の S30C 以上（スリーブ形のものに限る） | |
| 軸　封　★ | ・パッキン<br>・メカニカルシール（超硬合金、セラミック又はカーボンの組合せ）<br>　（潤滑油が搬送流体に混入しない構造） | |
| 誘導電動機の規格及び保護方式　★ | ・「標準仕様書」各編で指定された機器<br>・製造者の標準仕様 | |

[令和4年版]

| 項　目 | 設計仕様 | 製造仕様 |
|---|---|---|
| 誘導電動機の<br>規格及び<br>保護方式　★ | (1) 誘導電動機の規格<br>　・100V、200V 単相誘導電動機　JIS C 4203<br>　・200V、400V 三相誘導電動機<br>　　　（・JIS C 4210　・JIS C 4212　・JIS C 4213)<br>　・3kV　　　　　三相誘導電動機<br>　　　（・JEM 1380（寸法）<br>　　　　・JEM 1381（特性及び騒音レベル））<br>　・6kV　　　　　　三相誘導電動機　製造者規格品<br>　・JIS に準ずるもの | |
| | (2) 誘導電動機の保護方式　JIS C 4034-5<br>　屋外　・IP 44（全閉防まつ形）<br>　　　　・IP 22（防滴保護形）<br>　　　　　（ただし、防水上有効な構造のケーシン<br>　　　　　　グに納められた場合）<br>　屋内　・IP 44（全閉防まつ形）<br>　　　　・IP 22（防滴保護形）<br>　屋外設置（ケーシング　・有　・無） | |
| 誘導電動機の<br>始動方式　★ | 200V・400V 三相誘導電動機<br>（ユニット等複数台の電動機を使用する機器の電動<br>　機の出力は、同時に運転する電動機の合計出力と<br>　する。）<br>・11kW 未満（直入始動）<br>・11kW 以上<br>　・入力 4.8kVA/kW 未満（始動装置不要）<br>　・入力 4.8kVA/kW 以上<br>　　・スターデルタ　　　　　・順次直入<br>　　・パートワインディング　・その他<br>　・スターデルタ始動器の使用できる構造<br>　　（機器に制御盤及び操作盤が附属しない場合）<br>・その他（特記　・有　・無） | （合計出力　　　　kW）<br><br><br>最終始動時入力(kVA)<br>――――――――――＝<br>電動機出力(kW) |
| 塗　装 | 製造者の標準仕様の明細を記入 | |

［令和 4 年版］

| 項　目 | 設計仕様 | 製造仕様 |
|---|---|---|
| 附属品　　★ | ・吸込側に押込圧力を有する場合は(ｱ)、(ｲ)、(ｳ)、(ｴ)を除く<br>・自吸式の場合は(ｱ)、(ｲ)、(ｵ)を除く<br>(ｱ) フート弁（呼び径は特記による）　　　　１個<br>　　　　（ストレーナ付、ステンレス製鎖付）<br>　　　・ステンレス製　・青銅製　・合成樹脂製<br>(ｲ) 呼び水じょうご（コック又はバルブ付き）又は<br>　　呼水栓　　　　　　　　　　　　　　　１組<br>(ｳ) サクションカバー（鋳鉄製又は鋼板製）　１組<br>(ｴ) 圧力計*、連成計*　　　　　　　　　各１組<br>(ｵ) 圧力計*　　　　　　　　　　　　　　２組<br>(ｶ) 空気抜きコック又はバルブ（必要のある場合）<br>　　　　　　　　　　　　　　　　　　　１組<br>(ｷ) ドレン抜コック又はバルブ　　　　　　一式<br>(ｸ) 軸継手保護カバー（鋼板製）　　　　　１組<br>(ｹ) 銘板*　　　　　　　　　　　　　　　一式 | （呼び径　　　　A） |
| 特記仕様 | 照合表以外の要求事項を記載 | |
| 後日提出する<br>図書 | 完成図　　　　　　　　　　　　　　　　　部<br>取扱説明書　　　　　　　　　　　　　　　部<br>試験成績書　　　　　　　　　　　　　　　部 | |
| 備考 | | |

〇印のもの及び無印のものにより製作し、・印のものは適用しない。

使用しない単位・項目は、横線で消し、製造仕様欄には明細を記載する。

［令和４年版］

316

製造者名　_____

| 項　目 | | 設計仕様 | 製造仕様 |
|---|---|---|---|
| 適　用 | ★ | 吸込み口径が50以下で定格出力が5.5kW以下のもの | |
| 駆動方式 | ★ | ・電動機直結形<br>・電動機直動形（ポンプ本体と分離できる構造） | |
| 構　成 | ★ | ケーシング、羽根車、主軸、軸受け、電動機、共通ベース等 | |
| 共通ベース | ★ | ・鋳鉄製　・鋼製 | |
| ケーシング | ★ | ・JIS G 5501(ねずみ鋳鉄品)のFC200以上<br>　（接液部にナイロンコーティングを施したもの）<br>・JIS G 4305(冷間圧延ステンレス鋼板及び鋼帯)の<br>　SUS304、SUS316<br>・JIS G 5121(ステンレス鋼鋳鋼品)のSCS13 | |
| 羽根車 | ★ | ・JIS H 5120(銅及び銅合金鋳物)のCAC406<br>　（鉛除去表面処理されたもの）<br>・JIS G 4305(冷間圧延ステンレス鋼板及び鋼帯)の<br>　SUS304、SUS316 | |
| 主　軸 | ★ | ・JIS G 4303(ステンレス鋼棒)のSUS304、SUS316、<br>　SUS403<br>・JIS G 4051(機械構造用炭素鋼鋼材)のS30C以上<br>　（スリーブ形のものに限る） | |
| 軸　封 | ★ | メカニカルシール（超硬合金、セラミック又はカーボンの組合せ）<br>（潤滑油が搬送流体に混入しない構造） | |
| 誘導電動機の<br>規格及び<br>保護方式 | ★ | ・「標準仕様書」各編で指定された機器<br>・製造者の標準仕様 | |
| 電動機 | ★ | 製造者の標準仕様の明細を記入 | |
| 塗　装 | | 製造者の標準仕様の明細を記入 | |

［令和4年版］

| 項　目 | 設計仕様 | 製造仕様 |
|---|---|---|
| 性能・仕様等★ | 次の事項は、単段の場合は JIS B 8313（小形渦巻ポンプ）、多段の場合は JIS B 8319（小形多段遠心ポンプ）の当該事項による。<br>(ｱ) ケーシング耐圧部の最小厚さ<br>(ｲ) 羽根車の最小厚さ<br>　　（ステンレス製の場合は、羽根車の外形が 100mm 以下の場合は0.5mm、100mm を超えて200mm 以下の場合は 0.8mm とする。）<br>(ｳ) ポンプ効率<br>(ｴ) 吐出し量、揚程、軸動力の各試験方法<br>(ｵ) 検査方法 | |
| 附属品　　　★ | ・吸込側に押込圧力を有する場合は(ｱ)、(ｲ)、(ｳ)、(ｴ)を除く<br>・自吸式の場合は(ｱ)、(ｲ)、(ｵ)を除く<br>(ｱ) フート弁（呼び径は特記による）　　　　1個<br>　　　（ストレーナ付、ステンレス製鎖付）<br>　　　・ステンレス製　・青銅製　・合成樹脂製<br>(ｲ) 呼び水じょうご（コック又はバルブ付き）又は呼水栓　　　　　　　　　　　　　　　1組<br>(ｳ) サクションカバー（鋳鉄製又は鋼板製）　1組<br>(ｴ) 圧力計*、連成計*　　　　　　　　　各1組<br>(ｵ) 圧力計*　　　　　　　　　　　　　　2組<br>(ｶ) 空気抜きコック又はバルブ（必要のある場合）<br>　　　　　　　　　　　　　　　　　　　1組<br>(ｷ) ドレン抜きコック又はバルブ　　　　一式<br>(ｸ) 軸継手保護カバー（鋼板製）　　　　1組<br>(ｹ) 銘板*　　　　　　　　　　　　　　一式 | （呼び径　　　　A） |
| 特記仕様 | 照合表以外の要求事項を記載 | |
| 後日提出する図書 | 完成図　　　　　　　　　　　　　　　部<br>取扱説明書　　　　　　　　　　　　　部<br>試験成績書　　　　　　　　　　　　　部 | |
| 備考 | | |

　〇印のもの及び無印のものにより製作し、・印のものは適用しない。

　使用しない単位・項目は、横線で消し、製造仕様欄には明細を記載する。

［令和4年版］

製造者名 _____

| 項　目 | 設計仕様 | 製造仕様 |
|---|---|---|
| 適　用 | 定格出力の合計が 7.5kW 以下の給水ポンプユニット | |
| 構　成 | ポンプ 2 台以上、圧力発信器等、制御盤、圧力タンク、電動機、共通ベース等 | |
| 制御方式 | インバータ制御　・吐出し圧力一定制御<br>　　　　　　　　・末端圧力推定制御 | |
| 運転方式 | ・特記による（　　　　　　　　　　　　　　　）<br>・小水量停止機能　・有<br>・24 時間強制ローテーション機能(特記　・有　・無) | |
| 駆動方式 | 電動機直動形 | |
| ケーシング | ・JIS G 4305(冷間圧延ステンレス鋼板及び鋼帯)の SUS304<br>・JIS G 5121(ステンレス鋼鋳鋼品)の SCS13 | |
| 羽根車 | ・JIS G 4305(冷間圧延ステンレス鋼板及び鋼帯)の SUS304<br>・JIS G 5121(ステンレス鋼鋳鋼品)の SCS13 | |
| 主軸 | ・JIS G 4303(ステンレス鋼棒)の SUS304、SUS403 | |
| 圧力タンク | 形式　隔膜式<br>材質　鋼板製<br>接液部の防錆（衛生上無害なもの）<br>・樹脂粉体コーティング　・樹脂ライニング<br>・樹脂シート貼り　　　　・その他 | |
| 圧力発信器等 | 圧力を受圧エレメントで検出し、制御信号を発信するもの | |
| 制御盤 | 製造者の標準仕様の明細を記入 | |
| 電動機 | 製造者の標準仕様の明細を記入 | |
| 塗　装 | 製造者の標準仕様の明細を記入 | |

［令和 4 年版］

| 項　目 | 設計仕様 | 製造仕様 |
|---|---|---|
| 附属品 | ・吸込側に押込圧力を有する場合は(ｱ)、(ｲ)、(ｳ)を除く<br>・自吸式の場合は(ｱ)、(ｲ)を除く<br>(ｱ) フート弁（口径は特記による）　ポンプ台数分<br>　　（ストレーナ付、ステンレス製鎖付)<br>　　　・ステンレス製　・青銅製　・合成樹脂製<br>(ｲ) 呼び水じょうご（コック又はバルブ付き）又は<br>　　呼水栓　　　　　　　　　　　　　　　1組<br>(ｳ) サクションカバー（鋳鉄製又は鋼板製）　1組<br>(ｴ) 圧力計　　　　　　　　　　　　　　　1組<br>(ｵ) 連成計　　　　　　　　　　　ポンプ台数分<br>(ｶ) 空気抜きコック又はバルブ（必要のある場合）<br>　　　　　　　　　　　　　　　ポンプ台数分<br>(ｷ) ドレン抜きコック又はバルブ　　　　　一式<br>(ｸ) 銘板*　　　　　　　　　　　　　　　一式 | （口径　　　　　A) |
| 特記仕様 | 照合表以外の要求事項を記載 | |
| 後日提出する<br>図書 | 完成図　　　　　　　　　　　　　　　　　部<br>取扱説明書　　　　　　　　　　　　　　　部<br>試験成績書　　　　　　　　　　　　　　　部 | |
| 備考 | | |

○印のもの及び無印のものにより製作し、・印のものは適用しない。

使用しない単位・項目は、横線で消し、製造仕様欄には明細を記載する。

［令和4年版］

製造者名　_____

| 項　目 | 設計仕様 | 製造仕様 |
|---|---|---|
| 適　用 | JWWA B 130（水道用直結加圧形ポンプユニット）によるほか水道事業者の規定によるもの | |
| 構　成 | キャビネット形、ポンプ（2台以上）、圧力発信器等、制御盤、圧力タンク、電動機、バルブ類、逆流防止装置等 | ポンプ（　　　）台 |
| 制御方式 | インバータ制御　・末端圧力推定制御<br>（停電時、直圧給水ができる構造） | |
| 運転方式 | ・自動交互運転（2台の場合）又は自動交互・並列運転（3台以上の場合）<br>・小水量停止時にポンプ自動切替<br>・ローテーション機能（3台以上の場合） | |
| 駆動方式 | 電動機直動形 | |
| ケーシング | ・JIS G 4305（冷間圧延ステンレス鋼板及び鋼帯）のSUS304<br>・JIS G 5121（ステンレス鋼鋳鋼品）のSCS13 | |
| 羽根車 | ・JIS H 5120（銅及び銅合金鋳物）のCAC406（鉛除去表面処理されたもの）、CAC901<br>・JIS G 4305（冷間圧延ステンレス鋼板及び鋼帯）のSUS304<br>・JIS G 5121（ステンレス鋼鋳鋼品）のSCS13 | |
| 主軸 | ・JIS G 4303（ステンレス鋼棒）のSUS304、SUS403、SUS420J1、SUS420J2 | |
| 圧力タンク | 形式：隔膜式　　材質：鋼板製<br>接液部の防錆（衛生上無害なもの）<br>・樹脂粉体コーティング　・樹脂ライニング<br>・樹脂シート貼り　　　　・その他 | |
| 圧力発信器等 | 圧力を受圧エレメントで検出し、電気信号を発信するもの | |

［令和4年版］

321

| 項　目 | 設計仕様 | 製造仕様 |
|---|---|---|
| 逆流防止装置 | 吸込み側に設ける<br>・JWWA B 129(水道用逆流防止弁)<br>・JWWA B 134(水道用減圧式逆流防止器)<br>接水部の材質<br>・JIS H 5120(銅及び銅合金鋳物)<br>・JIS G 4303(ステンレス鋼棒)<br>・JIS G 4304(熱間圧延ステンレス鋼板及び鋼帯)<br>・JIS G 4305(冷間圧延ステンレス鋼板及び鋼帯) | |
| バルブ類 | ・JIS H 5120(銅及び銅合金鋳物)<br>・JIS G 4303(ステンレス鋼棒)のSUS304<br>・JIS G 4305(冷間圧延ステンレス鋼板及び鋼帯)の<br>　SUS304<br>・JIS G 5121(ステンレス鋼鋳鋼品)のSCS13 | |
| 制御盤 | 製造者の標準仕様の明細を記入 | |
| 電動機 | 製造者の標準仕様の明細を記入 | |
| 塗　装 | 製造者の標準仕様の明細を記入 | |
| 附属品 | (ｱ) 銘板*　　　　　　　　　　　　　一式 | |
| 特記仕様 | 照合表以外の要求事項を記載 | |
| 後日提出する図書 | 完成図　　　　　　　　　　　　　　部<br>取扱説明書　　　　　　　　　　　　部<br>試験成績書　　　　　　　　　　　　部 | |
| 備考 | | |

○印のもの及び無印のものにより製作し、・印のものは適用しない。

使用しない単位・項目は、横線で消し、製造仕様欄には明細を記載する。

［令和4年版］

322

# 給湯用循環ポンプ　照合表

製造者名　＿＿＿＿＿＿＿＿＿＿＿＿＿

| 項　目 | 設計仕様 | 製造仕様 |
|---|---|---|
| ポンプの種類 | 電動機直動形のライン形遠心ポンプ | |
| ケーシング | ・JIS G 4305（冷間圧延ステンレス鋼板及び鋼帯）の SUS304<br>・JIS G 5121（ステンレス鋼鋳鋼品）の SCS13 | |
| 羽根車 | ・JIS G 4305（冷間圧延ステンレス鋼板及び鋼帯）の SUS304<br>・JIS G 5121（ステンレス鋼鋳鋼品）の SCS13 | |
| 主　軸 | ・JIS G 4303（ステンレス鋼棒）の SUS304、SUS403<br>　（軸受部は温水に油類が混入しない構造） | |
| 電動機 | 製造者の標準仕様の明細を記入 | |
| 塗　装 | 製造者の標準仕様の明細を記入 | |
| 附属品 | (a)　水高計*又は圧力計*　　　　　　　　1 個<br>(b)　空気抜きコック又はバルブ（必要のある場合）<br>　　　　　　　　　　　　　　　　　　1 組<br>(c)　ドレン抜きコック又はバルブ（必要のある場合）<br>　　　　　　　　　　　　　　　　　　一式<br>(d)　銘板*　　　　　　　　　　　　　　一式 | |
| 特記仕様 | 照合表以外の要求事項を記載 | |
| 後日提出する図書 | 完成図　　　　　　　　　　　　　　　部<br>取扱説明書　　　　　　　　　　　　　部<br>試験成績書　　　　　　　　　　　　　部 | |
| 備考 | | |

〇印のもの及び無印のものにより製作し、・印のものは適用しない。

使用しない単位・項目は、横線で消し、製造仕様欄には明細を記載する。

［令和 4 年版］

323

製造者名 _____

| 項　目 | 設計仕様 | 製造仕様 |
|---|---|---|
| 一般事項 | 「加圧送水装置の基準」（平成 9 年　消防庁告示第 8 号）に適合するものとし、消防法施行規則（昭和 36 年　自治省令第 6 号）第 31 条の 4 の規定に基づく登録認定機関の認定証票が貼付されたもの | |
| 構　成 | ポンプ、呼水タンク（吸込み側に押込み圧力がない場合）、制御盤等 | |
| 共通ベース | ・鋳鉄製　・鋼製 | |
| ケーシング | ・JIS G 5501(ねずみ鋳鉄品)の FC200 以上<br>・JIS G 4305(冷間圧延ステンレス鋼板及び鋼帯)の SUS304<br>・JIS G 5121(ステンレス鋼鋳鋼品)の SCS13 | |
| 羽根車 | ・JIS H 5120(銅及び銅合金鋳物)の CAC406、CAC901<br>・JIS G 4305(冷間圧延ステンレス鋼板及び鋼帯)の SUS304<br>・JIS G 5121(ステンレス鋼鋳鋼品)の SCS13 | |
| 主　軸 | ・JIS G 4303(ステンレス鋼棒)の SUS304、SUS403、SUS420J2<br>・JIS G 4051(機械構造用炭素鋼鋼材)の S30C 以上<br>　（スリーブ形のものに限る） | |
| 軸　封 | ・パッキン<br>・メカニカルシール（超硬合金又はセラミックとカーボンの組合せ）<br>（潤滑油が搬送流体に混入しない構造） | |
| 呼水タンク | 材質　ステンレス製（溶接加工）<br>有効容量　100L 以上<br>　（フート弁の呼び径が 150 以下の場合は、50L 以上）<br>接続口<br>　給水管、オーバーフロー管、排水管、逃し管、呼水管等<br>附属品<br>　ボールタップ<br>　減水警報用電極又はレベルスイッチ | |

［令和 4 年版］

| 項　目 | 設計仕様 | 製造仕様 |
|---|---|---|
| 誘導電動機の規格及び保護方式 | ・「標準仕様書」各編で指定された機器<br>・製造者の標準仕様 | |
| | (1) 誘導電動機の規格<br>　・100V、200V 単相誘導電動機　JIS C 4203<br>　・200V、400V 三相誘導電動機<br>　　（・JIS C 4210　・JIS C 4212　・JIS C 4213）<br>　・400V　　　　三相誘導電動機　製造者規格品<br>　・3kV　　　　 三相誘導電動機<br>　　（・JEM 1380（寸法）<br>　　　・JEM 1381（特性及び騒音レベル））<br>　・6kV　　　　 三相誘導電動機　製造者規格品<br>　・JIS に準ずるもの | |
| | (2) 誘導電動機の保護方式　JIS C 4034-5<br>　屋外　・IP 44（全閉防まつ形）<br>　　　　・IP 22（防滴保護形）<br>　　　　　（ただし、防水上有効な構造のケーシングに納められた場合）<br>　屋内　・IP 44（全閉防まつ形）<br>　　　　・IP 22（防滴保護形）<br>　屋外設置（ケーシング　・有　・無） | |
| 誘導電動機の始動方式 | 200V・400V 三相誘導電動機<br>（ユニット等複数台の電動機を使用する機器の電動機の出力は、同時に運転する電動機の合計出力とする。）<br>・11kW 未満（直入始動）<br>・11kW 以上<br>　・入力 4.8kVA/kW 未満（始動装置不要）<br>　・入力 4.8kVA/kW 以上<br>　　・スターデルタ　　　　　・順次直入<br>　　・パートワインディング　・その他<br>　・スターデルタ始動器の使用できる構造<br>　　（機器に制御盤及び操作盤が附属しない場合）<br>・その他（特記　・有　・無） | （合計出力　　　　　kW）<br><br><br><br><br>最終始動時入力(kVA)<br>──────────── ＝<br>電動機出力(kW) |

［令和 4 年版］

| 項　目 | 設計仕様 | 製造仕様 |
|---|---|---|
| 制御盤 | 漏電警報器（外部端子付き）を備えるものとするほか、製造者の標準仕様とする<br>製造者の標準仕様の明細を記入 | |
| 塗　装 | 製造者の標準仕様の明細を記入 | |
| 附属品 | 吸込側に押込圧力がある場合は(ｱ)、(ｲ)を除く<br>(ｱ) フート弁（呼び径は特記による）　　　　1個<br>　　　（ストレーナ付、ステンレス製鎖付）<br>　　　　　　・ステンレス製　・青銅製　・合成樹脂製<br>(ｲ) サクションカバー（鋳鉄製又は鋼板製）　1組<br>(ｳ) 仕切弁　　　　　　　　　　　　　　　1個<br>(ｴ) 逆止弁　　　　　　　　　　　　　　　1個<br>(ｵ) フレキシブルジョイント　　　　　　　1個<br>(ｶ) 水温上昇防止用逃し装置　　　　　　　1組<br>(ｷ) ポンプ性能試験装置（配管を含む。）　1組<br>(ｸ) 圧力計、連成計　　　　　　　　　　各1組<br>(ｹ) 空気抜コック又はバルブ　　　　　　　1組<br>(ｺ) ドレン抜コック又はバルブ　　　　　　一式<br>(ｻ) 軸継手保護カバー（鋼板製）　　　　　1組<br>(ｼ) 起動用圧力タンク100L（吐出側主配管に設ける止水弁の呼び径150以下は50L以上（スプリンクラー用））　　　　　　　　　　　　1個<br>(ｽ) 銘板*　　　　　　　　　　　　　　　一式 | （呼び径　　　　　A） |
| 特記仕様 | 照合表以外の要求事項を記載 | |
| 後日提出する図書 | 完成図　　　　　　　　　　　　　　　　部<br>取扱説明書　　　　　　　　　　　　　　部<br>試験成績書　　　　　　　　　　　　　　部 | |
| 備考 | | |

○印のもの及び無印のものにより製作し、・印のものは適用しない。

使用しない単位・項目は、横線で消し、製造仕様欄には明細を記載する。

［令和4年版］

仕様表

・深井戸用水中モーターポンプ　・汚水、雑排水、汚物用水中モーターポンプ

用途（・井水　・汚水　・雑排水　・汚物）　　排水用ポンプの電動機形式（・油封式　・乾式）

製造者名 _____

| 項　目 | 単位等 | 設計仕様 | 製造仕様 | 設計仕様 | 製造仕様 |
|---|---|---|---|---|---|
| 設計記号 | | | | | |
| 製造者形式 | | ― | | ― | |
| 口　径 | mm | | | | |
| 吐出し量 | L/min | | | | |
| | m³/min | | | | |
| 全揚程 | m | | | | |
| 着脱装置の有無 | | | | | |
| 設置位置<br>（深井戸用の場合） | | GL- | | GL- | |
| 水中ケーブル長さ | m | | | | |
| 電　源 | φ、V、Hz | | | | |
| 電動機出力 | kW | | | | |
| 電動機極数 | 極 | | | | |
| 台　数 | | | | | |
| 系　統 | | | | | |
| 備考 | | | | | |

○印のもの及び無印のものにより製作し、・印のものは適用しない。

使用しない単位・項目は、横線で消し、製造仕様欄には明細を記載する。

製造者名 _____

| 項　目 | 設計仕様 | 製造仕様 |
|---|---|---|
| ポンプの種類★ | JIS B 8324(深井戸用水中モーターポンプ) | |
| 構　成　★ | ケーシング、主軸、羽根車等で構成される遠心ポンプに電動機直結形とし、上部に逆止弁、吸込部にステンレス製ストレーナ | |
| ケーシング★ | ・JIS G 5501(ねずみ鋳鉄品)のFC200以上<br>・JIS G 4305(冷間圧延ステンレス鋼板及び鋼帯)のSUS304<br>・JIS G 5121(ステンレス鋼鋳鋼品)のSCS13 | |
| 羽根車　★ | ・JIS H 5120(銅及び銅合金鋳物)のCAC406<br>・JIS G 4305(冷間圧延ステンレス鋼板及び鋼帯)のSUS304<br>・JIS G 5121(ステンレス鋼鋳鋼品)のSCS13 | |
| 主　軸　★ | ・JIS G 4303(ステンレス鋼棒)のSUS304、SUS403、SUS420J2 | |
| 軸　受　★ | スラスト軸受は電動機内蔵形<br>防砂装置（耐摩耗材料を使用した軸受は除く）<br>　　　　　　　　　　　　　・有　・無 | |
| 電動機　★ | 製造者の標準仕様の明細を記入 | |
| 塗　装 | 製造者の標準仕様の明細を記入 | |
| 附属品　★ | (ｱ) 連成計*　　　　　　　　　　　　　1組<br>(ｲ) 揚水管（材質は特記による）　　　一式<br>　（・フランジ接合　・ねじ接合（呼び径32A以下））<br>(ｳ) 低水位用電極（停止及び復帰用）及び制御ケーブル（長さは特記による）　　　一式<br>(ｴ) 吐出曲管　　　　　　　　　　　　1個<br>(ｵ) 空気抜弁　　　　　　　　　　　　1個<br>(ｶ) 井戸ふた　　　　　　　　　　　　1個<br>(ｷ) 水中ケーブル（長さは特記による）一式<br>(ｸ) 銘板*　　　　　　　　　　　　　一式 | （材質　　　　　）<br><br><br>（長さ　　　　m)<br><br><br><br>（長さ　　　　m) |

［令和4年版］

| 項　目 | 設計仕様 | 製造仕様 |
|---|---|---|
| 特記仕様 | 照合表以外の要求事項を記載 | |
| 後日提出する 図書 | 完成図　　　　　　　　　　　　　　　　　部<br>取扱説明書　　　　　　　　　　　　　　　部<br>試験成績書　　　　　　　　　　　　　　　部 | |
| 備考 | | |

〇印のもの及び無印のものにより製作し、・印のものは適用しない。

使用しない単位・項目は、横線で消し、製造仕様欄には明細を記載する。

［令和4年版］

汚水、雑排水、汚物用水中モーターポンプ　照合表　　　　（1／2）

<u>製造者名</u>

| 項　目 | 設計仕様 | 製造仕様 |
|---|---|---|
| ポンプの種類★ | ・汚水用　・雑排水用　・汚物用<br>・JIS B 8325（設備排水用水中モーターポンプ）<br>　（汚物用を除く） | |
| 駆動方式　★ | ・電動機直結形　・電動機直動形 | |
| ケーシング　★ | ・JIS G 5501（ねずみ鋳鉄品）のFC150以上<br>・JIS H 5120（銅及び銅合金鋳物）のCAC406<br>・JIS G 4305（冷間圧延ステンレス鋼板及び鋼帯）の<br>　SUS304<br>・JIS G 5121（ステンレス鋼鋳鋼品）のSCS13<br>・合成樹脂製（汚物用は除く）（特記による） | |
| 羽根車　★ | ・JIS G 5501（ねずみ鋳鉄品）のFC150以上<br>・JIS H 5120（銅及び銅合金鋳物）のCAC406<br>・JIS G 4305（冷間圧延ステンレス鋼板及び鋼帯）の<br>　SUS304<br>・JIS G 5121（ステンレス鋼鋳鋼品）のSCS13<br>・合成樹脂製（汚物用は除く）（特記による） | |
| 主　軸　★ | ・JIS G 4303（ステンレス鋼棒）のSUS403、SUS304、<br>　SUS420J2 | |
| 軸　受　★ | スラスト軸受は電動機内蔵形（耐食性を有する） | |
| 電動機　★ | 水中形三相誘導電動機<br>　・油封式　・乾式（特記による） | |
| 軸封装置　★<br>（乾式の場合） | ポンプ側と電動機側に二重のメカニカルシール<br>ポンプ側メカニカルシール摺動部<br>　・超硬合金製　・炭化ケイ素製 | |
| 電動機の極数★ | 汚物用の場合〔・4極　・6極〕（特記による） | |
| 固形物<br>排出範囲　★ | 雑排水用<br>　ひも状固形物及び直径20mmの球形固形物<br>汚物用<br>　ひも状固形物及び直径53mmの球形固形物 | |
| 着脱装置　★ | ・有　・無　（特記による）<br>ガイドレール（ステンレス製）<br>固定金物（ガイドサポート） | （長さ　　　　m） |

**［令和4年版］**

330

| 項　目 | 設計仕様 | 製造仕様 |
|---|---|---|
| 塗　装 | 製造者の標準仕様の明細を記入 | |
| 附属品　　★ | (ｱ) ストレーナ（汚物用には不要）（特記による）<br><br>　　　　　　　　　　　　　　　　　　　　１組<br>(ｲ) 水中ケーブル（長さは特記による）　　一式<br>(ｳ) 銘板＊　　　　　　　　　　　　　　　２枚 | （長さ　　　　　ｍ） |
| 特記仕様 | 照合表以外の要求事項を記載 | |
| 後日提出する<br>図書 | 完成図　　　　　　　　　　　　　　　　　部<br>取扱説明書　　　　　　　　　　　　　　　部<br>試験成績書　　　　　　　　　　　　　　　部 | |
| 備考 | | |

〇印のもの及び無印のものにより製作し、・印のものは適用しない。

使用しない単位・項目は、横線で消し、製造仕様欄には明細を記載する。

［令和４年版］

ポンプ、試験成績書

（記号　　　　　　）

工事件名 _____ 　試験日　　令和　年　月　日

_____ 　製造者名 _____

種類 _____ 　製造者形式 _____

製造番号 _____

|  |  |  |
|---|---|---|
|  |  |  |

試験結果

| 設計仕様 | ポンプ | 吐出し量 L/min | 全楊程 m | 回転速度 min$^{-1}$ | 電動機出力 kW |
|---|---|---|---|---|---|
|  |  |  |  |  |  |
|  | 電動機 | 形式 | 出力 kW | 保護方式 | 回転速度 | 電流 A | 電圧 V | 周波数 Hz |
|  |  |  |  |  |  |  |  |  |

| | 計測項目 | 1 | 2 | 3 | 4 | 5 | | 判　定 |
|---|---|---|---|---|---|---|---|---|
| ポンプ | 回転速度　　min$^{-1}$ | | | | | | | |
| | 吐出し量　L/min | | | | | | | |
| | 吐出し圧力　MPa | | | | | | | |
| | 吸込圧力　　MPa | | | | | | | |
| | 測定高差　　　m | | | | | | | |
| | 速度ヘッド　m/s | | | | | | | |
| | 全揚程　　　　m | | | | | | | |
| | 理論動力　　kW | | | | | | | |
| | ポンプ効率　％ | | | | | | | |
| 電動機 | 電　圧　　　V | | | | | | | |
| | 電　流　　　A | | | | | | | |
| | 入　力　　kW | | | | | | | |
| | 効　率　　　％ | | | | | | | |
| | 出　力　　kW | | | | | | | |
| 吐出し量測定方法 | | | 水　温　　　℃ | | 水圧試験圧力　　　MPa | | | |

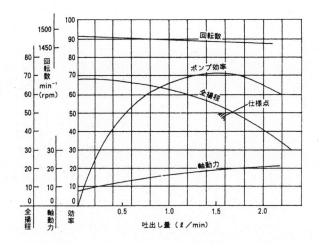

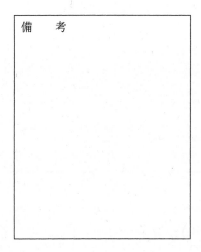

タンク及びヘッダー

作成要領注意事項


・多管形熱交換器　　　［標準仕様書 P183］

・プレート形熱交換器　［標準仕様書 P184］


1．　表　　　紙　　承諾図表紙の様式により、宛名・工事件名・作成年月・社名を記載する。

2．　仕　様　表　　承諾図仕様表の様式により当該事項を記載する。

3．　照　合　表　　承諾図照合表の様式により当該事項を記載する。

4．　製　作　図　面

　　　外　形　図　　図面は機器の外観・外形寸法及び基礎ボルト用穴の位置・径を記載する。

　　　　　　　　　　また、部品名は原則として「標準仕様書」の用語を用いることとし、仕

　　　　　　　　　　様表と重複している項目は記載しなくてもよい。

　　　詳　細　図　　溶接部並びに取付部など製作に必要な詳細図を添付する。

5．　資料 ―1　　共通事項における承諾図作成要領の項による資料を添付する。

6．　資料 ―2　　施工上の注意事項等を参考資料として添付する。

　　　　　　　　　　強度計算書、加熱コイル計算書、架台アンカーボルト耐震計算書を添付

　　　　　　　　　　する。

　　　　　　　　　　附属品の内訳等を記載する。

7．　銘板記載事項　共通事項における承諾図作成要領の項による当該事項を記載する。


　　　　7－1　多管形熱交換器

　　　　(1)製　造　者　名　　　　　　　　　製造者の標準名称による。

　　　　(2)形　式　品　番　　　　　　　　　製造者の形式名称とする。

　　　　(3)製 造 年 月 又 は 年　　　　　　西暦を記載する。

　　　　(4)製　造　番　号　　　　　　　　　製造者の標準による。

　　　　(5)内　容　積　　　　$m^3$　　　　計算値を記載する。

　　　　(6)最 高 使 用 圧 力　　MPa　　　一次側及び二次側の設計値を記載する。

　　　　(7)水 圧 試 験 圧 力　　MPa　　　一次側及び二次側の設計値を記載する。

　　　　(8)形 状 ・ 寸 法　　　mm　　　設計値を記載する。

　　　　(9)伝 熱 面 積　　　　　$m^2$　　計算値を記載する。

　　　　(10)交 換 熱 量　　　　kW　　　設計値を記載する。

　　　　(11)一 次 側 熱 源　　　MPa　　　蒸気圧力の設計値を記載する。

　　　　(12)二次側入口温度　　　℃　　　　温水入口温度の設計値を記載する。

　　　　(13)二次側出口温度　　　℃　　　　温水出口温度の設計値を記載する。

　　　　(14)二次側損失水頭　　　kPa　　　計算値を記載する。（記載しなくても可）

7－2　プレート形熱交換器

(1)製　造　者　名　　　　　　　　製造者の標準名称による。

(2)形　式　品　番　　　　　　　　製造者の形式名称とする。

(3)製造年月又は年　　　　　　　　西暦を記載する。

(4)製　造　番　号　　　　　　　　製造者の標準による。

(5)内　容　積　　　　m³　　　　計算値を記載する。

(6)最高使用圧力　　　MPa　　　一次側及び二次側の設計値を記載する。

(7)水圧試験圧力　　　MPa　　　一次側及び二次側の設計値を記載する。

(8)形　状・寸　法　　mm　　　設計値を記載する。

(9)伝　熱　面　積　　　m²　　　計算値を記載する。

(10)交　換　熱　量　　　kW　　　設計値を記載する。

(11)一次側入口温度　　　℃　　　冷温水入口温度の設計値を記載する。

(12)一次側出口温度　　　℃　　　冷温水出口温度の設計値を記載する。

(13)二次側入口温度　　　℃　　　冷温水入口温度の設計値を記載する。

(14)二次側出口温度　　　℃　　　冷温水出口温度の設計値を記載する。

(15)一次側損失水頭　　kPa　　　計算値を記載する。（記載しなくても可）

(16)二次側損失水頭　　kPa　　　計算値を記載する。（記載しなくても可）

多管形熱交換器　仕様表

用途（・蒸気－水）　・空調用

設計記号＿＿＿＿＿＿＿＿＿　台数＿＿＿＿　製造者名＿＿＿＿＿＿＿＿＿＿

・ボイラー及び圧力容器安全規則　・第1種　・小型　・適用外　　届出〔・要　・否〕

| 項　目 | | | 単　位 | 設計仕様 | 製造仕様 |
|---|---|---|---|---|---|
| 形　式 | | | | U字管式円筒多管形 | |
| 最高使用圧力 | | | MPa | | |
| 仕様 | | 交換熱量 | kW | | |
| | 一次側（蒸気） | 蒸気圧力 | MPa | | |
| | | 蒸気消費量 | kg/h | | |
| | | 最高使用圧力 | MPa | | |
| | 二次側（温水） | 入口温度 | ℃ | | |
| | | 出口温度 | ℃ | | |
| | | 水　量 | L/min | | |
| | | 損失水頭 | kPa | | |
| 缶体寸法 | 外径（D） | | mm | | |
| | 胴長（L1） | | mm | | |
| | 全長（L2） | | mm | | |
| 鋼製架台 | 有・無 | | | ・有　・無 | |
| | 高　さ | | mm | | |
| 材料板厚 | 胴板（$t_1$） | | mm | | |
| | 鏡板（$t_2$） | | mm | | |
| | 管板（$t_2$） | | mm | | |
| | 架台材料 | | | | |
| 満水質量／製品質量 | | | kg | ／ | ／ |
| 備考 | | | | | |

〇印のもの及び無印のものにより製作し、・印のものは適用しない。

使用しない単位・項目は、横線で消し、製造仕様欄には明細を記載する。

多管形熱交換器　照合表

製造者名　　　　　　　　　　　　　

| 項　目 | 設計仕様 | 製造仕様 |
|---|---|---|
| 形　式 | U字管式円筒多管形 | |
| 材　質 | 胴体<br>・鋼板<br>・JIS G 3452（配管用炭素鋼鋼管） | |
| | 管<br>・JIS H 3300（銅及び銅合金の継目無管） | |
| | 端部水室（管の内部が点検できる構造）<br>ステンレス鋼板<br>・JIS G 4304（熱間圧延ステンレス鋼板及<br>　び鋼帯）<br>・JIS G 4305（冷間圧延ステンレス鋼板及<br>　び鋼帯） | |
| 機器外面仕上 | さび止めペイント＋調合ペイント | |
| 接続口・取付座 | 蒸気管　　　　　　　　　　　　　　A<br>還水管　　　　　　　　　　　　　　A<br>温水管　　　　　　　　　　　　　　A<br>温水還り管　　　　　　　　　　　　A<br>排水管　　　　　　　　　　　　　　A<br>圧力計　　　　　　　　　　　　　　A<br>安全弁　　　　　　　　　　　　　　A<br>逃し弁　　　　　　　　　　　　　　A<br>温度検出器 | A<br>A<br>A<br>A<br>A<br>A<br>A<br>A |
| 附属品 | （ｱ）圧力計*　　　　　　　　　　　1組<br>（ｲ）安全弁*及び逃し弁　　　　　　1組<br>（ｳ）鉄はしご（特記　・有　・無）<br>　　　（溶融亜鉛めっき（HDZT49））　一式<br>（ｴ）鋼製架台（溶融亜鉛めっき（HDZT49））<br>　　　　　　　　　　　　　　　　　一式<br>（ｵ）銘板*　　　　　　　　　　　　一式 | |
| 特記仕様 | 照合表以外の要求事項を記載 | |
| 後日提出する図書 | 完成図　　　　　　　　　　　　　部<br>取扱説明書　　　　　　　　　　　部<br>試験・検査成績書　　　　　　　　部 | |
| 備考 | | |

　　〇印のもの及び無印のものにより製作し、・印のものは適用しない。

　　使用しない単位・項目は、横線で消し、製造仕様欄には明細を記載する。

［令和4年版］

多管形熱交換器　試験成績書
（記号　　　　　　　　　　　）

工事件名 _____

種類 _____

製造番号 _____

試験日　　令和　　年　　月　　日

製造者名 _____

製造者形式 _____

| | | |
|---|---|---|
| | | |
| | | |

試験結果

| 試験項目 | | 設計仕様 | 判定基準 | 測定値 | 判 定 | 適 用 |
|---|---|---|---|---|---|---|
| 材質試験 | 本体（胴板、鏡板） | | ミルシート等で確認 | | | |
| | 加熱コイル | | | | | |
| 機器外面仕上 | | | | | | |
| 寸 法 | | | | | | |
| 附属品 | | | | | | |
| 耐圧試験 | 水圧試験圧力　　MPa | 最高使用圧力の 1.5 倍に温度補正を行う | | | | |
| | 分 | | | | | |
| 安全弁 | | 安全弁の選定 | 計算書 | | | |

適用規格を記入：圧力容器構造規格　・第 1 種　・小型　ボイラー及び圧力容器安全規則

加熱コイル計算書　　・安全弁計算書

備考

341

プレート形熱交換器　仕様表

用途（・水－水）　・空調用

設計記号＿＿＿＿＿＿＿＿　台数＿＿＿＿　製造者名＿＿＿＿＿＿＿＿＿＿＿＿

・ボイラー及び圧力容器安全規則　・第1種　・小型　・適用外　　　届出〔・要　・否〕

| 項　目 | | 単　位 | 設計仕様 | 製造仕様 |
|---|---|---|---|---|
| 形　式 | | | プレート形 | |
| 最高使用圧力 | | MPa | 一次側 | |
| | | | 二次側 | |
| 循環水量 | | L/min | 一次側 | |
| | | | 二次側 | |
| 仕様 | 交換熱量 | kW | | |
| | 一次側入口温度 | ℃ | | |
| | 一次側出口温度 | ℃ | | |
| | 二次側入口温度 | ℃ | | |
| | 二次側出口温度 | ℃ | | |
| | 一次側損失水頭 | kPa | | |
| | 二次側損失水頭 | kPa | | |
| 寸法 | 幅　　　　（W） | mm | | |
| | 高さ　　　（H） | mm | | |
| | 長さ・全長（I・L） | mm | | |
| 伝熱面積 | | m² | | |
| 伝熱板板厚 | | mm | | |
| ドレンパン有無 | | mm | ・有　　・無 | |
| 満水質量／製品質量 | | kg | ／ | ／ |
| 備考 | | | | |

〇印のもの及び無印のものにより製作し、・印のものは適用しない。

使用しない単位・項目は、横線で消し、製造仕様欄には明細を記載する。

342

プレート形熱交換器　照合表

製造者名＿＿＿＿＿＿＿＿＿＿＿＿＿

| 項　目 | 設計仕様 | | 製造仕様 | |
|---|---|---|---|---|
| 形　式 | プレート形 | | | |
| 材　質 | プレート（伝熱板）<br>JIS G 4305（冷間圧延ステンレス鋼板及び<br>鋼帯）の　・SUS304　・SUS316 | | | |
| | フレーム<br>・JIS G 3101（一般構造用圧延鋼材） | | | |
| | ガスケット<br>・ニトリルゴム　・耐熱ニトリルゴム<br>・エチレンプロピレンゴム | | | |
| 接続口・取付座 | 一次水入口 | A | | A |
| | 一次水出口 | A | | A |
| | 二次水入口 | A | | A |
| | 二次水出口 | A | | A |
| 附属品 | （ア）圧力計* | 1組 | | |
| | （イ）逃し弁 | 1組 | | |
| | （ウ）ドレンパン（冷水の場合）・有　・無<br>　　　（SUS304 厚さ 1.0mm 以上） | 一式 | | |
| | （エ）銘板 | 一式 | | |
| 特記仕様 | 照合表以外の要求事項を記載 | | | |
| 後日提出する図書 | 完成図 | 部 | | |
| | 取扱説明書 | 部 | | |
| | 試験・検査成績書 | 部 | | |
| 備考 | | | | |

○印のもの及び無印のものにより製作し、・印のものは適用しない。

使用しない単位・項目は、横線で消し、製造仕様欄には明細を記載する。

［令和 4 年版］

## プレート形熱交換器　試験成績書
（記号　　　　　　　　　）

工事件名 _____

_____

種類 _____

製造番号 _____

試験日　　　令和　　年　　月　　日

製造者名 _____

製造者形式 _____

| | | |
|---|---|---|
| | | |
| | | |

試験結果

| 試験項目 | | 設計仕様 | 判定基準 | 測定値 | 判 定 | 適 用 |
|---|---|---|---|---|---|---|
| 材質試験 | フレーム | | ミルシート等で確認 | | | |
| | プレート（伝熱板） | | | | | |
| 機器防錆仕上フレーム | | | | | | |
| 寸 法 | | | | | | |
| 附属品 | | | | | | |
| 耐圧試験 | 水圧試験圧力　　MPa | 最高使用圧力の 1.5 倍に温度補正を行う | | | | |
| | 　　　　　分 | | | | | |
| 安全弁 | | 安全弁の選定 | 計算書 | | | |

適用規格を記入：圧力容器構造規格　・第 1 種　・小型　ボイラー及び圧力容器安全規則

伝熱板計算書　　・安全弁計算書

備考

344

作成要領注意事項

- 還水タンク 　　　　　　　　　［標準仕様書 P183］
- 開放形膨張タンク 　　　　　　　［標準仕様書 P184］
- 給湯用膨張・補給水タンク 　　　［標準仕様書 P273］
- 消火用充水タンク 　　　　　　　［標準仕様書 P273］
- 鋼板製一体形タンク 　　　　　　［標準仕様書 P268〜269］

1. 表　　　紙　　承諾図表紙の様式により、宛名・工事件名・作成年月・社名を記載する。
2. 仕　様　表　　承諾図仕様表の様式により当該事項を記載する。
3. 照　合　表　　承諾図照合表の様式により当該事項を記載する。
4. 製　作　図　面
　　　外　形　図　　図面は機器の外観・外形寸法及び基礎ボルト用穴の位置・径を記載する。
　　　　　　　　　　また、部品名は原則として「標準仕様書」の用語を用いることとし、仕様
　　　　　　　　　　表と重複している項目は記載しなくてもよい。
　　　詳　細　図　　溶接部並びに取付部など製作に必要な詳細図を添付する。
5. 資料　―1　　共通事項における承諾図作成要領の項による資料を添付する。
6. 資料　―2　　施工上の注意事項等を参考資料として添付する。
　　　　　　　　　　内容積計算書及び架台アンカーボルト耐震計算書を添付する。
　　　　　　　　　　附属品の内訳等を記載する。
7. 銘板記載事項　　共通事項における承諾図作成要領の項による当該事項を記載する。

　　　(1)製 造 者 名 　　　　　　　　　製造者の標準名称による。
　　　(2)製造年月又は年 　　　　　　　西暦を記載する。
　　　(3)製 造 番 号 　　　　　　　　　製造者の標準による。
　　　(4)内 　容 　積　　　$m^3$　　　　計算値を記載する。
　　　(5)形 状 ・ 寸 法　　　mm　　　　設計値を記載する。

仕様表

・還水タンク　　・開放形膨張タンク　　・鋼板製一体形タンク

・給湯用膨張・補給水タンク　　・消火用充水タンク

設計記号 ＿＿＿＿＿＿＿＿＿＿　台数 ＿＿＿＿　製造者名 ＿＿＿＿＿＿＿＿＿＿

届出〔・要　・否〕

| 項　目 | | 単　位 | 設計仕様 | 製造仕様 |
|---|---|---|---|---|
| 形　式 | | | 角型開放式 | |
| 有効容量 | | L、m³ | | |
| 設計用水平震度 | | G | | |
| 寸法 | 長さ　　　（L） | mm | | |
| | 幅　　　　（W） | mm | | |
| | 高さ　　　（H） | mm | | |
| | 溢水面高さ　（h） | mm | | |
| 中仕切の有無 | | | ・有　　・無 | |
| 鋼製架台 | 有・無 | | ・有　　・無 | |
| | 高さ | mm | | |
| 材料・板厚 | 屋根板　（t₁） | mm | | |
| | 側板　　（t₂） | mm | | |
| | 底板　　（t₃） | mm | | |
| | 中仕切板（t₄） | mm | | |
| | 架台みぞ形鋼 （[－ × × t mm） | | | |
| | 架台形鋼 （L－ × × t mm） | | | |
| 満水質量／製品質量 | | kg | ／ | ／ |

備考　　　　　　　　　　　　　　〈参考図〉

還水タンク　照合表

製造者名　_____

| 項　目 | 設計仕様 | | 製造仕様 | |
|---|---|---|---|---|
| 材　質 | JIS G 4304(熱間圧延ステンレス鋼板及び鋼帯)<br>JIS G 4305(冷間圧延ステンレス鋼板及び鋼帯)の<br>・SUS304　・SUS316　・SUS444　　（特記による） | | | |
| 構　造 | 溶接加工 | | | |
| 接続口・取付座 | 補給水管 | A | | A |
| | ボイラー給水管 | A | | A |
| | 排水管 | A | | A |
| | オーバーフロー管 | A | | A |
| | 通気管 | A | | A |
| | 還水管 | A | | A |
| | 蒸気管（特記　・有　・無） | A | | A |
| | 水面計 | A | | A |
| | 温度計 | A | | A |
| | 液面制御装置 | A | | A |
| | 温度調節装置（特記　・有　・無） | A | | A |
| 附属品 | (ｱ) 水面計* | 1組 | | |
| | (ｲ) 温度計* | 1組 | | |
| | (ｳ) 鋼製はしご（タンク本体高 1.5m 以上の場合）<br>　　（溶融亜鉛めっき(HDZT49)） | 一式 | | |
| | (ｴ) 鋼製架台（溶融亜鉛めっき(HDZT49)） | 一式 | | |
| | (ｵ) マンホール（直径 600mm 以上の円が内接する<br>　　ことができるもの） | 一式 | | |
| | (ｶ) 銘板* | 一式 | | |
| タンク外面仕上 | 絶縁用エポキシ系塗装（SUS444 製を除く） | | | |
| 特記仕様 | 照合表以外の要求事項を記載 | | | |
| 後日提出する図書 | 完成図 | 部 | | |
| | 試験・検査成績書 | 部 | | |
| 備考 | | | | |

○印のもの及び無印のものにより製作し、・印のものは適用しない。

使用しない単位・項目は、横線で消し、製造仕様欄には明細を記載する。

［令和 4 年版］

還水タンク　試験成績書
（記号　　　　　　　　　　　）

工事件名　_____

_____

種類　_____

製造番号　_____

試験日　　令和　　年　　月　　日

製造者名　_____

製造者形式　_____

| | | |
|---|---|---|
| | | |
| | | |

試験結果

| 試験項目 | 設計仕様 | 判定基準 | 測定値 | 判　定 | 適　用 |
|---|---|---|---|---|---|
| 材　質 | | ミルシート等で確認 | | | |
| 寸　法 | | 仕様値を満足すること | | | |
| 附属品　　構成品 | | | | | |
| 満水試験 | | | | | |

備考

348

照合表

・開放形膨張タンク　・給湯用膨張・補給水タンク　・消火用充水タンク

製造者名　　　　　　　　　　　　　

| 項　目 | 設計仕様 | | 製造仕様 | |
|---|---|---|---|---|
| 材　質 | ・鋼板<br>・JIS G 4304(熱間圧延ステンレス鋼板及び鋼帯)<br>　の SUS304<br>・JIS G 4305(冷間圧延ステンレス鋼板及び鋼帯)<br>　の SUS304 | | | |
| 構　造 | 溶接加工 | | | |
| 接続口・取付座 | 膨張管 | A | | A |
| | 通気管 | A | | A |
| | 給水管 | A | | A |
| | オーバーフロー管 | A | | A |
| | 排水管 | A | | A |
| | 液面制御装置 | A | | A |
| 附属品 | (ｱ) 鋼製架台(溶融亜鉛めっき(HDZT49)) 一式<br>(ｲ) 鋼製はしご(必要な場合) ・有 ・無<br>　(溶融亜鉛めっき(HDZT49)) 一式<br>(ｳ) 銘板* 一式 | | | |
| タンク内面防錆 | ・エポキシ樹脂ライニング(鋼板製の場合)<br>　被膜厚さ 0.4mm 以上 | | | |
| タンク外面仕上 | ・さび止めペイント＋合成樹脂調合ペイント<br>・絶縁用エポキシ系塗装(SUS製の場合) | | | |
| 特記仕様 | 照合表以外の要求事項を記載 | | | |
| 後日提出する図書 | 完成図 部<br>試験・検査成績書 部<br>タンク内面防錆証明書 部 | | | |
| 備考 | | | | |

○印のもの及び無印のものにより製作し、・印のものは適用しない。

使用しない単位・項目は、横線で消し、製造仕様欄には明細を記載する。

［令和4年版］

・開放形膨張タンク　　　・給湯用膨張・補給水タンク　　　・消火用充水タンク

（記号　　　　　　　　）

工事件名　　　　　　　　　　　　　　　　　　試験日　　　令和　　年　　月　　日

製造者名　　　　　　　　　　　　　　

種類　　　　　　　　　　　　　　　　　　　　製造者形式　　　　　　　　　　　

製造番号　　　　　　　　　　　　　　

|  |  |  |
|---|---|---|
|  |  |  |

試験結果

| | 試験項目 | 設計仕様 | 判定基準 | 測定値 | 判　定 | 適　用 |
|---|---|---|---|---|---|---|
| 寸法 | 仕様値を満足すること | | | | | |
| | 給水管とオーバーフロー管の距離を記入 | | | | | |
| 附属品　　構成品 | | | | | | |
| 防錆仕上（内外面） | | | | | | |
| 満水試験 | | | | | | |

備考

製造者名　_____

| 項　目 | 設計仕様 | 製造仕様 |
|---|---|---|
| 材　質 | 鋼板 | |
| 接続口・取付座<br>（フランジ形）<br>※ただし、合成樹脂、青銅等腐食及び強度を考慮した材料による通気管、呼び径 50 以下のボールタップ接続口並びに電極取付座はフランジ形としなくてもよい。 | 揚水管　　　　　　　　　　　　　A<br>給水管　　　　　　　　　　　　　A<br>排水管　　　　　　　　　　　　　A<br>オーバーフロー管　　　　　　　　A<br>通気管　　　　　　　　　　　　　A<br>電極　　　　　　　　　　　　　　A<br>給水栓用配管（特記　・有　・無）　A | A<br>A<br>A<br>A<br>A<br>A<br>A |
| 附属品 | (a) 鋼製架台（溶融亜鉛めっき仕上げ(HDZT49)）<br>　　　（特記　・有　・無）　　　一式<br>(b) ボールタップ用防波板又は電極棒用防波筒<br>　　　　　　　　　　　　　　　　一式<br>(c) マンホール（施錠式、大きさは直径 600mm以上の円が内接することができるもの。）<br>　　屋外用は内ふた（・有　・無）　一式<br>(d) はしご<br>　　　内はしご（合成樹脂製）　　一式<br>　　　外はしご　　　　　　　　　一式<br>　　　・鋼製（溶融亜鉛めっき(HDZT49)）<br>　　　・ステンレス鋼製<br>(e) 通気口（合成樹脂防虫網付き）　一式<br>(f) アンカーボルト　　　　　　　一式<br>　　　・ステンレス鋼製<br>　　　・鋼製（溶融亜鉛めっき仕上(HDZT49)）<br>(g) 銘板*　　　　　　　　　　　一式 | |
| タンク内外面防錆 | 膜厚（内側）0.4mm 以上<br>　　　　　　（・加熱硬化　・常温硬化）<br>　　（外側）0.2mm 以上<br>（前処理：JIS Z 0313　目視評価 Sa 2 以上） | 膜厚（内側）　　　　mm<br>膜厚（外側）　　　　mm |

［令和 4 年版］

| 項　目 | 設計仕様 | 製造仕様 |
|---|---|---|
| 特記仕様 | 照合表以外の要求事項を記載 | |
| 後日提出する図書 | 完成図　　　　　　　　　　　　　部<br>試験・検査成績書　　　　　　　部<br>タンク防錆処理証明書　　　　　部 | |
| 備考 | | |

○印のもの及び無印のものにより製作し、・印のものは適用しない。

使用しない単位・項目は、横線で消し、製造仕様欄には明細を記載する。

［令和4年版］

## 鋼板製一体形タンク　試験成績書
### （記号　　　　　　　　　　　）

工事件名 _____

_____

種類 _____

製造番号 _____

試験日　　　令和　　　年　　　月　　　日

製造者名 _____

製造者形式 _____

| | | |
|---|---|---|
| | | |

試験結果

容　量： _____ m³　　・1槽式　　・2槽式

サイズ：長さ_____mm×幅_____mm×高さ_____mm　（仕切位置_____mm＋_____mm）

| 試験項目 | 試験内容 | 試験結果 |
|---|---|---|
| 満水試験 | 水槽を高さ45cm以上の水平な架台にのせ、満水になった後60分以上放置し、そのままの状態で漏水の有無を調べる。<br>（JIS A 4110による） | |
| 膜厚測定<br>（エポキシ樹脂ライニング） | 膜厚（内面）　0.4mm以上<br>膜厚（外面）　0.2mm以上 | |
| 容積計算書 | | |
| 備考 | | |

作成要領注意事項

　　　空調用密閉形隔膜式膨張タンク　［標準仕様書P184～185］
　　　給湯用密閉形隔膜式膨張タンク　［標準仕様書P273］


1．　表　　　　紙　　承諾図表紙の様式により、宛名・工事件名・作成年月・社名を記載する。
2．　仕　様　表　　承諾図仕様表の様式により当該事項を記載する。
3．　照　合　表　　承諾図照合表の様式により当該事項を記載する。
　　（注）　★印のある項目については「建築材料・設備機材等品質性能評価事業（令和 4 年
　　　　　　版）」において評価しているため、当該機材の評価書の写しを添付した場合は、照
　　　　　　合表の「製造仕様」の記載を省略できる。
4．　製　作　図　面
　　　外　形　図　　図面は機器の外観・外形寸法及び基礎ボルト用穴の位置・径を記載する。
　　　　　　　　　　また、部品名は原則として「標準仕様書」の用語を用いることとし、仕様
　　　　　　　　　　表と重複している項目は記載しなくてもよい。
5．　資　料　―1　　共通事項における承諾図作成要領の項による資料を添付する。
6．　資　料　―2　　施工上の注意事項等を参考資料として添付する。
7．　銘板記載事項　　共通事項における承諾図作成要領の項による当該事項を記載する。


　　　（1)製　造　者　名　　　　　　　　　製造者の標準名称による。
　　　（2)製造年月又は年　　　　　　　　西暦を記載する。
　　　（3)内　容　積　　　　　L、㎥　　　実容積を記載する。
　　　（4)最高使用圧力　　　　MPa　　　設計値を記載する。
　　　（5)試　験　圧　力　　　MPa　　　試験値を記載する。

仕様表

・空調用密閉形隔膜式膨張タンク　　・給湯用密閉形隔膜式膨張タンク

設計記号 _____　　台数 _____

製造者形式 _____　　　製造者名 _____

適用法規：　　・第2種圧力容器構造規格　　・適用除外　　　　届出不要

| 項　目 | | 単　位 | 設計仕様 | 製造仕様 |
|---|---|---|---|---|
| 内容積 | | L、m³ | | |
| 初期充塡圧力 | | MPa | | |
| 最高使用圧力 | | MPa | | |
| 寸法 | システム全水量 | L、m³ | | |
| | 最高使用温度 | ℃ | | |
| | 補給水圧力 | MPa | | |
| 接液部防錆（給湯用） | | | | |
| 溶解栓 | | | ・要　・否 | ・可　・否 |
| 満水質量／製品質量 | | kg | ／ | ／ |

備考

　用語説明

　内　　容　　積：タンク全容積を指す。

　システム全水量：当該配管系（機器・貯湯槽を含む）に保有される総水量を指す。

　補　給　水　圧　力：当該タンク設置位置にかかる水圧を指す。

〇印のもの及び無印のものにより製作し、・印のものは適用しない。

使用しない単位・項目は、横線で消し、製造仕様欄には明細を記載する。

照合表

・給湯用密閉形隔膜式膨張タンク　・給湯用密閉形隔膜式膨張タンク

製造者名 _____

| 適用法規： | ・第2種圧力容器構造規格　・適用除外 | 届出不要 |
|---|---|---|

| 項　目 | 設計仕様 | 製造仕様 |
|---|---|---|
| 適　用　★ | ・空調用　　　・給湯用<br>最高使用温度　　100℃未満 | |
| 構　成　★ | 隔膜〔・ダイヤフラム式　・ブラダー式〕<br>膨張管　　　　　　　　　　　　　　　　A<br>空気圧調整弁　　　　　　　　　　　　　A<br>　（バルブコア（JIS D 4211（自動車用タイヤバルブコア）））<br>圧力計（第2種圧力容器構造規格品のみ）　A | A<br>A<br><br>A |
| 材　質　★ | 本体<br>・鋼板製<br>　・JIS G 3101（一般構造用圧延鋼材）<br>　・JIS G 3141（冷間圧延鋼板及び鋼帯）<br>　・JIS G 3454（圧力配管用炭素鋼鋼管）<br>　・JIS G 3457（配管用アーク溶接炭素鋼鋼管）<br>　・JIS G 3131（熱間圧延軟鋼板及び鋼帯）<br>・ステンレス鋼板製（SUS 304）（給湯用のみ）<br>隔膜　JIS K 6200（ゴム用語）に規定するゴム<br>・ブチルゴム　・スチレンブタジエンゴム<br>・イソプレンゴム　・天然ゴム<br>・エチレンプロピレンゴム | |
| 附属品　★ | (ｱ) 圧力計　　　　　　　　　　　　　1個<br>(ｲ) 溶解栓（特記　・有　・無）　　2個<br>(ｳ) 銘板*　　　　　　　　　　　　　一式 | |
| 接液部防錆　★<br>（給湯用・鋼板<br>製の場合） | ダイヤフラム式<br>　・ポリプロピレン　・ナイロン11<br>　　（・ライニング　・ライナー）<br>ブラダー式　（接液部：ステンレス鋼板製） | |
| 特記仕様 | 照合表以外の要求事項を記載 | |
| 後日提出する<br>図書 | 完成図　　　　　　　　　　　　　　　部<br>取扱説明書　　　　　　　　　　　　　部<br>試験・検査成績書　　　　　　　　　　部 | |
| 備考 | | |

○印のもの及び無印のものにより製作し、・印のものは適用しない。

使用しない単位・項目は、横線で消し、製造仕様欄には明細を記載する。

［令和4年版］

356

作成要領注意事項

　・FRP 製一体形タンク　［標準仕様書 P266～267］
　・FRP 製パネルタンク　［標準仕様書 P267～268］

1．　表　　　紙　　承諾図表紙の様式により、宛名・工事件名・作成年月・社名を記載する。
2．　仕　様　表　　承諾図仕様表の様式により当該事項を記載する。
3．　照　合　表　　承諾図照合表の様式により当該事項を記載する。
　（注）　★印のある項目については「建築材料・設備機材等品質性能評価事業（令和 4 年
　　　　　版）」において評価しているため、当該機材の評価書の写しを添付した場合は、照
　　　　　合表の「製造仕様」の記載を省略できる。
4．　製　作　図　面
　　　　外　形　図　　図面は機器の外観・外形寸法及び基礎ボルト用穴の位置・径を記載する。
　　　　　　　　　　　また、部品名は原則として「標準仕様書」の用語を用いることとし、仕
　　　　　　　　　　　様表と重複している項目は記載しなくてもよい。
　　　　詳　細　図　　溶接部並びに取付部など製作に必要な詳細図を添付する。
5．　資料 ―1　　　共通事項における承諾図作成要領の項による資料を添付する。
　　　　　　　　　　〔標準図（機材 39・40、41・42）WTF、WTFP〕
6．　資料 ―2　　　施工上の注意事項等を参考資料として添付する。
　　　　　　　　　　内容積計算書、構造計算書、架台アンカーボルト耐震計算書を添付する。
　　　　　　　　　　附属品の内訳等を記載する。
　　　　　　　　　　耐水性・耐候性・衛生性・遮光性については、資料を添付する。
7．　銘板記載事項　　共通事項における承諾図作成要領の項による当該事項を記載する。

　　　　(1)製　造　者　名　　　　　　　　製造者の標準名称による。
　　　　(2)形　式　品　番　　　　　　　　製造者の形式名称とする。
　　　　(3)製 造 年 月 又 は 年　　　　　西暦を記載する。
　　　　(4)製　造　番　号　　　　　　　　製造者の標準による。
　　　　(5)呼　称　容　積　　　　m³　　　計算値を記載する。
　　　　(6)形　状　・　寸　法　　　mm　　計算値を記載する。

仕様表

・FRP 製一体形タンク　　・FRP 製パネルタンク

設計記号　＿＿＿＿＿＿＿＿＿　　台数　＿＿＿＿

製造者形式　＿＿＿＿＿＿＿＿＿＿＿＿＿　　製造者名　＿＿＿＿＿＿＿＿＿＿＿

| 項　目 | | | 単　位 | 設計仕様 | 製造仕様 |
|---|---|---|---|---|---|
| 有効容量 | | | m³ | | |
| 設計用水平震度 | | | G | | |
| 液面揺動(速度応答スペクトル値) | | | m/sec | | |
| 寸法 | 長さ　　　(L) | | mm | | |
| | 幅　　　　(W) | | mm | | |
| | 高さ　　　(H) | | mm | | |
| | 溢水面高さ　(h) | | mm | | |
| 本体 | FRP 製タンク | 側板、底板 | | ・複合板<br>・単板（特記の場合のみ） | |
| | | 天井板 | | ・単板　・複合板 | |
| | 補強構造 | | | ・外補強方式<br>・内補強構造<br>・組合せ方式 | |
| 鋼製架台 | 高　さ | | mm | | |
| | 防　錆 | | | 溶融亜鉛めっき仕上げ<br>（HDZT49） | |
| 中仕切の有無 | | | | ・有（　　か所）　・無 | |
| 満水質量／製品質量 | | | kg | ／ | ／ |
| 備考 | | | | | |

○印のもの及び無印のものにより製作し、・印のものは適用しない。

使用しない単位・項目は、横線で消し、製造仕様欄には明細を記載する。

・FRP 製一体形タンク　・FRP 製パネルタンク　　　　　　（1／3）

製造者名＿＿＿＿＿＿＿＿＿＿＿＿＿＿＿

容量　：＿＿＿＿＿m³　　・一槽式　・二槽式

サイズ：長さ＿＿＿＿mm×幅＿＿＿＿mm×高さ＿＿＿＿mm（仕切位置＿＿＿＿mm＋＿＿＿＿mm）

| 項　目 | 設計仕様 | 製造仕様 |
|---|---|---|
| 構　造　　★ | ・FRP 製サンドイッチ構造　接着接合式<br>　　不飽和ポリエステル樹脂：JIS K 6919<br>　　ガラス繊維：JIS R 3411〜JIS R 3417<br>・FRP 製パネル　複合板　ボルト組立式<br>　　　　　　　　単　板（特記　・有）<br>　　補強方法：・外部補強　・内部補強<br>　　　　　　　　・組合せ<br>・屋内設置　天井部（・単板　・複合板） | |
| ボルト・ナット★ | タンクの外部<br>・ステンレス鋼製（SUS304 等）<br>・鋼製（棒鋼（SS400 等）（溶融亜鉛めっき仕上げ<br>　（HDZT49）） | 外　部： |
| | タンク内部の気相部（気相部は、溢水面下 150mm<br>とするが、電極棒の切替等によりタンクの容量制<br>御を行う場合は、気相部の水位レベルは特記によ<br>る。）<br>　容量制御　・無　・有（水位レベル　　　　mm）<br>・ステンレス製（SUS304）（防護材付）<br>・鋼製（防護材付） | 気相部： |
| | タンク内部の液相部<br>・ステンレス製（SUS304）（防護材　・無）<br>・鋼製（防護材付） | 液相部： |
| | ※防護材は　・合成ゴム　・合成樹脂　・その他 | |
| ボルト・ナット<br>以外の金属材料★ | タンクの外部<br>鋼製（溶融亜鉛めっき（HDZT49）） | 外　部： |
| | タンク内部の気相部<br>・ステンレス鋼製（防護材付、ただし、SUS329J4L<br>　では、防護材不要）<br>・鋼材（防護材付） | 気相部： |

［令和 4 年版］

・FRP 製一体形タンク　　・FRP 製パネルタンク　　　　　（2/3）

| 項　目 | 設計仕様 | 製造仕様 |
|---|---|---|
| ボルト・ナット 以外の金属材料 ★ | タンク内部の液相部<br>・ステンレス鋼製（防護材　・有　・無）<br>・鋼材（防護材付） | 液相部： |
| | ※防護材は　・合成ゴム　・合成樹脂<br>　　　　　　・合成樹脂粉体ライニング<br>　　　　　　　（被覆厚さ 0.3mm 以上）<br>　　　　　　・その他<br>（SUS329J4L 以上の耐食性を有する鋼種は、不要） | |
| パネル接合用 シール材　　★ | ・合成樹脂製<br>・JIS K 6353（水道用ゴム）に適合する合成ゴム | |
| 接続口・取付座 （フランジ形）★<br><br>※ただし、合成樹脂、青銅等腐食及び強度を考慮した材料による通気管、呼び径 50 以下のボールタップ接続口並びに電極取付座はフランジ形としなくてもよい。 | 揚水管　　　　　　　　　　　　　　　A<br>給水管　　　　　　　　　　　　　　　A<br>排水管　　　　　　　　　　　　　　　A<br>オーバーフロー管　　　　　　　　　　A<br>通気管　　　　　　　　　　　　　　　A<br>電極<br>給水栓用配管（特記　・有　・無）　　A | A<br>A<br>A<br>A<br>A<br><br>A |
| 耐水性、耐候性 衛生性 遮光性　　　★ | 問題のないこと（製造者資料添付）<br>無害であること（公的試験の成績表添付）<br>照度率が 0.1%以下（製造者資料添付）JIS A 4110<br>による試験方法断熱性：側板と底板は厚さ 15mm<br>以上の硬質独立気泡の合成樹脂発泡体相当以上 | 問題なし（別添資料による）<br>問題なし（別添資料による）<br>問題なし（別添資料による） |

［令和 4 年版］

・FRP 製一体形タンク　・FRP 製パネルタンク　　　　　（3／3）

| 項　目 | 設計仕様 | 製造仕様 |
|---|---|---|
| 附属品　　　　★ | (a) 鋼製架台(溶融亜鉛めっき仕上げ(HDZT49))<br>　　　　　　　　　　　　　　　　　一式<br>(b) ボールタップ用防波板又は電極棒用防波筒<br>　　　　　　　　　　　　　　　　　一式<br>(c) マンホール（施錠式、大きさは直径 600mm<br>　　以上の円が内接することができるもの。）<br>　　屋外用は内ふた（・有)　　　　一式<br>(d) はしご<br>　　内はしご（合成樹脂製）　　　　一式<br>　　外はしご　　　　　　　　　　　一式<br>　　・鋼製（溶融亜鉛めっき(HDZT49)）<br>　　・ステンレス鋼製　・FRP 製<br>(e) 通気口（合成樹脂防虫網付き）　一式<br>(f) アンカーボルト　　　　　　　　一式<br>　　・ステンレス鋼製<br>　　・鋼製（溶融亜鉛めっき(HDZT49)）<br>(g) 銘板*　　　　　　　　　　　　一式 | |
| 特記仕様 | 照合表以外の要求事項を記載 | |
| 後日提出する図書 | 完成図　　　　　　　　　　　　　部<br>取扱説明書　　　　　　　　　　　部<br>試験成績書　　　　　　　　　　　部 | |
| 備考 | | |

〇印のもの及び無印のものにより製作し、・印のものは適用しない。

使用しない単位・項目は、横線で消し、製造仕様欄には明細を記載する。

［令和 4 年版］

FRP 製一体形タンク　試験成績書
（記号　　　　　　　　　　　　）

工事件名 _____

_____

種類　・受水タンク　・高置タンク

製造番号 _____

試験日　　　令和　　年　　月　　日

製造者名 _____

製造者形式 _____

| | | |
|---|---|---|
| | | |

試験結果

容量　：_____ m³　　・一槽式　・二槽式

サイズ：長さ_____mm×幅_____mm×高さ_____mm（仕切位置_____mm＋_____mm）

| 試験項目 | 試験内容 | 試験結果 |
|---|---|---|
| 満水試験 | 水槽を高さ45cm以上の水平な架台にのせ、満水になった後60分以上放置し、そのままの状態で漏水の有無を調べる。（JIS A 4110 による） | |
| 容積計算書 | | |
| 備考 | | |

FRP 製パネルタンク　試験成績書
（記号　　　　　　　　　　　　）

工事件名＿＿＿＿＿＿＿＿＿＿＿＿＿　　試験日　　　令和　　年　　月　　日
＿＿＿＿＿＿＿＿＿＿＿＿＿　　製造者名＿＿＿＿＿＿＿＿＿＿＿

種類　・受水タンク　・高置タンク　　　製造者形式＿＿＿＿＿＿＿＿＿＿
製造番号＿＿＿＿＿＿＿＿＿＿＿＿＿

|  |  |  |
|---|---|---|
|  |  |  |

試験結果

| 容量　：＿＿＿＿m³　　・一槽式　・二槽式 |
|---|
| サイズ：長さ＿＿＿mm×幅＿＿＿mm×高さ＿＿＿mm（仕切位置＿＿＿mm＋＿＿＿mm） |

| 項　目 | 設計仕様 | 製造者仕様 |
|---|---|---|
| 構　造 | ・FRP 製パネル　ボルト組立式 |  |

| 試験項目 | 試験内容 | 試験結果 |
|---|---|---|
| 満水試験 | 水槽を高さ 45cm 以上の水平な架台にのせ、満水になった後 60 分以上放置し、そのままの状態で漏水の有無を調べる。（JIS A 4110 による） |  |
| 容積計算書 |  |  |
| 備考 |  |  |

363

作成要領注意事項

ステンレス鋼板製パネルタンク（溶接組立形）〔標準仕様書 P269〜270〕

1．表　　　紙　　承諾図表紙の様式により、宛名・工事件名・作成年月・社名を記載する。
2．仕　様　表　　承諾図仕様表の様式により当該事項を記載する。
3．照　合　表　　承諾図照合表の様式により当該事項を記載する。
　（注）★印のある項目については「建築材料・設備機材等品質性能評価事業（令和 4 年
　　　　版）」において評価しているため、当該機材の評価書の写しを添付した場合は、照
　　　　合表の「製造仕様」の記載を省略できる。
4．製　作　図　面
　　外　形　図　　図面は機器の外観・外形寸法及び基礎ボルト用穴の位置・径を記載する。
　　　　　　　　　また、部品名は原則として「標準仕様書」の用語を用いることとし、仕
　　　　　　　　　様表と重複している項目は記載しなくてもよい。
　　詳　細　図　　溶接部並びに取付部など製作に必要な詳細図を添付する。
5．資料 ―1　　共通事項における承諾図作成要領の項による資料を添付する。
　　　　　　　　　〔標準図（機材 37・38）WTSU〕
6．資料 ―2　　施工上の注意事項等を参考資料として添付する。
　　　　　　　　　内容積計算書、構造計算書、架台アンカーボルト耐震計算書を添付する。
　　　　　　　　　附属品の内訳等を記載する。
　　　　　　　　　TIG 溶接を行うものは、JIS Z 3821「ステンレス鋼溶接技術検定におけ
　　　　　　　　　る試験方法及び判定基準」に基づく(一社)日本溶接協会の TIG 溶接の資
　　　　　　　　　格を有する者とし、その「溶接技術証明書」の写しを添付する。
7．銘板記載事項　共通事項における承諾図作成要領の項による当該事項を記載する。


　　　　(1)製　造　者　名　　　　　　　製造者の標準名称による。
　　　　(2)製造年月又は年　　　　　　　西暦を記載する。
　　　　(3)製　造　番　号　　　　　　　製造者の標準による。
　　　　(4)呼　称　容　積　　　m³　　　計算値を記載する。
　　　　(5)形　状　・　寸　法　　mm　　設計値を記載する。

ステンレス鋼板製パネルタンク（溶接組立形）　仕様表

設計記号 ＿＿＿＿＿＿＿＿＿＿　台数 ＿＿＿　製造者名 ＿＿＿＿＿＿＿＿＿＿＿＿

| 項　目 | | 単　位 | 設計仕様 | 製造仕様 |
|---|---|---|---|---|
| 形　式 | | | | |
| 有効容量 | | $m^3$ | | |
| 設計用水平震度 | | G | | |
| 液面遥動（速度応答スペクトル値） | | m/sec | | |
| 寸法 | 長さ　　　　　　　（L） | mm | | |
| | 幅　　　　　　　　（W） | mm | | |
| | 高さ　H3・H4　　（H） | mm | H3：　　　　H4： | H3：　　　　H4： |
| | 溢水面高さ　　　　（h） | mm | | |
| 中仕切の有無 | | | ・有　　　・無 | |
| 鋼製架台 | 有・無 | | ・有　　　・無 | |
| | 高さ | mm | | |
| | 防錆 | | 溶融亜鉛めっき（HDZT49） | |
| 材料・板厚 | 蓋板　　　　　　（$t_1$） | mm | | |
| | 側板　H1・H2　（$t_2$） | mm | H1：　　　　H2： | H1：　　　　H2： |
| | 底板　　　　　　（$t_3$） | mm | | |
| | 中仕切板　H1・H2　（$t_4$） | mm | H1：　　　　H2： | H1：　　　　H2： |
| | 架台みぞ形鋼<br>（[－　×　×　t mm） | | | |
| | 架台形鋼<br>（[－　×　×　t mm） | | | |
| 製品質量／満水質量 | | kg | ／ | ／ |

備考　　　　　　　　　　　　　　　〈参考図〉

※H3 の気相部は、溢水面下 150mm からとするが、電極棒の切替等によりタンクの容量制御を行う
　場合は、気相部の水位レベルは特記による。

製造者名＿＿＿＿＿＿＿＿＿＿＿＿＿

容量　：＿＿＿＿＿m³　　・一槽式　・二槽式
サイズ：長さ＿＿＿＿mm×幅＿＿＿＿mm×高さ＿＿＿＿mm（仕切位置＿＿＿＿mm+＿＿＿＿mm）

| 項　目 | 設計仕様 | 製造仕様 |
|---|---|---|
| 構　　造 | ステンレスパネル　TIG 溶接（JIS Z 3821）<br>タンク底板：プレス成形品<br>補強方法（内部補強）：<br>　側板を　・平行　・筋かい状 | |
| 材　　質　　★ | 気相部は、溢水面下 150mm までとするが、電極棒の切替等によりタンクの容量制御を行う場合は、気相部の水位レベルは特記による。<br>　容量制御　・無<br>　　　　　　・有（特記　水位レベル　　　mm）<br>気相部　・SUS329J4L<br>液相部　・SUS304　・SUS316　・SUS444 | |
| 接続口・取付座<br>（フランジ形）　★<br>※ただし、合成樹脂、青銅等腐食及び強度を考慮した材料による通気管、呼び径 50 以下のボールタップ接続口並びに電極取付座はフランジ形としなくてもよい。 | 揚水管　　　　　　　　　　　　　　　　A<br>給水管　　　　　　　　　　　　　　　　A<br>排水管　　　　　　　　　　　　　　　　A<br>オーバーフロー管　　　　　　　　　　　A<br>通気管（合成樹脂防虫網付き）　　　　　A<br>電極<br>給水栓用配管（特記　・有　・無）　　　A | A<br>A<br>A<br>A<br>A<br><br>A |
| 附属品　　　　★ | (a) 鋼製架台（溶融亜鉛めっき仕上げ（HDZT49））<br>　　　　　　　　　　　　　　　　　一式<br>(b) ボールタップ用防波板又は電極棒用防波筒<br>　　　　　　　　　　　　　　　　　一式<br>(c) マンホール（施錠式、大きさは直径 600mm<br>　　以上の円が内接することができるもの。）<br>　　屋外用は内ふた（・有　・無）　　一式 | |

［令和 4 年版］

| 項　目 | 設計仕様 | 製造仕様 |
|---|---|---|
| 附属品　　　　　★ | (d) はしご<br>　・内はしご　　　　　　　　　　一式<br>　　・合成樹脂製<br>　　・ステンレス鋼製(SUS329J4L)<br>　・外はしご　　　　　　　　　　一式<br>　　・鋼製（溶融亜鉛めっき(HDZT49)）<br>　　・ステンレス鋼製<br>(e) 通気口（合成樹脂防虫網付き）　一式<br>(f) アンカーボルト　　　　　　　一式<br>　・ステンレス鋼製<br>　・鋼製（溶融亜鉛めっき(HDZT49)）<br>(g) 銘板*　　　　　　　　　　　　一式 | |
| 特記仕様 | 照合表以外の要求事項を記載 | |
| 後日提出する図書 | 完成図　　　　　　　　　　　　　部<br>試験・検査成績書　　　　　　　　部<br>鋼製架台めっき証明書　　　　　　部 | |
| 備考 | | |

○印のもの及び無印のものにより製作し、・印のものは適用しない。

使用しない単位・項目は、横線で消し、製造仕様欄には明細を記載する。

**［令和4年版］**

## ステンレス鋼板製パネルタンク（溶接組立形）　試験成績書
（記号　　　　　　　　　　　　　　　）

工事件名　　　　　　　　　　　　　　　　　　　　試験日　　　令和　　年　　月　　日

製造者名　　　　　　　　　　　　　　　　

種類　・受水タンク　・　　　　　　　　　製造者形式　　　　　　　　　　　　　

製造番号　　　　　　　　　　　　　　　

|  |  |  |
|---|---|---|
|  |  |  |

試験結果

| 容量　：＿＿＿＿＿m³　　・一槽式　・二槽式 |
|---|
| サイズ：長さ＿＿＿＿mm×幅＿＿＿＿mm×高さ＿＿＿＿mm（仕切位置＿＿＿＿mm＋＿＿＿＿mm） |

| 試験項目 | 試験内容 | 試験結果 |
|---|---|---|
| 満水試験 | 水槽を高さ45cm以上の水平な架台にのせ、満水になった後60分以上放置し、そのままの状態で漏水の有無を調べる。（JIS A 4110による） |  |
| 容積計算書 | | |
| 備考 | | |

368

作成要領注意事項

　　　　ステンレス鋼板製パネルタンク（ボルト組立形）　　［標準仕様書 P270〜272］

1．　表　　　　紙　　承諾図表紙の様式により、宛名・工事件名・作成年月・社名を記載する。
2．　仕　様　表　　承諾図仕様表の様式により当該事項を記載する。
3．　照　合　表　　承諾図照合表の様式により当該事項を記載する。
　　（注）　★印のある項目については「建築材料・設備機材等品質性能評価事業（令和 4 年
　　　　　　版）」において評価しているため、当該機材の評価書の写しを添付した場合は、照
　　　　　　合表の「製造仕様」の記載を省略できる。
4．　製　作　図　面
　　　　外　形　図　　図面は機器の外観・外形寸法及び基礎ボルト用穴の位置・径を記載する。
　　　　　　　　　　　また、部品名は原則として「標準仕様書」の用語を用いることとし、仕様
　　　　　　　　　　　表と重複している項目は記載しなくてもよい。
　　　　詳　細　図　　溶接部並びに取付部など製作に必要な詳細図を添付する。
5．　資　料　―1　　共通事項における承諾図作成要領の項による資料を添付する。
　　　　　　　　　　　〔標準図（機材 37・38）WTSU〕
6．　資　料　―2　　施工上の注意事項等を参考資料として添付する。
　　　　　　　　　　　内容積計算書及び架台アンカーボルト耐震計算書を添付する。
　　　　　　　　　　　附属品の内訳等を記載する。
7．　銘板記載事項　　共通事項における承諾図作成要領の項による当該事項を記載する。

　　　　　(1)製　造　者　名　　　　　　　　製造者の標準名称による。
　　　　　(2)製造年月又は年　　　　　　　　西暦を記載する。
　　　　　(3)製　造　番　号　　　　　　　　製造者の標準による。
　　　　　(4)呼　称　容　積　　　　m³　　　計算値を記載する。
　　　　　(5)形　状　・　寸　法　　　　mm　　　設計値を記載する。

369

ステンレス鋼板製パネルタンク（ボルト組立形）　仕様表

設計記号 ＿＿＿＿＿＿＿＿　台数 ＿＿＿　製造者名 ＿＿＿＿＿＿＿＿

| 項　目 | 単　位 | 設計仕様 | 製造仕様 |
|---|---|---|---|
| 形　式 | | | |
| 有効容量 | m³ | | |
| 設計用水平震度 | G | | |
| 液面遥動（速度応答スペクトル値） | m/sec | | |
| 寸法　　長さ　　　　　　（L） | mm | | |
| 　　　　幅　　　　　　　（W） | mm | | |
| 　　　　高さ　H3・H4　（H） | mm | H3:　　　　H4: | H3:　　　　H4: |
| 　　　　溢水面高さ　　　（h） | mm | | |
| 中仕切の有無 | | ・有　　　・無 | |
| 鋼製架台　有・無 | | ・有　　　・無 | |
| 　　　　　高さ | mm | | |
| 　　　　　防錆 | | 溶融亜鉛めっき（HDZT49） | |
| 材料・板厚　天井板　　　　　（t₁） | mm | | |
| 　　　　　　側板　H1・H2　（t₂） | mm | H1:　　　　H2: | H1:　　　　H2: |
| 　　　　　　底板　　　　　　（t₃） | mm | | |
| 　　　　　　中仕切板　H1・H2（t₄） | mm | H1:　　　　H2: | H1:　　　　H2: |
| 　　　　　　架台みぞ形鋼（[－　×　×　t mm） | | | |
| 　　　　　　架台みぞ形鋼（[－　×　×　t mm） | | | |
| 構造　補強方式 | | ・外部補強　・内部補強　・組合せ方式 | |
| 製品質量／満水質量 | kg | ／ | ／ |

| 備考 | 〈参考図〉 |

※H3 の気相部は、溢水面下 150mm とするが、電極棒の切替等によりタンクの容量制御を行う場合
は、気相部の水位レベルは特記による。

370

製造者名＿＿＿＿＿＿＿＿＿＿＿

容量 ：＿＿＿＿＿m³ ・一槽式 ・二槽式

サイズ：長さ＿＿＿・mm×幅＿＿＿＿mm×高さ＿＿＿＿mm（仕切位置＿＿＿＿mm＋＿＿＿＿mm）

| 項 目 | 設計仕様 | 製造仕様 |
|---|---|---|
| 材 質 ★ | 気相部 ・SUS304 以上の耐食性を有する鋼種（防護材で覆う）<br>　　　　・SUS329J4L<br>液相部 ・SUS304 ・SUS316 ・SUS444 | |
| 金属材料 ★<br>（タンク内部） | 気相部（気相部は、溢水面下 150mm とするが、電極棒の切替等によりタンクの容量制御を行う場合は、気相部の水位レベルは特記による。）<br>　容量制御 ・無 ・有（特記 水位レベル　　　　mm）<br>・本体と同じ材料（防護材 ・有 ・無）<br>・ステンレス鋼製（防護材付、ただし、SUS329J4L では、防護材不要）<br>・鋼製（防護材付） | |
| | 液相部<br>・ステンレス鋼製（防護材 ・有 ・無）<br>・鋼製（防護材付） | |
| | ※防護材は<br>　・合成ゴム ・合成樹脂<br>　・合成樹脂粉体ライニング（被膜厚さ 0.3mm 以上） | |
| 金属材料 ★<br>（タンク外部） | ・ステンレス鋼製（SUS304 以上の耐食性）<br>・鋼製（溶融亜鉛めっき（HDZT49）） | |
| ボルト・ナット ★ | タンクの外部<br>・ステンレス鋼（SUS304）<br>・鋼製（溶融亜鉛めっき（HDZT49）） | |
| | タンク内部の気相部<br>・ステンレス鋼製（SUS304）（防護材付）<br>・鋼製（防護材付） | |
| | タンク内部の液相部<br>・ステンレス鋼製（SUS304）（防護材 ・有 ・無）<br>・鋼製（防護材付） | |
| | ※防護材は ・合成ゴム ・合成樹脂 ・その他 | |

［令和 4 年版］

| 項　目 | 設計仕様 | 製造仕様 |
|---|---|---|
| パネル接合用<br>シール材　　★ | ・合成樹脂製<br>・JIS K 6353（水道用ゴム）に適合する合成ゴム | |
| 接続口・取付座 ★ | 揚水管　　　　　　　　　　　　　　　　　A<br>給水管　　　　　　　　　　　　　　　　　A<br>排水管　　　　　　　　　　　　　　　　　A<br>オーバーフロー管　　　　　　　　　　　　A<br>通気管（合成樹脂防虫網付き）　　　　　　A<br>電極<br>給水栓用配管（特記　・有　・無）　　　　A | A<br>A<br>A<br>A<br>A<br><br>A |
| 附属品<br>（フランジ形）　★<br>※ただし、合成樹脂、青銅等腐食及び強度を考慮した材料による通気管、呼び径 50 以下のボールタップ接続口並びに電極取付座はフランジ形としなくてもよい。 | (a) 鋼製架台（溶融亜鉛めっき(HDZT49)）　　一式<br>(b) ボールタップ用防波板又は電極棒用防波筒　一式<br>(c) マンホール（施錠式、大きさは直径 600mm 以上の円が内接することができるもの。）<br>　　屋外用は内ふた（・有　・無）　　　一式<br>(d) はしご<br>　　内はしご　　　　　　　　　　　　　一式<br>　　　・合成樹脂製　・ステンレス鋼製（SUS329J4L）<br>　　外はしご　　　　　　　　　　　　　一式<br>　　　・鋼製（溶融亜鉛めっき(HDZT49)）<br>　　　・ステンレス鋼製<br>(e) 通気口（合成樹脂防虫網付き）　　　　一式<br>(f) アンカーボルト　　　　　　　　　　　一式<br>　　　・ステンレス鋼製<br>　　　・鋼製（溶融亜鉛めっき(HDZT49)）<br>(g) 銘板*　　　　　　　　　　　　　　　一式 | |
| 特記仕様 | 照合表以外の要求事項を記載 | |
| 後日提出する図書 | 完成図　　　　　　　　　　　　　　　　　部<br>試験・検査成績書　　　　　　　　　　　　部<br>鋼製架台めっき証明書　　　　　　　　　　部 | |
| 備考 | | |

〇印のもの及び無印のものにより製作し、・印のものは適用しない。

使用しない単位・項目は、横線で消し、製造仕様欄には明細を記載する。

［令和 4 年版］

ステンレス鋼板製パネルタンク（ボルト組立形）　試験成績書

（記号　　　　　　　　　　　　　　　）

工事件名 _____　　試験日　　令和　　年　　月　　日

_____　　製造者名 _____

種類　・受水タンク　・_____　　製造者形式 _____

製造番号 _____

|  |  |  |
|---|---|---|
|  |  |  |

試験結果

| 容量　：_____m³　・一槽式　・二槽式 |
|---|
| サイズ：長さ_____mm×幅_____mm×高さ_____mm（仕切位置_____mm＋_____mm） |

| 試験項目 | 試験内容 | 試験結果 |
|---|---|---|
| 満水試験 | 水槽を高さ45cm以上の水平な架台にのせ、満水になった後60分以上放置し、そのままの状態で漏水の有無を調べる。（JIS A 4110による） |  |
| 容積計算書 | | |
| 備考 | | |

作成要領注意事項


　　貯湯タンク　［標準仕様書P272～273］


1.　表　　　　紙　　承諾図表紙の様式により、宛名・工事件名・作成年月・社名を記載する。
2.　仕　様　表　　承諾図仕様表の様式により当該事項を記載する。
3.　照　合　表　　承諾図照合表の様式により当該事項を記載する。
4.　製　作　図　面
　　外　形　図　　図面は機器の外観・外形寸法及び基礎ボルト用穴の位置・径を記載する。
　　　　　　　　　また、部品名は原則として「標準仕様書」の用語を用いることとし、仕様
　　　　　　　　　表と重複している項目は記載しなくてもよい。
　　詳　細　図　　溶接部並びに取付部など製作に必要な詳細図を添付する。
5.　資　料　―1　　共通事項における承諾図作成要領の項による資料を添付する。
6.　資　料　―2　　施工上の注意事項等を参考資料として添付する。
　　　　　　　　　内容量計算書、強度計算書、加熱コイル計算書、架台アンカーボルト耐震
　　　　　　　　　計算書を添付する。
　　　　　　　　　附属品の内訳、電気防食装置の仕様等を記載する。
7.　銘板記載事項　　共通事項における承諾図作成要領の項による当該事項を記載する。


　　　　(1)製　造　者　名　　　　　　　　製造者の標準名称による。
　　　　(2)形　式　品　番　　　　　　　　製造者の形式名称とする。
　　　　(3)製造年月又は年　　　　　　　　西暦を記載する。
　　　　(4)製　造　番　号　　　　　　　　製造者の標準による。
　　　　(5)内容積(貯湯量)　　　$m^3$　　　計算値を記載する。
　　　　(6)最　高　使　用　圧　力　　MPa　　一次側及び二次側の設計値を記載する。
　　　　(7)水　圧　試　験　圧　力　　MPa　　一次側及び二次側の設計値を記載する。
　　　　(8)形　状　・　寸　法　　mm　　設計値を記載する。
　　　　(9)伝　熱　面　積　　　$m^2$　　計算値を記載する。
　　　　(10)加　熱　能　力　　　kW　　設計値を記載する。
　　　　(11)一　次　側　熱　源　　MPa　　蒸気圧力の設計値を記載する。
　　　　(12)二次側入口温度　　　℃　　　温水入口温度の設計値を記載する。
　　　　(13)二次側出口温度　　　℃　　　温水出口温度の設計値を記載する。


374

設計記号 _____　　台数 _____　製造者名 _____

| ・ボイラー及び圧力容器安全規則　　・第1種圧力容器 | 届出〔・要　・否〕 |
| --- | --- |

| 項　目 | | | 単　位 | 設計仕様 | 製造仕様 |
| --- | --- | --- | --- | --- | --- |
| 形　式 | | | | 円筒型密閉式（・立　・横） | |
| 最高使用圧力 | | | MPa | | |
| 加熱コイル | | | | ・組込 | ・組込 |
| 貯湯量 | | | m³ | | |
| 仕様 | 加熱能力 | | kW | | |
| | 熱源 | 蒸気圧力 | MPa | | |
| | | 蒸気消費量 | kg/h | | |
| | 温水 | 入口温度 | ℃ | | |
| | | 出口温度 | ℃ | | |
| | 損失水頭 | | kPa | | |
| 缶体寸法 | 内径　（D） | | mm | | |
| | 胴長　（L1） | | mm | | |
| | 全長　（L2） | | mm | | |
| 鋼製架台 | 有・無 | | | ・有（横形のみ）　・無 | |
| | 高さ | | mm | | |
| 材料板厚 | 胴板　（t） | | mm | | |
| | 鏡板　（t） | | mm | | |
| | 架台材料 | | | | |
| 製品質量／満水質量 | | | kg | ／ | ／ |

備考　　　　　　　　　　　〈参考図〉

○印のもの及び無印のものにより製作し、・印のものは適用しない。

使用しない単位・項目は、横線で消し、製造仕様欄には明細を記載する。

貯湯タンク　照合表

| 項　目 | 設計仕様 | 製造仕様 |
|---|---|---|
| 材　質 | 本体<br>ステンレス鋼板製<br>・SUS444 | |
| | 加熱コイル<br>JIS H 3300(銅及び銅合金の継目無管)による<br>・C1020　・C1201　・C1220 | |
| | マンホール<br>ステンレス鋼板製<br>・SUS304 | |
| | 管板、タッピング及びコイル支持金物<br>ステンレス鋼板製<br>・SUS340L　・SUS316 | |
| | 熱源側ヘッダーカバー　　鋼板製 | |
| タンク内面仕上 | ♯300以上の研磨材で研磨仕上 | |
| タンク外面仕上 | 絶縁用エポキシ系塗装（SUS444製を除く） | |
| タンクの製作 | SAS 851(ステンレス鋼製貯湯槽の施工・維持・管理指針)による | |
| 附属品 | (a) 鋼製架台（溶融亜鉛めっき(HDZT49)）　一式<br>(b) 温度計*　　　　　　　　　　　　　1個<br>(c) 圧力計*又は水高計*　　　　　　　　1組<br>(d) 逃し弁　　　　　　　　　　　　　一式<br>(e) 鋼製はしご（溶融亜鉛めっき(HDZT49)）<br>　　　　　　　　　　　　　　　　　一式<br>(f) 銘板*　　　　　　　　　　　　　一式 | |
| 特記仕様 | 照合表以外の要求事項を記載 | |
| 後日提出する図書 | 完成図　　　　　　　　　　　　　　　部<br>取扱説明書　　　　　　　　　　　　　部<br>試験・検査成績書　　　　　　　　　　部 | |
| 備考 | | |

○印のもの及び無印のものにより製作し、・印のものは適用しない。

使用しない単位・項目は、横線で消し、製造仕様欄には明細を記載する。

［令和4年版］

貯湯タンク　試験成績書
（記号　　　　　　　　）

工事件名　　　　　　　　　　　　　　　　試験日　　　令和　　年　　月　　日

　　　　　　　　　　　　　　　　　　　　製造者名

種類　　　　　　　　　　　　　　　　　　製造者形式

製造番号

| | | |
|---|---|---|
| | | |

試験結果

| 試験項目 | | 設計仕様 | 判定基準 | 測定値 | 判定 | 適用 |
|---|---|---|---|---|---|---|
| 材質試験 | 本体（胴板、鏡板） | | | | | |
| | 加熱コイル | | 目視検査、ミルシート等で確認 | | | |
| | マンホール　管板 | | | | | |
| | コイル支持金物・タッピング | | | | | |
| | 熱源側ヘッダーカバー | | | | | |
| 構造試験 | 構成、本体 | | | | | |
| | 外観 | | | | | |
| | タンク内面仕上（番手　　　） | ♯300 以上 | | | | |
| | タンク外面仕上 | | | | | |
| | 寸法 | | | | | |
| 附属品 | | | | | | |
| 耐圧試験 | 水圧試験圧力　　　　MPa | 最高使用圧力の 1.5 倍に温度補正を行う | | | | |
| | 分 | | | | | |
| 防錆装置試験の性能 | | | | | | |
| 安全装置選定 | 安全弁 | 安全弁・逃し弁の選定計算 | | | | |
| | 逃し弁 | 安全弁・逃し弁の取付けは設置時 | | | | |

備考

作成要領注意事項

　　・鋼製強化プラスチック製二重殻タンク　　［標準仕様書 P185～186］
　　・地下オイルタンク　　　　　　　　　　　［標準仕様書 P185～186］
　　・屋内オイルタンク　　　　　　　　　　　［標準仕様書 P185～186］
　　・オイルサービスタンク　　　　　　　　　［標準仕様書 P186］

1．　表　　　紙　　承諾図表紙の様式により、宛名・工事件名・作成年月・社名を記載する。
2．　仕　様　表　　承諾図仕様表の様式により当該事項を記載する。
3．　照　合　表　　承諾図照合表の様式により当該事項を記載する。
4．　製 作 図 面
　　　外　形　図　　図面は機器の外観・外形寸法及び基礎ボルト用穴の位置・径を記載する。
　　　　　　　　　　また、部品名は原則として「標準仕様書」の用語を用いることとし、仕
　　　　　　　　　　様表と重複している項目は記載しなくてもよい。
　　　詳　細　図　　溶接部並びに取付部など製作に必要な詳細図を添付する。
5．　資料 ―1　　共通事項における承諾図作成要領の項による資料を添付する。
　　　適用法規　　　「危険物の規制に関する政令」及び「危険物の規制に関する規則」
6．　資料 ―2　　施工上の注意事項等を参考資料として添付する。
　　　　　　　　　　容量計算書、強度計算書を添付する。
　　　　　　　　　　附属金物の図面・内訳等を記載する。
7．　銘板記載事項　共通事項における承諾図作成要領の項による当該事項を記載する。

　　　　(1)製 造 者 名　　　　　　　　　　　製造者の標準名称による。
　　　　(2)製造年月又は年　　　　　　　　　西暦を記載する。
　　　　(3)製 造 番 号　　　　　　　　　　　製造者の標準による。
　　　　(4)容　　　　量　　　　m³　　　　　計算値を記載する。
　　　　(5)水 圧 試 験 圧 力　　　MPa　　　試験値を記載する。（鋼製強化プラスチッ
　　　　　　　　　　　　　　　　　　　　　　ク製二重殻タンク・地下オイルタンク）
　　　　(6)形 状 ・ 寸 法　　　　mm　　　　設計値を記載する。

## 鋼製強化プラスチック製二重殻タンク　仕様表

設計記号　　　　　　　　　　　　　　　　台数　　　　　製造者名

・危険物　　・少量危険物　　　　　　　　　　　　　　　届出〔・要　・否〕

| 項　　目 | | 単　位 | 設計仕様 | 製造仕様 |
|---|---|---|---|---|
| 形　式 | | | 横置き円筒形 | |
| 容量 | 総容量 | L | | |
| | 実容量 | L | | |
| | 空間容量 | L・% | | |
| 寸法 | 内径　　（D） | mm | | |
| | 胴長　　（L1） | mm | | |
| | 鏡高さ | mm | | |
| | 全長　　（L2） | mm | | |
| 板厚 | 胴板　　（t） | mm | | |
| | 鏡板　　（t） | mm | | |
| | 保護筒（プロテクター） | mm | | |
| 製品質量／満油質量 | | kg | ／ | ／ |

備考　　　　　　　　　　　　　　　〈参考図〉

単位　mm

注油口　除水口　吸油口（送油口）　通気口　返油口　油量指示計の取付座　漏えい検知管の取付座

ボルト，ナットはステンレス製

700φ　3.2　800φ　3.2　450φ　3.2

500φ　500φ

150　70

L1
L2

D

気相部　液相部

○印のもの及び無印のものにより製作し、・印のものは適用しない。

使用しない単位・項目は、横線で消し、製造仕様欄には明細を記載する。

379

鋼製強化プラスチック製二重殻タンク　照合表

製造者名 ＿＿＿＿＿＿＿＿＿＿＿＿＿＿＿＿＿＿

| 項　目 | 設計仕様 | | 製造仕様 | |
|---|---|---|---|---|
| 材　質 | 鋼板 | | | |
| 構　造 | 鋼板を溶接加工により成形した内殻を強化プラスチックの外殻で微少な空間を設けて覆った二重構造（危険物の規制に関する政令第13条第2項第一号ロ及び同項第二号イに準ずる。） | | | |
| 接続口・取付座 | 接続口　注油管 | A | | A |
| | 　　　　吸油管（又は送油管） | A | | A |
| | 　　　　返油管 | A | | A |
| | 　　　　通気管 | A | | A |
| | 　　　　除水管 | A | | A |
| | 取付座　油量指示計 | A | | A |
| | 　　　　漏えい検知管 | A | | A |
| 附属品 | (a) 注油口金具（配管共） | 1組 | | |
| | (b) 吸油逆止弁（配管共） | 1組 | | |
| | (c) 油タンクふた（さび止め塗装） | 3組 | | |
| | (d) 通気金物 | 1個 | | |
| | (e) 保護筒（内面側壁さび止め塗装）、固定バンド、ゴムシートその他必要な附属品 一式 | | | |
| | (f) 除水器 | 1個 | | |
| | (g) 転がり止めサポート板（ゴム板含む）（コンクリート製タンク枕を用いる場合は不要） 一式 | | | |
| | (h) 銘板* | 一式 | | |
| 特記仕様 | 照合表以外の要求事項を記載 | | | |
| 後日提出する図書 | 完成図 部<br>試験・検査成績書 部 | | | |
| 備考 | | | | |

〇印のもの及び無印のものにより製作し、・印のものは適用しない。

使用しない単位・項目は、横線で消し、製造仕様欄には明細を記載する。

［令和4年版］

380

地下オイルタンク　仕様表

設計記号　　　　　　　　　　　　台数　　　　　製造者名

・危険物　・少量危険物　　　　　　　　　　　　　　　届出〔・要　・否〕

| 項　目 | | 単　位 | 設計仕様 | 製造仕様 |
|---|---|---|---|---|
| 形　式 | | | 横置き円筒形 | |
| 容量 | 総容量 | L | | |
| | 実容量 | L | | |
| | 空間容量 | L・% | | |
| 寸法 | 内径　（D） | mm | | |
| | 胴長　（L1） | mm | | |
| | 鏡高さ | mm | | |
| | 全長　（L2） | mm | | |
| 板厚 | 胴板　（t） | mm | | |
| | 鏡板　（t） | mm | | |
| | 保護筒（プロテクター） | mm | | |
| 製品質量／満油質量 | | kg | ／ | ／ |

備考　　　　　　　　　　　　　　〈参考図〉

単位　mm

○印のもの及び無印のものにより製作し、・印のものは適用しない。

使用しない単位・項目は、横線で消し、製造仕様欄には明細を記載する。

381

地下オイルタンク　照合表

製造者名＿＿＿＿＿＿＿＿＿＿＿＿＿＿＿＿＿

| 項　目 | 設計仕様 | 製造仕様 |
|---|---|---|
| 材　質 | 鋼板 | |
| 構　造 | 溶接加工 | |
| 接続口・取付座 | 接続口　注油管　　　　　　　　　　A<br>　　　　　吸油管（又は送油管）　　A<br>　　　　　返油管　　　　　　　　　A<br>　　　　　通気管　　　　　　　　　A<br>　　　　　除水管　　　　　　　　　A<br>取付座　油量指示計　　　　　　　　A | A<br>A<br>A<br>A<br>A<br>A |
| 附属品 | (a) 注油口金具（配管共）　　　1組<br>(b) 吸油逆止弁（配管共　　　　1組<br>(c) 漏えい検査管口（配管共）　1式<br>(d) 油タンクふた（さび止め塗装）　2組<br>(e) 通気金物　　　　　　　　　1個<br>(f) 保護筒（内面側壁さび止め塗装）、<br>　　固定バンドその他必要な附属品　一式<br>(g) 除水器　　　　　　　　　　1個<br>(h) 銘板*　　　　　　　　　　一式 | |
| 外面の保護 | ・エポキシ樹脂又はウレタンエラストマー<br>　樹脂を用いた方法<br>・FRP を用いた方法 | |
| 特記仕様 | 照合表以外の要求事項を記載 | |
| 後日提出する図書 | 完成図　　　　　　　　　　　　　部<br>試験・検査成績書　　　　　　　　部<br>タンク保護材施工証明書　　　　　部 | |
| 備考 | | |

○印のもの及び無印のものにより製作し、・印のものは適用しない。

使用しない単位・項目は、横線で消し、製造仕様欄には明細を記載する。

［令和 4 年版］

・鋼製強化プラスチック製二重殻タンク　・地下オイルタンク

（記号　　　　　　　　）

工事件名 _____　　　試験日　　令和　　年　　月　　日

_____　　　製造者名 _____

種類 _____　　　製造者形式 _____

製造番号 _____

| | | |
|---|---|---|
| | | |

試験結果

| 試験項目 | 設計仕様 | 判定基準 | 測定値 | 判定 | 適用 |
|---|---|---|---|---|---|
| 寸　法 | | 仕様値を満足すること | | | |
| 附属品　構成品 | | | | | |
| 防錆仕上（内外面） | | | | | |
| 水圧試験圧力　　　kPa | 70kPa 以上 保持時間 10 分間 | | | | |
| 適用規格を記入：・危険物　・少量危険物 | | | | | |
| 備考 | | | | | |

383

仕様表

・屋内オイルタンク　・オイルサービスタンク

設計記号 _____ 台数 _____ 製造者名 _____

| ・危険物　・少量危険物 | 届出〔・要　・否〕 |

| 項　目 | | 単　位 | 設計仕様 | 製造仕様 |
|---|---|---|---|---|
| 形　式 | | | 角型開放式 | |
| 容量 | 総容量 | L | | |
| | 実容量 | L | | |
| | 空間容量 | L・% | | |
| 寸法 | 長さ　(A) | mm | | |
| | 幅　　(B) | mm | | |
| | 高さ　(H) | mm | | |
| 鋼製架台 | 有・無 | | ・有　・無 | ・有　・無 |
| | 高さ | mm | | |
| 板厚 | 底板　($t_1$) | mm | | |
| | 側板　($t_2$) | mm | | |
| | 蓋板　($t_3$) | mm | | |
| | 架台材料 | | | |
| 製品質量／満油質量 | | kg | ／ | ／ |

| 備考 | 〈参考図〉 |
|---|---|

単位　mm

油面制御装置取付座
転倒防止用金具取付座
300φ
油面計取付座
固定用アングルピース
固定ボルト
約φ1,500
4.5t

○印のもの及び無印のものにより製作し、・印のものは適用しない。

使用しない単位・項目は、横線で消し、製造仕様欄には明細を記載する。

384

照合表

・屋内オイルタンク　・オイルサービスタンク

製造者名_____

| 項　目 | | 設計仕様 | | 製造仕様 |
|---|---|---|---|---|
| 材　質 | | 鋼板 | | |
| 構　造 | | 溶接加工 | | |
| 接続口・取付座 | 屋内オイルタンク | 接続口　注油管 | A | A |
| | | 　　　　吸油管（又は送油管） | A | A |
| | | 　　　　返油管 | A | A |
| | | 　　　　通気管 | A | A |
| | | 　　　　除水管 | A | A |
| | | 取付座　油量指示計 | A | A |
| | サービスタンク | 接続口　給油管 | A | A |
| | | 　　　　返油管 | A | A |
| | | 　　　　送油管 | A | A |
| | | 　　　　排油管 | A | A |
| | | 　　　　通気管 | A | A |
| | | 取付座　油面制御装置 | A | A |
| | | 　　　　油面計 | A | A |
| 附属品 | 屋内オイルタンク | (a) 油面計* | 1組 | |
| | | (b) 注油口（ボックス又は桝共） | 1組 | |
| | | (c) 通気金物 | 1個 | |
| | | (d) マンホール（鋼板製） | 一式 | |
| | | (e) 鉄はしご | 一式 | |
| | | (f) 銘板* | 一式 | |
| | サービスタンク | (ｱ) 油面計* | 1組 | |
| | | (ｲ) 鉄はしご（溶融亜鉛めっき(HDZT49)）<br>　　　　　　　　　　　　　一式 | | |
| | | (ｳ) 鋼製架（溶融亜鉛めっき(HDZT49)）<br>　　　　　　　　　　　　　一式 | | |
| | | (ｴ) 銘板* | 一式 | |
| タンク外面仕上 | | さび止めペイント＋調合ペイント | | |
| 特記仕様 | | 照合表以外の要求事項を記載 | | |
| 後日提出する図書 | | 完成図 | 部 | |
| | | 試験・検査成績書 | 部 | |
| 備考 | | | | |

〇印のもの及び無印のものにより製作し、・印のものは適用しない。

使用しない単位・項目は、横線で消し、製造仕様欄には明細を記載する。

[令和4年版]

## 試験成績書

・屋内オイルタンク　・オイルサービスタンク

（記号　　　　　　　　　）

工事件名 _____　　試験日　　令和　　年　　月　　日

_____　　製造者名 _____

種類 _____　　製造者形式 _____

製造番号 _____

|  |  |  |
|---|---|---|
|  |  |  |

試験結果

| 試験項目 | 設計仕様 | 判定基準 | 測定値 | 判　定 | 適　用 |
|---|---|---|---|---|---|
| 寸　法 |  | 仕様値を満足すること |  |  |  |
| 附属品　構成品 |  |  |  |  |  |
| タンク外面仕上 |  |  |  |  |  |
| 漏水試験 |  |  |  |  |  |
| 適用規格を記入：・危険物　・少量危険物 | | | | | |
| 備考 | | | | | |

386

作成要領注意事項

ヘッダー　［標準仕様書 P186］

1．表　　　紙　承諾図表紙の様式により、宛名・工事件名・作成年月・社名を記載する。
2．仕　様　表　承諾図仕様表の様式により当該事項を記載する。
3．照　合　表　承諾図照合表の様式により当該事項を記載する。
4．製　作　図　面
　　外　形　図　図面は機器の外観・外形寸法及び基礎ボルト用穴の位置・径を記載する。
　　　　　　　　また、部品名は原則として「標準仕様書」の用語を用いることとし、仕様
　　　　　　　　表と重複している項目は記載しなくてもよい。
　　詳　細　図　溶接部並びに取付部など製作に必要な詳細図を添付する。
5．資料 ―1　共通事項における承諾図作成要領の項による資料を添付する。
6．資料 ―2　施工上の注意事項等を参考資料として添付する。
　　　　　　　　内容量計算書、強度計算書、加熱コイル計算書、鋼製架台又は鋼管製架台
　　　　　　　　のアンカーボルト耐震計算書を添付する。
　　　　　　　　附属品の内訳を記載する。
7．銘板記載事項　共通事項における承諾図作成要領の項による当該事項を記載する。

　　　　(1)製 造 者 名　　　　　　　　製造者の標準名称による。
　　　　(2)形 式 品 番　　　　　　　　製造者の形式名称とする。
　　　　(2)製造年月又は年　　　　　　西暦を記載する。
　　　　(3)製 造 番 号　　　　　　　　製造者の標準による。
　　　　(4)最 高 使 用 圧 力　　MPa　　一次側及び二次側の設計値を記載する。
　　　　(5)水 圧 試 験 圧 力　　MPa　　一次側及び二次側の試験値を記載する。
　　　　(6)形 状 ・ 寸 法　　　mm　　設計値を記載する。

## ヘッダー　仕様表

設計記号 ＿＿＿＿＿＿＿＿＿＿＿　　台数 ＿＿＿＿　　製造者名 ＿＿＿＿＿＿＿＿＿＿＿＿＿

| ・ボイラー及び圧力容器安全規則　・第一種　・第二種　・適用除外　　届出〔・要　・否〕 |
|---|

| 項　目 | | 単　位 | 設計仕様 | 製造仕様 |
|---|---|---|---|---|
| 形　式 | | | ・蒸気用　・冷温水用 | ・蒸気用　・冷温水用 |
| 最高使用圧力 | | MPa | | |
| 寸法 | 外径　（L） | mm | | |
| | 長さ　（D） | mm | | |
| 鋼製架台 | 形状 | | | |
| | 高さ | mm | | |
| 寸法 | 胴板 | mm | | |
| | 蓋板 | mm | | |
| 製品質量／満水質量 | | kg | ／ | ／ |

備考　　　　　　　　　　　　　　　　　〈参考図〉

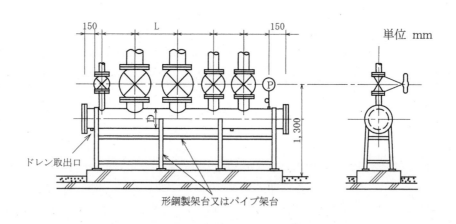

○印のもの及び無印のものにより製作し、・印のものは適用しない。

使用しない単位・項目は、横線で消し、製造仕様欄には明細を記載する。

製造者名 _____

| 項　目 | 設計仕様 | 製造仕様 |
|---|---|---|
| 材　質 | ・JIS G 3452(配管用炭素鋼鋼管)の黒管<br>・JIS G 3454(圧力配管用炭素鋼鋼管)の黒管 | |
| 構　造 | ヘッダーと弁との接続は、フランジ接続とし、弁の中心線が同一水平面上に並ぶように、フランジの高さを調整したものとする。 | |
| 接続口 | 還水管（特記　・有　・無）　　　　　A<br>排水管（特記　・有　・無）　　　　　A | A<br>A |
| 防錆処理 | ・さび止めペイント<br>・JIS H 8641(溶融亜鉛めっき)の2種55<br>　（冷温水用の場合） | |
| 附属品 | (ｱ) 圧力計*又は水高計*　　　　　　1組<br>(ｲ) 鋼製又は鋼管製架台<br>　　　（溶融亜鉛めっき(HDZT49)　　一式<br>(ｳ) 銘板*　　　　　　　　　　　　一式 | |
| 特記仕様 | 照合表以外の要求事項を記載 | |
| 後日提出する図書 | 完成図　　　　　　　　　　　　　部<br>試験・検査成績書　　　　　　　　部<br>防錆処理証明書（亜鉛めっき）　　部 | |
| 備考 | | |

○印のもの及び無印のものにより製作し、・印のものは適用しない。

使用しない単位・項目は、横線で消し、製造仕様欄には明細を記載する。

[令和4年版]

ヘッダー試験成績書

（記号　　　　　　　　　）

工事件名 _____

_____

種類 _____

製造番号 _____

試験日　　　令和　　年　　月　　日

製造者名 _____

製造者形式 _____

|  |  |  |
|---|---|---|
|  |  |  |

試験結果

| 試験項目 | 設計仕様 | 判定基準 | 測定値 | 判　定 | 適　用 |
|---|---|---|---|---|---|
| 材質　本体（胴板、鏡板）<br>附属品　構成品 |  | ミルシート等<br>で確認 |  |  |  |
| 内部防錆被膜 |  |  |  |  |  |
| 寸　法 |  |  |  |  |  |
| 附属品 |  |  |  |  |  |
| 耐圧<br>試験 | 水圧試験圧力　　MPa | 最高使用圧力の1.5倍に温度補正を行う。 |  |  |  |
|  | 分 |  |  |  |  |

適用規格を記入：圧力容器構造規格　　・第一種　　・第二種　　・適用外　　ボイラー及び圧力容器安全規則

備考

定風量・変風量ユニット

作成要領注意事項

   ・定風量ユニット　［標準仕様書 P201～202］
   ・変風量ユニット　［標準仕様書 P202］

1．　表　　　　紙　　承諾図表紙の様式により、宛名・工事件名・作成年月・社名を記載する。
2．　仕　様　表　　承諾図仕様表の様式により当該事項を記載する。
3．　照　合　表　　承諾図照合表の様式により当該事項を記載する。
  （注）　★印のある項目については「建築材料・設備機材等品質性能評価事業（令和 4 年
        版）」において評価しているため、当該機材の評価書の写しを添付した場合は、照
        合表の「製造仕様」の記載を省略できる。
4．　製　作　図　面
    外　形　図　　図面は機器の外観・外形寸法を記載する。
         また、部品名は原則として「標準仕様書」の用語を用いることとし、仕様
         表と重複している項目は記載しなくてもよい。
5．　資料 ―1　　共通事項における承諾図作成要領の項による資料を添付する。
6．　資料 ―2　　施工上の注意事項等を参考資料として添付する。
         附属品、予備品の内訳等を記載する。
7．　銘板記載事項　共通事項における承諾図作成要領の項による当該事項を記載する。

    (1)製　造　者　名　　　　　　　　製造者の標準名称による。
    (2)製　造　品　番　　　　　　　　製造者の形式名称による。
    (3)製造年月又は年　　　　　　　　西暦を記載する。
    (4)製　造　番　号　　　　　　　　製造者の標準による。
    (5)風　　　　　　量　　　m³/h　　設計値を記載する。

仕様表

・定風量ユニット　　・変風量ユニット

製造者形式 _____　　製造者名 _____

| ユニット〔・定風量　　・変風量〕 |
| :--- |

| 共通項目 | | 設計仕様 | 製造仕様 |
| :--- | :--- | :--- | :--- |
| 基本仕様 | 分　類 | | ・メカニカル形<br>・風速センサー形<br>（・プロペラ形センサー<br>　・熱線センサー<br>　・差圧方式） |
| | 動作電源（電気の場合） | ・AC24V　　・AC100V | |
| | 外部指令信号 | 4〜20mA 又は 0〜100Ω | |
| | 風量設定範囲 | 100%　〜　　　　% | |
| | 風量全閉機構 | ・有　　・無 | |
| | 必要圧力損失<br>（最大風量における圧力損失） | Pa 以下 | |

| | 記号 | 制御方式 | 設計仕様 | 製造仕様 | | | 消音箱 | 台数 |
| :--- | :--- | :--- | :--- | :--- | :--- | :--- | :--- | :--- |
| | | | 風量 m³/h | 風量設定範囲 m³/h | 形式　品番 | | | |
| 1 | | ・風速センサー | | 〜 | | | ・有　・無 | |
| 2 | | | | 〜 | | | | |
| 3 | | | | 〜 | | | | |
| 4 | | | | 〜 | | | | |
| 5 | | | | 〜 | | | | |
| 6 | | | | 〜 | | | | |
| 7 | | | | 〜 | | | | |
| 8 | | | | 〜 | | | | |
| 9 | | | | 〜 | | | | |
| 10 | | | | 〜 | | | | |
| 11 | | | | 〜 | | | | |
| 12 | | | | 〜 | | | | |
| 13 | | | | 〜 | | | | |

照合表

・定風量ユニット　　・変風量ユニット

　　　　　　　　　　　　　　　製造者名＿＿＿＿＿＿＿＿＿＿＿＿＿

| 項　　目 | | 設計仕様 | 製造仕様 |
|---|---|---|---|
| 分　　類 | ★ | | ・メカニカル形<br>・風速センサー形<br>（・プロペラ形センサー<br>　・熱線センサー<br>　・差圧方式) |
| 風量制御 | ★ | ダイレクトデジタルコントローラー<br>（DDC）制御　（特記　・有　・無） | |
| ケーシング材質 | ★ | ・鋼板　・アルミニウム板 | |
| 可動羽根材質 | ★ | ・鋼板　・アルミニウム板 | |
| 許容騒音値 | ★ | ・メカニカル形<br>ユニット前後の静圧差が 300Pa のとき、<br>中心周波数 1,000Hz において吐出側で<br>65dB 以下。(10⁻¹² watt 基準) | |
| | | ・風速センサー形<br>ユニット前後の静圧差が 100Pa のとき、<br>中心周波数 1,000Hz において吐出側で<br>65dB 以下。(10⁻¹² watt 基準) | |
| 特記仕様 | | 照合表以外の要求事項を記載 | |
| 後日提出する図書 | | 完成図　　　　　　　　　　　部<br>取扱説明書　　　　　　　　　部<br>試験成績書　　　　　　　　　部 | |
| 備考 | | | |

○印のもの及び無印のものにより製作し、・印のものは適用しない。

　使用しない単位・項目は、二重線で消し、製造仕様欄には明細を記載する。

[令和4年版]

395

試験成績書

・定風量ユニット　　・変風量ユニット

工事件名 _____

製造者形式： _____

分類：・メカニカル形 _____

　　　風速センサー形

　　　（・プロペラ形センサー

　　　・熱線センサー　・差圧方式）

試験日　　　令和　　年　　月　　日

製造者名 _____

ユニット用途：　・定風量　・変風量

電　　　源：　・AC24V　・AC100V

|  |  |  |
|---|---|---|
|  |  |  |

試験結果

| | 記号 | 型式品番 | 設計仕様<br>MAX〜MIN m³/h | 製造仕様<br>MAX〜MIN m³/h | 判定 | 台数 | 適用 |
|---|---|---|---|---|---|---|---|
| 1 | | | 〜 | 〜 | | | |
| 2 | | | 〜 | 〜 | | | |
| 3 | | | 〜 | 〜 | | | |
| 4 | | | 〜 | 〜 | | | |
| 5 | | | 〜 | 〜 | | | |
| 6 | | | 〜 | 〜 | | | |
| 7 | | | 〜 | 〜 | | | |
| 8 | | | 〜 | 〜 | | | |
| 9 | | | 〜 | 〜 | | | |
| 10 | | | 〜 | 〜 | | | |
| 11 | | | 〜 | 〜 | | | |
| 12 | | | 〜 | 〜 | | | |
| 13 | | | 〜 | 〜 | | | |
| 14 | | | 〜 | 〜 | | | |
| 15 | | | 〜 | 〜 | | | |
| 16 | | | 〜 | 〜 | | | |
| 17 | | | 〜 | 〜 | | | |
| 18 | | | 〜 | 〜 | | | |

衛生器具ユニット

作成要領注意事項

・大便器ユニット 　　　　　　　　 ［標準仕様書 P251］

・小便器ユニット 　　　　　　　　 ［標準仕様書 P251］

・洗面器ユニット 　　　　　　　　 ［標準仕様書 P251］

・壁掛形汚物流しユニット 　　 ［標準仕様書 P251～252］

・掃除流しユニット 　　　　　　 ［標準仕様書 P252］

・手洗器ユニット 　　　　　　　　 ［標準仕様書 P252］

・車椅子対応ユニット 　　　　　 ［標準仕様書 P252］

・浴室ユニット 　　　　　　　　　 ［標準仕様書 P252］

・複合浴室ユニット 　　　　　　 ［標準仕様書 P252～253］

1．　表　　　　紙　　承諾図表紙の様式により、宛名・工事件名・作成年月・社名を記載する。

2．　仕　様　表　　承諾図仕様表の様式により当該事項を記載する。
　　　　　　　　　　　　浴室ユニット及び複合浴室ユニットのケーシング寸法は浴室内法寸法を
　　　　　　　　　　　　示し、高さは天井高を示す。その他のユニットは外形寸法を示す。

3．　照　合　表　　承諾図照合表の様式により当該事項を記載する。

　（注）　★印のある項目については「建築材料・設備機材等品質性能評価事業（令和 4 年
　　　　　　版)」において評価しているため、当該機材の評価書の写しを添付した場合は、照
　　　　　　合表の「製造仕様」の記載を省略できる。

4．　製 作 図 面

　　　　外　形　図　　図面はユニットの外観・外形寸法を記載する。
　　　　　　　　　　　　また、部品名は原則として「標準仕様書」の用語を用いることとし、仕様
　　　　　　　　　　　　表と重複している項目は記載しなくてもよい。

　　　　内部構造図　　図面はユニットの内観・寸法を記載する。
　　　　　　　　　　　　また、部品名は原則として「標準仕様書」の用語を用いることとし、仕様
　　　　　　　　　　　　表と重複している項目は記載しなくてもよい。

5．　資　料　－1　　共通事項における承諾図作成要領の項による資料を添付する。

6．　資　料　－2　　施工上の注意事項等を参考資料として添付する。

7．　資　料　－3　　附属品、予備品の内訳等を記載する。

仕様表

- ・大便器ユニット　　・小便器ユニット
- ・洗面器ユニット　　・壁掛形汚物流しユニット
- ・掃除流しユニット　・手洗器ユニット
- ・車椅子対応ユニット・浴室ユニット
- ・複合浴室ユニット

設計記号　　　　　　　　　数量

製造者形式　　　　　　　　　　　　　製造者名

| 項　目 | | | 単　位 | 設計仕様 | 製造仕様 |
|---|---|---|---|---|---|
| ユニット名 | | | | | |
| 連結数量 | | | 組 | | |
| ケーシング寸法 | 一ユニット | 幅　　（L） | mm | | |
| | | 奥行　（W） | mm | | |
| | | 高さ　（H） | mm | | |
| | 全体 | 幅　　（L） | mm | | |
| | | 奥行　（W） | mm | | |
| | | 高さ　（H） | mm | | |
| 備考 | | | | | |

○印のもの及び無印のものにより製作し、・印のものは適用しない。

使用しない単位・項目は、二重線で消し、製造仕様欄には明細を記載する。

製造者名 ＿＿＿＿＿＿＿＿＿＿＿＿＿＿

| 項　目 | 設計仕様 | 製造仕様 |
|---|---|---|
| 構　成　★ | 大便器、大便器用洗浄弁、給水管、排水管、通気管、ケーシング等 | |
| 大便器　★ | 仕様は特記による<br>・<br>温水洗浄便座は次の機能を有するほか、JIS A 4422（温水洗浄便座）による。<br>　機能<br>・洗浄用水加温方式<br>　〔特記による　　・貯湯方式　・瞬間方式〕<br>・節電機能<br>・脱臭機能<br>以下特記による<br>　・温風乾燥機能　　　　　　　　・有　・無<br>　・擬音機能　　　　　　　　　　・有　・無<br>　・リモコン　　　　　　　　　　・有　・無<br>　電源種別〔・AC 電源　・乾電池　・自己発電〕 | |
| 基準エネルギー消費効率　★ | グリーン購入法の定めによる<br>数値は特記による | |
| グリーン購入法　★ | グリーン購入法の判断の基準　　・適用　・適用外 | 適用外の場合理由を記入 |
| 洗浄弁　★ | 仕様は特記による<br>JIS B 2061（給水栓）によるバキュームブレーカー付<br>操作方式〔・電気開閉式（・センサー式<br>　　　　　　　　　・タッチスイッチ式）〕<br>　　　〔・手動式（ノンホールディング機能を有するもの）〕<br>洗浄水量　　　　　　L/回 | |
| 配　管　★ | 管材は特記による<br>給水管<br>　・<br>排水管<br>　・<br>通気管<br>　・ | |
| | 継手にはゴム製等を使用<br>　・排水管　・通気管　・不使用 | |

[令和 4 年版]

| 項　　目 | 設計仕様 | 製造仕様 |
|---|---|---|
| 配管の保温　★ | 製造者の標準仕様の明細を記入<br>給水管（・不燃性　　・難燃性）<br>・<br>排水管（・不燃性　　・難燃性）<br>・<br>・不要（ビニル管を使用した場合） | |
| ケーシング　★ | 仕様は特記による<br>化粧前板<br>・<br>甲板<br>・ | |
| | 幅木<br>　・SUS304（厚さ0.8mm以上）ヘアライン仕上げ<br>フレーム<br>　・亜鉛鉄板（厚さ1.6mm以上） | |
| 附属品　　　★ | 仕様は特記による<br>紙巻器（ワンハンドカット機能（特記　・有　・無））<br>　　　　　　　　　　　　　　　　　　一式<br>　・ステンレス鋼板製　　・<br>シートペーパーホルダー　　　　　　一式<br>　・<br>リモコンの電源種別が乾電池の場合<br>　・乾電池　　　　　　　　　　　　一式 | |
| 特記仕様 | 照合表以外の要求事項を記載 | |
| 後日提出する<br>図書 | 完成図　　　　　　　　　　　　　　部<br>取扱説明書　　　　　　　　　　　　部<br>試験・検査成績書　　　　　　　　　部 | |
| 備考 | | |

〇印のもの及び無印のものにより製作し、・印のものは適用しない。

使用しない単位・項目は、二重線で消し、製造仕様欄には明細を記載する。

［令和4年版］

402

製造者名　_____

| 項　目 | 設計仕様 | 製造仕様 |
|---|---|---|
| 構　成　★ | 小便器、小便器用節水装置、給水管、排水管、通気管、ケーシング等 | |
| 小便器 | 仕様は特記による<br>・ | |
| 節水装置　★ | 仕様は特記による<br>　・一体型　・埋込型　・露出型 | |
| 配　管　★ | 管材は特記による<br>給水管<br>　・<br>排水管<br>　・<br>通気管<br>　・ | |
| | 継手にはゴム製等を使用<br>　・排水管　・通気管　・不使用 | |
| 配管の保温　★ | 製造者の標準仕様の明細を記入<br>給水管（・不燃性　・難燃性）<br>　・<br>排水管（・不燃性　・難燃性）<br>　・<br>　・不要（ビニル管を使用した場合） | |
| ケーシング　★ | 仕様は特記による<br>化粧前板<br>　・<br>甲板<br>　・ | |
| | 幅木<br>　・SUS304（厚さ0.8mm以上）ヘアライン仕上げ<br>フレーム<br>　・亜鉛鉄板（厚さ1.6mm以上） | |

［令和4年版］

| 項　目 | 設計仕様 | 製造仕様 |
|---|---|---|
| 特記仕様 | 照合表以外の要求事項を記載 | |
| 後日提出する図書 | 完成図　　　　　　　　　　　　部 | |
| | 取扱説明書　　　　　　　　　　部 | |
| | 試験・検査成績書　　　　　　　部 | |
| 備考 | | |

〇印のもの及び無印のものにより製作し、・印のものは適用しない。

使用しない単位・項目は、二重線で消し、製造仕様欄には明細を記載する。

［令和4年版］

製造者名　　　　　　　　　　　　　　　　

| 項　目 | 設計仕様 | 製造仕様 |
|---|---|---|
| 構　成　★ | 洗面器、給水管、給湯管、排水管、通気管、ケーシング等 | |
| 洗面器　★ | 仕様は特記による<br>　・(JIS B 2061(給水栓)による)<br>水栓<br>　・自動水栓　　　　　　　（・単水栓　・混合水栓）<br>　・レバーハンドル式水栓（・単水栓　・混合水栓）<br>自動水栓の場合<br>　電源種別（・AC電源　・乾電池　・自己発電）<br>　手動スイッチ（・有　・無） | |
| 配　管　★ | 配管の要否及び管材は特記による<br>給水管<br>　・<br>給湯管（特記　・要　・不要）<br>　・<br>排水管<br>　・<br>通気管<br>　・ | |
| | 継手にはゴム製等を使用<br>　・排水管　・通気管　・不使用 | |
| 配管の保温　★ | 製造者の標準仕様の明細を記入<br>給水管（・不燃性　・難燃性）<br>　・<br>給湯管（・不燃性　・難燃性）<br>　・<br>排水管（・不燃性　・難燃性）<br>　・<br>　・不要（ビニル管を使用した場合） | |

［令和4年版］

| 項　目 | 設計仕様 | 製造仕様 |
|---|---|---|
| ケーシング　★ | 仕様は特記による<br>化粧前板<br>　　・<br>カウンター<br>　　・ | |
| | 幅木<br>　・SUS304（厚さ0.8mm以上）ヘアライン仕上げ<br>フレーム<br>　・亜鉛鉄板（厚さ1.6mm以上） | |
| 附属品　　★ | 仕様は特記による<br>水石けん入れ　　一式<br>　・手洗器一体型<br>　・手洗器分離型<br>ハンドドライヤー 一式<br>　　・<br>自動水栓<br>　・感知センサー　　　　　　　　　　1組<br>　・吐水口　　　　　　　　　　　　　1組<br>　・開閉弁　　　　　　　　　　　　　1組<br>　・制御装置（AC電源の場合は電源コード、<br>　　　自己発電の場合は充電池を含む）　1組<br>　・乾電池（乾電池を用いる場合）　　1組 | （容量　　　　L） |
| 特記仕様 | 照合表以外の要求事項を記載 | |
| 後日提出する<br>図書 | 完成図　　　　　　　　　　　　　　部<br>取扱説明書　　　　　　　　　　　　部<br>試験・検査成績書　　　　　　　　　部 | |
| 備考 | | |

○印のもの及び無印のものにより製作し、・印のものは適用しない。

使用しない単位・項目は、二重線で消し、製造仕様欄には明細を記載する。

［令和4年版］

406

製造者名 _____

| 項　目 | 設計仕様 | 製造仕様 |
|---|---|---|
| 構　成　　★ | 汚物流し、ホース付ストーマ装具洗浄用水栓、ケーシング等 | |
| 汚物流し　　★ | 仕様は特記による<br>・<br>汚物流し用洗浄弁<br>・ | |
| ホース付ストーマ装具洗浄用水栓 | 仕様は特記による<br>・ | |
| 給湯方式 | 給湯方式は特記による<br>・ | |
| 配　管　　★ | 管材は特記による<br>給水管<br>・<br>給湯管<br>・<br>排水管<br>・<br>通気管<br>・ | |
| | 継手にはゴム製等を使用<br>・排水管　・通気管　・不使用 | |
| 配管の保温　★ | 製造者の標準仕様の明細を記入<br>給水管（・不燃性　・難燃性）<br>・<br>給湯管（・不燃性　・難燃性）<br>・<br>排水管（・不燃性　・難燃性）<br>・<br>・不要（ビニル管を使用した場合） | |

［令和4年版］

| 項　目 | 設計仕様 | 製造仕様 |
|---|---|---|
| ケーシング　★ | 仕様は特記による<br>化粧前板<br>　・<br>甲板<br>　・ | |
| | 幅木<br>　・SUS304（厚さ0.8mm以上）ヘアライン仕上げ<br>フレーム<br>　・亜鉛鉄板（厚さ1.6mm以上） | |
| 附属品　　★ | 仕様は特記による<br>紙巻器　　　　　　　　　　　　　　　一式<br>　・ステンレス鋼板製　　　・<br>水石けん入れ　　　　　　　　　　　　一式<br>　・<br>電気温水器　　　　　　　　　　　　　一式<br>　・ | <br><br><br>（容量　　　　　L)<br><br>（容量　　　　　L) |
| 特記仕様 | 照合表以外の要求事項を記載 | |
| 後日提出する<br>図書 | 完成図　　　　　　　　　　　　　　　部<br>取扱説明書　　　　　　　　　　　　　部<br>試験・検査成績書　　　　　　　　　　部 | |
| 備考 | | |

○印のもの及び無印のものにより製作し、・印のものは適用しない。

使用しない単位・項目は、二重線で消し、製造仕様欄には明細を記載する。

［令和4年版］

408

掃除流しユニット　照合表

製造者名　_____

| 項　目 | 設計仕様 | 製造仕様 |
|---|---|---|
| 構　成　★ | 掃除流し、給水管、排水管、通気管、ケーシング等 | |
| 掃除流し | 仕様は特記による<br>・ | |
| 配　管　★ | 管材は特記による<br>給水管<br>・<br>排水管<br>・<br>通気管<br>・ | |
| | 継手にはゴム製等を使用<br>・排水管　・通気管　・不使用 | |
| 配管の保温　★ | 製造者の標準仕様の明細を記入<br>給水管（・不燃性　・難燃性）<br>・<br>排水管（・不燃性　・難燃性）<br>・<br>・不要（ビニル管を使用した場合） | |
| ケーシング　★ | 仕様は特記による<br>化粧前板<br>・<br>甲板<br>・ | |
| | 幅木<br>　・SUS304（厚さ0.8mm以上）ヘアライン仕上げ<br>フレーム<br>　・亜鉛鉄板（厚さ1.6mm以上） | |
| 特記仕様 | 照合表以外の要求事項を記載 | |
| 後日提出する<br>図書 | 完成図　　　　　　　　　　　　　　　　　　　部<br>取扱説明書　　　　　　　　　　　　　　　　部<br>試験・検査成績書　　　　　　　　　　　　　部 | |
| 備考 | | |

　〇印のもの及び無印のものにより製作し、・印のものは適用しない。

　使用しない単位・項目は、二重線で消し、製造仕様欄には明細を記載する。

[令和4年版]

製造者名

| 項　目 | 設計仕様 | 製造仕様 |
|---|---|---|
| 構　成　　★ | 手洗器、給水管、給湯管、排水管、通気管、ケーシング等 | |
| 洗面器　　★ | 仕様は特記による<br>・<br>水栓<br>・ | |
| 配　管　　★ | 配管の要否及び管材は特記による<br>給水管<br>・<br>給湯管（特記　・要　・不要）<br>・<br>排水管<br>・<br>通気管<br>・ | |
| | 継手にはゴム製等を使用<br>・排水管　・通気管　・不使用 | |
| 配管の保温　★ | 製造者の標準仕様の明細を記入<br>給水管（・不燃性　・難燃性）<br>・<br>給湯管（・不燃性　・難燃性）<br>・<br>排水管（・不燃性　・難燃性）<br>・<br>・不要（ビニル管を使用した場合） | |
| ケーシング　★ | 仕様は特記による<br>化粧前板<br>・<br>甲板<br>・ | |

**［令和４年版］**

410

| 項　目 | 設計仕様 | 製造仕様 |
|---|---|---|
| ケーシング　★ | 幅木<br>　・SUS304（厚さ 0.8mm 以上）ヘアライン仕上げ<br>フレーム<br>　・亜鉛鉄板（厚さ 1.6mm 以上） | |
| 特記仕様 | 照合表以外の要求事項を記載 | |
| 後日提出する<br>図書 | 完成図　　　　　　　　　　　　　　　　　部<br>取扱説明書　　　　　　　　　　　　　　　部<br>試験・検査成績書　　　　　　　　　　　　部 | |
| 備考 | | |

〇印のもの及び無印のものにより製作し、・印のものは適用しない。

使用しない単位・項目は、二重線で消し、製造仕様欄には明細を記載する。

［令和4年版］

411

製造者名　_____

| 項　　目 | | 設計仕様 | 製造仕様 |
|---|---|---|---|
| 構　　成 | ★ | 大便器、洗面器、手洗器、大便器用洗浄弁、給水管、給湯管、排水管、通気管、ケーシング等 | |
| 大便器 | ★ | 仕様は特記による<br><br>・<br>温水洗浄便座は次の機能を有するほか、JIS A 4422(温水洗浄便座)による。<br>　機能<br>・洗浄用水加温方式<br>　〔特記による　　・貯湯方式　・瞬間方式〕<br>・節電機能<br>・脱臭機能<br>以下特記による<br>　・温風乾燥機能　　　　　　　　　・有　・無<br>　・擬音機能　　　　　　　　　　　・有　・無<br>　・リモコン　　　　　　　　　　　・有　・無<br>　電源種別〔・AC電源　・乾電池　・自己発電〕 | |
| 基準エネルギー消費効率 | ★ | グリーン購入法の定めによる<br>数値は特記による | |
| グリーン購入法 | ★ | グリーン購入法の判断の基準　　　　・適用　・適用外 | 適用外の場合理由を記入 |
| 洗浄弁 | ★ | 仕様は特記による<br>JIS B 2061(給水栓)によるバキュームブレーカー付<br>操作方式〔・電気開閉式（・センサー式<br>　　　　　　　　　　・タッチスイッチ式)〕<br>　　　　　〔・手動式（ノンホールディング機能を有するもの)〕<br>　洗浄水量　　　　　L/回 | |
| 洗面器 | ★ | 仕様は特記による<br><br>・<br>水栓<br>　・自動水栓　　　　　　（・単水栓　・混合水栓）<br>　・レバーハンドル式水栓（・単水栓　・混合水栓）<br>自動水栓の場合<br>　電源種別（・AC電源　・乾電池　・自己発電）<br>手動スイッチ（・有　・無） | |

| 項　目 | 設計仕様 | 製造仕様 |
|---|---|---|
| 手洗器　　★ | 仕様は特記による<br>　・<br>水栓<br>　・ | |
| 配　管　　★ | 配管の要否及び管材は特記による<br>給水管<br>　・<br>給湯管（特記　・要　・不要）<br>　・<br>排水管<br>　・<br>通気管<br>　・ | |
| | 継手にはゴム製等を使用<br>　・排水管　・通気管　・不使用 | |
| 配管の保温　★ | 製造者の標準仕様の明細を記入<br>給水管（・不燃性　・難燃性）<br>　・<br>給湯管（・不燃性　・難燃性）<br>　・<br>排水管（・不燃性　・難燃性）<br>　・<br>　・不要（ビニル管を使用した場合） | |
| ケーシング　★ | 仕様は特記による<br>化粧前板<br>　・<br>甲板<br>　・ | |
| | 幅木<br>　・SUS304（厚さ0.8mm以上）ヘアライン仕上げ<br>フレーム<br>　・亜鉛鉄板（厚さ1.6mm以上） | |

［令和4年版］

| 項　　目 | 設計仕様　・ | 製造仕様 |
|---|---|---|
| 附属品　　　★ | 仕様は特記による<br><br>紙巻器（ワンハンドカット機能（特記　・有　・無））<br>　　　　　　　　　　　　　　　　　　　　一式<br>　・ステンレス鋼板製　・<br>手すり　　　　　　　　　　　　　　　　　一式<br>　・<br>擬音装置　　　　　　　　　　　　　　　　一式<br>　・<br>鏡　　　　　　　　　　　　　　　　　　　一式<br>　・<br>水石けん入れ　　　　　　　　　　　　　　一式<br>　・<br>電気温水器　　　　　　　　　　　　　　　一式<br>　・<br>ベビーベッド／ベビーチェア　　　　　　　一式<br>　・<br>温水便座用リモコン　　　　　　　　　　　一式<br>　・<br>リモコンの電源種別が乾電池の場合<br>　・乾電池　　　　　　　　　　　　　　　1組<br>自動水栓<br>　・感知センサー　　　　　　　　　　　　1組<br>　・吐水口　　　　　　　　　　　　　　　1組<br>　・開閉弁　　　　　　　　　　　　　　　1組<br>　・制御装置（AC 電源の場合は電源コード、<br>　　自己発電の場合は充電池を含む）　　　1組<br>　・乾電池（乾電池を用いる場合）　　　　1組 | （容量　　　　L）<br><br><br><br><br>（容量　　　　L） |
| 特記仕様 | 照合表以外の要求事項を記載 | |
| 後日提出する<br>図書 | 完成図　　　　　　　　　　　　　　　　　部<br>取扱説明書　　　　　　　　　　　　　　　部<br>試験・検査成績書　　　　　　　　　　　　部 | |
| 備考 | | |

〇印のもの及び無印のものにより製作し、・印のものは適用しない。

使用しない単位・項目は、二重線で消し、製造仕様欄には明細を記載する。

［令和4年版］

製造者名　　　　　　　　　　　　

| 項　目 | 設計仕様 | 製造仕様 |
|---|---|---|
| 構　成 | ユニット部材（壁、床、天井）、水栓、浴槽、配管、照明器具等 | |
| | 本項によるほか JIS A 4416（住宅用浴室ユニット）による | |
| ユニット部材 | 仕様は特記による<br>壁<br>・<br>床<br>・<br>天井<br>・ | |
| 水　栓 | JIS B 2061（給水栓）に準ずる<br>接水耐圧部が金属性の場合の耐食性<br>　・JIS H 5120（銅及び銅合金鋳物）による CAC406<br>　・同等（　　　　　　　　　　　　　）<br>JIS に規定されていない給水栓<br>　・構造、材料及び構成主要部品の形状、寸法等が<br>　　JIS B 2061（給水栓）に準ずる | |
| 配　管 | 配管の要否及び管材は特記による<br>給水管（特記　・要　・不要）<br>・<br>給湯管（特記　・要　・不要）<br>・<br>排水管<br>・<br>通気管<br>・ | |
| | ゴム製等の継手の使用<br>　・排水管　・通気管　・不使用 | |
| 配管の保温 | 製造者の標準仕様の明細を記入<br>給水管（・不燃性　・難燃性）<br>・<br>給湯管（・不燃性　・難燃性）<br>・ | |

［令和4年版］

| 項　目 | 設計仕様 | 製造仕様 |
|---|---|---|
| 配管の保温 | 排水管（・不燃性　・難燃性）<br>・<br>・不要（ビニル管を使用した場合） | |
| 浴　槽 | JIS A 5532(浴槽)による<br>仕様は特記による<br>材質<br>・<br>大きさ<br>・<br>高断熱性能（特記　・有　・無）<br>プラスチック浴槽ふた（特記　・要　・不要） | |
| 照　明 | 防湿形<br>種類は特記による<br>・ | |
| 附属品 | 仕様は特記による<br>(ｱ) 建具（ドア枠はアルミアルマイト処理）　　1個<br>・<br>(ｲ) 鏡　　　　　　　　　　　　　　　　　　1個<br>・<br>・JIS R 3202(フロート板ガラス及び磨き板ガラス)<br>　による厚さ5.0mm（縁無し）<br>・樹脂コーティング（裏面及び小口全面）<br>(ｳ) 排水トラップ　　　　　　　　　　　　　1個<br>・<br>・ABS 樹脂製　・ASA 樹脂製　・鋳鉄製<br>(ｴ) タオル掛け　　　　　　　　　　　　　一式 | |
| 特記仕様 | 照合表以外の要求事項を記載 | |
| 後日提出する<br>図書 | 完成図　　　　　　　　　　　　　　　　　　部<br>取扱説明書　　　　　　　　　　　　　　　　部<br>試験・検査成績書　　　　　　　　　　　　　部 | |
| 備考 | | |

○印のもの及び無印のものにより製作し、・印のものは適用しない。

使用しない単位・項目は、二重線で消し、製造仕様欄には明細を記載する。

[令和4年版]

製造者名　_____

| 項　目 | 設計仕様 | 製造仕様 |
|---|---|---|
| 構　成 | ユニット部材（壁、床、天井）、水栓、浴槽、大便器、洗面器、配管、照明器具等 | |
| | 本項によるほか JIS A 4410（住宅用複合サニタリーユニット）による | |
| ユニット部材 | 仕様は特記による<br>壁<br>・<br>床<br>・<br>天井<br>・ | |
| 水　栓 | JIS B 2061（給水栓）に準ずる。<br>接水耐圧部が金属性の場合の耐食性<br>　・JIS H 5120（銅及び銅合金鋳物）による CAC406<br>　・同等（　　　　　　　　　　　　）<br>JIS に規定されていない給水栓<br>　・構造、材料及び構成主要部品の形状、寸法等が<br>　　JIS B 2061（給水栓）に準ずる | |
| 配　管 | 配管の要否及び管材は特記による<br>給水管（特記　・要　・不要）<br>・<br>給湯管（・要　・否）<br>・<br>排水管<br>・<br>通気管<br>・ | |
| | ゴム製等の継手の使用<br>　・排水管　・通気管　・不使用 | |
| 配管の保温 | 製造者の標準仕様の明細を記入<br>給水管（・不燃性　・難燃性）<br>・<br>給湯管（・不燃性　・難燃性）<br>・ | |

［令和4年版］

| 項　目 | 設計仕様 | 製造仕様 |
|---|---|---|
| 配管の保温 | 排水管（・不燃性　・難燃性）<br><br>・<br>・不要（ビニル管を使用した場合） | |
| 浴　槽 | JIS A 5532(浴槽)による<br>仕様は特記による<br>材質<br><br>・<br>大きさ<br><br>・ | |
| 大便器 | JIS A 5207(衛生陶器－便器・洗面器)による<br>仕様は特記による<br><br>・<br>大便器用便座<br><br>・ | |
| 洗面器 | JIS A 5207(衛生陶器－便器・洗面器)による<br>仕様は特記による<br><br>・<br>水栓<br><br>・ | |
| 照　明 | 仕様は特記による<br>防湿形<br>種類<br><br>・ | |
| 附属品 | 仕様は特記による<br>(ｱ) 建具（ドア枠はアルミアルマイト処理）　　1個<br><br>・<br>(ｲ) 鏡　　　　　　　　　　　　　　　　　　1個<br><br>・ JIS R 3202(フロート板ガラス及び磨き板ガラス)<br>　　による厚さ5.0mm（縁無し）<br>・ 樹脂コーティング（裏面及び小口全面）<br>(ｳ) 排水トラップ　　　　　　　　　　　　　1個<br><br>・<br>・ABS 樹脂製　・ASA 樹脂製　・鋳鉄製 | |

［令和 4 年版］

418

| 項　目 | 設計仕様 | 製造仕様 |
|---|---|---|
| 附属品 | (ｴ) 石けん受け・握りバー　　　　　　　　一式<br>　　・<br>(ｵ) タオル掛棚・タオル掛け　　　　　　　一式<br>　　・<br>(ｶ) 紙巻器　　　　　　　　　　　　　　　一式<br>　　・<br>(ｷ) シャワーカーテン（防火仕様）　　　　一式<br>　　・<br>(ｸ) 化粧棚　　　　　　　　　　　　　　　1 個<br>　　・<br>(ｹ) コンセント（AC100V）　　　　　　　一式<br>　　・ | |
| 特記仕様 | 照合表以外の要求事項を記載 | |
| 後日提出する<br>図書 | 完成図　　　　　　　　　　　　　　　　部<br>取扱説明書　　　　　　　　　　　　　　部<br>試験・検査成績書　　　　　　　　　　　部 | |
| 備考（JIS B 2061(給水栓)による） | | |

〇印のもの及び無印のものにより製作し、・印のものは適用しない。

使用しない単位・項目は、二重線で消し、製造仕様欄には明細を記載する。

［令和 4 年版］

ヒートポンプ給湯機

作成要領注意事項

ヒートポンプ給湯機　［標準仕様書P264〜265］

1．　表　　　紙　　承諾図表紙の様式により、宛名・工事件名・作成年月・社名を記載する。
2．　仕　様　表　　承諾図仕様表の様式により当該事項を記載する。
3．　照　合　表　　承諾図照合表の様式により当該事項を記載する。
4．　製　作　図　面
　　　外　形　図　　図面は機器の外観・外形寸法及び基礎ボルト用穴の位置・径を記載する。
　　　　　　　　　　また、部品名は原則として「標準仕様書」の用語を用いることとし、仕様
　　　　　　　　　　表と重複している項目は記載しなくてもよい。
5．　資料　―1　　共通事項における承諾図作成要領の項による資料を添付する。
6．　資料　―2　　施工上の注意事項等を参考資料として添付する。
7．　資料　―3　　附属品、予備品の内訳等を記載する。
8．　銘板記載事項　共通事項における承諾図作成要領の項による当該事項を記載する。

　　　(1)製　造　者　名　　　　　　　製造者の標準名称による。
　　　(2)形　式　品　番　　　　　　　製造者の形式名称とする。
　　　(3)製 造 年 月 又 は 年　　　　西暦を記載する。
　　　(4)製　造　番　号　　　　　　　製造者の標準による。
　　　(5)定　格　出　力　　　　kW　　製品出力値を記載する。
　　　(6)最 高 使 用 圧 力　　　MPa　製品最高使用圧力値を記載する。
　　　(7)貯　　湯　　量　　　　　L　　製品貯湯量値を記載する。
　　　(8)電　　　　源　　φ、V、Hz　「φ」「相」いずれでもよい。

## ヒートポンプ給湯機　仕様表

設計記号 _____　　　台数 _____

製造者形式 _____　　　製造者名 _____

| 項　目 | | 単位等 | 設計仕様 | 製造仕様 |
|---|---|---|---|---|
| 冷媒の種類 | | | ・二酸化炭素（$CO_2$）<br>・ハイドロフルオロカーボン（HFC） | |
| 貯湯温度 | | ℃ | | |
| 給湯方式 | | | ・一過式　　・循環式 | |
| ヒートポンプユニット、<br>貯湯ユニット | | | ・分離型 | |
| ヒートポンプ<br>ユニット仕様 | 定格能力 | kW | | |
| | 消費電力量 | kW | | |
| | 成績係数 | COP | | |
| | 質　量 | kg | | |
| 貯湯ユニット<br>仕様 | 形　式 | | 密閉 | |
| | 最大容量 | L | | |
| | 運転質量 | kg | | |
| ヒートポンプユニット給湯量<br>（5℃→60℃）　1時間当たり | | L/h | | |
| 最大給湯量<br>（5℃→60℃） | 1時間当たり | L/h | | |
| | 3時間当たり | L/3h | | |
| 電　源 | | φ、V、Hz | φ、　　V、　　Hz | φ、　　V、　　Hz |
| 備考 | | | | |

〇印のもの及び無印のものにより製作し、・印のものは適用しない。

使用しない単位・項目は、二重線で消し、製造仕様欄には明細を記載する。

## ヒートポンプ給湯機　照合表

製造者名　_____

| 項　目 | 設計仕様 | 製造仕様 |
|---|---|---|
| 一般事項 | JIS C 9220（家庭用ヒートポンプ給湯機）又は JRA 4060（業務用ヒートポンプ給湯機）に適合するもの | |
| 構　成 | ヒートポンプユニット、貯湯ユニット（屋外形で先止式）、制御装置及びユニット間配管（保温を含む） | |
| | 製造者の標準仕様の明細を記入 | |
| 冷　媒 | 冷媒　・二酸化炭素（$CO_2$）<br>　　　・ハイドロフルオロカーボン（HFC） | |
| 貯湯タンク | 構造　・密閉形<br>材質　・ステンレス鋼板製<br>容量（容量は特記による） | （容量　　　　L） |
| 附属品 | （ア）リモコン（配線共）　　　　　　　　　一式<br>（イ）取付金具（本体に取付構造を備える場合は不要）<br>　　　　　　　　　　　　　　　　　　　　一式<br>（ウ）銘板*　　　　　　　　　　　　　　　一式 | |
| 特記仕様 | 照合表以外の要求事項を記載 | |
| 後日提出する図書 | 完成図　　　　　　　　　　　　　　　　　　部<br>取扱説明書　　　　　　　　　　　　　　　　部<br>試験成績表　　　　　　　　　　　　　　　　部 | |
| 備考 | | |

○印のもの及び無印のものにより製作し、・印のものは適用しない。

使用しない単位・項目は、横線で消し、製造仕様欄には明細を記載する。

**［令和 4 年版］**

# 機械設備工事機材承諾図様式集
## 令和 4 年版

---

定価 3,630 円（本体 3,300 円＋税 10%）　送料実費

令和 4 年 10 月 26 日　　第 1 刷　発行

〔検印省略〕

編集・発行

一般社団法人　公共建築協会

〒104-0033　東京都中央区新川 1-24-8
東熱新川ビル 6 階
電話　03（3523）0381
FAX　03（3523）1826
URL　https://www.pbaweb.jp/

ISBN978-4-908525-44-5
C3053

パスワード：PBA2467

この印刷物は、環境等に配慮して再生紙を使用し、併せて植物性大豆油インキを使用しています。